T0118794

PHILOSOPHIE DU LANGAGE

I

TEXTES CLÉS

PHILOSOPHIE DU LANGAGE

Signification, vérité, réalité

Textes réunis par
Bruno AMBROISE et Sandra LAUGIER

Présentés et traduits par
C. ALSALEH, B. AMBROISE, V. AUCOUTURIER,
J. BENOIST, S. LAUGIER, N. LAVAND, F. PATAUT

PARIS
LIBRAIRIE PHILOSOPHIQUE J. VRIN
6, place de la Sorbonne, V^e
2009

J.L. AUSTIN, « Unfair to Facts », in *Philosophical Papers*
© By permission of Oxford University Press, 1980

D. DAVIDSON, « A Coherence Theory of Truth and Knowledge »,
in E. Lepore (ed.), *Truth and Interpretation*
© Blackwell Publishing Ltd., 1989

M. DUMMETT, « What Do I Know When I Know a Language ? »,
Centenary Celebrations, Stockholms Universitet, 1978
© M. Dummett, with kind permission

G. EVANS, « The Photograph Model », *Varieties of Reference*
© By permission of Oxford University Press, 1992

H. PUTNAM, « Meaning and Reference »,
The Journal of Philosophy, 70/19 (November 1973)
© H. Putnam, with kind permission of Columbia University Press

W.V. QUINE, « Le mythe de la signification »,
dans *La philosophie analytique*, Cahiers de Royaumont
© Fondation de Royaumont-Les Éditions de Minuit, 1962

B. RUSSELL, *Human Knowledge. Its Scope and Limits*
© 1948, B. Russell. All rights reserved. Authorised translation
from English language edition published by Routledge,
a member of the Taylor & Francis Group
La connaissance humaine © Vrin, 2002

P.F. STRAWSON, « Truth », *Analysis*, 6, 1949
© Strawson estate, with kind permission

© *Librairie Philosophique J. VRIN,* 2009
Imprimé en France
ISSN 1639-4216
ISBN 978-2-7116-2205-4

www.vrin.fr

SOMMAIRE DES VOLUMES I ET II

VOLUME II : SENS, USAGE ET CONTEXTE

INTRODUCTION GÉNÉRALE

Il paraîtrait étrange, par exemple, de dire aujourd'hui, comme on l'entendait dans les années 1970, du moins au sein de la philosophie anglo-américaine, que la philosophie du langage est la philosophie première. Non que l'on ait renoncé à l'idée de philosophie première. Mais pour ce rôle enviable sont apparues depuis des rivales : la philosophie de l'esprit, la métaphysique, ou récemment une combinaison standardisée des deux ; et la philosophie du langage a eu tendance de son côté à se techniciser à l'extrême au détriment parfois de l'ambition proprement philosophique. Rien là d'étonnant, outre le fait, déjà relevé par Rorty dans l'introduction de sa belle anthologie de 1967 *The Linguistic Turn*, et rappelé récemment par Putnam dans ses *Dewey lectures* (*The Threefold Cord*), que l'histoire de la philosophie est émaillée de révoltes contre la pratique antérieure de la philosophie, assorties de projets de la constituer (enfin !) comme science, grâce à l'adoption d'une nouvelle méthodologie[1]. La philosophie du langage,

1. C'est ce qui explique le renouveau du mouvement de « naturalisation de l'esprit et de la langue », examiné de manière historique et critique par

tout particulièrement, s'est bâtie sur de tels projets critiques. C'est en ce sens que la philosophie du langage est un sujet qui n'existe de fait que depuis la fin du XIXᵉ siècle et ce qu'on a appelé le « tournant linguistique » : on peut même en déterminer le moment, précisément quoique arbitrairement, par le texte de Frege qui ouvre le présent volume. Bien sûr, le langage est un sujet pour la philosophie depuis ses origines, et nous aurions aussi bien pu ouvrir le volume avec des extraits de Platon et d'Aristote. Mais nous restreignons notre perspective, ici, à la philosophie du langage en tant que projet d'*analyse* et de description du langage, de clarification ou « élucidation » des problèmes traditionnels de la philosophie, tel que la nouvelle analyse de Frege, de Russell ou du positivisme logique a pu en établir le programme. Pour une telle visée, les concepts opératoires principaux seront ceux de signification (ou, puisqu'il faudra bien faire la distinction : de « vouloir-dire », *meaning*), de vérité, et enfin d'usage (ordinaire). D'autres concepts, bien sûr, seraient possibles, mais ceux-là définissent, selon nous, les voies d'entrée dans la philosophie du langage contemporaine, dont l'extrême éparpillement actuel empêche parfois le profane d'en comprendre l'objet et l'ambition.

Par philosophie du langage, on n'entend donc pas seulement un domaine, le langage, que la philosophie aurait à explorer. Premièrement, parce qu'une question centrale de la philosophie du langage a, depuis le début, porté sur la

S. Auroux, dans ses ouvrages *La philosophie du langage*, Paris, PUF, 2004, et *La raison, le langage et les normes*, Paris, PUF, 1998. Celui-ci montre bien que ce mouvement de « naturalisation » n'est pas à confondre avec un développement des « sciences du langage », qui ont leur histoire propre et un régime de scientificité parfois étranger à la « naturalisation ».

nature de son objet. Quel est-il : la langue comme lexique et ensemble de règles ? L'ensemble des productions linguistiques concrètes ? Le rapport entre langage et réalité ? Entre langage et perception ? Les significations ? Les langues dans leur pluralité ? La capacité de langage ?

La philosophie du langage se trouve ainsi connexe à plusieurs champs, de la linguistique à la neurophysiologie, qui ont à leur manière traité ces questions. Une question fondamentale, et qui demeure ouverte, est donc celle du *donné* de la philosophie du langage, et par conséquent de son autonomie.

Deuxièmement, parce que le « tournant linguistique » est également la découverte que le langage constitue une source propre de connaissance et de compétence philosophique, et qu'il importe en tant que tel. Par « philosophie linguistique », Rorty entendait, en 1967, « l'idée que les problèmes philosophiques allaient être résolus (ou dissous) soit par une réforme du langage, soit par une compréhension accrue du langage que nous utilisons à présent ». Ces deux aspirations, qu'on aurait tendance à opposer – la réforme linguistique par l'élimination du non-sens faisant face à l'examen attentif des usages comme source de descriptions du réel – définissent le projet d'une philosophie du langage autonome, mais aussi sa visée, qui est bien l'*articulation du langage et du réel*. Il est indéniable que la philosophie analytique qu'on dit parfois « première » (celle de la première moitié du XXe siècle, illustrée dans la première partie de ce volume) a voulu opérer un changement philosophique radical en attirant l'attention sur la capacité du langage à représenter le réel. La philosophie analytique dite « seconde », fondée sur la description des usages ordinaires et la mise en évidence de la dimension pratique ou praxéologique du langage, n'a pas renoncé, contrairement à ce qu'en affirment certaines lectures partielles, à cette visée réaliste. Tel est le parcours, mais aussi le projet, que nous considérons toujours actuel, d'une philosophie du langage réaliste, que ces deux volumes veulent retracer.

REPRÉSENTATION ET SIGNIFICATION

Le modèle « représentationnaliste » est le plus ancien ; il est inséparable de la réflexion sur le langage depuis ses débuts, notamment en ce qui concerne la nature du signe – Platon déjà, dans le *Cratyle* (383a), avait avancé l'hypothèse que les mots signifient ou représentent les choses parce qu'ils y ressemblent. Mais le modèle représentationnaliste a ensuite été explicité, de manières très différentes, à partir de Frege, de Russell et du premier Wittgenstein, puis dans les œuvres du Cercle de Vienne, c'est-à-dire à partir du moment où les problèmes de langage ont été posés en liaison avec l'instauration de la logique mathématique (« d'un point de vue logique » pour reprendre le titre d'un livre célèbre de Quine, qui conduisit ce modèle à sa perfection). Les deux textes fondateurs de Frege, publiés ici dans une nouvelle traduction, constituent le socle même de la philosophie analytique du langage : celui d'une théorie philosophique, logique et non linguistique, de la signification, telle qu'elle sera ensuite développée, par exemple, par Russell. La distinction opérée par Frege entre « sens » (*Sinn*) et « référence » (*Bedeutung*) est en effet, au sens strict, révolutionnaire : elle crée une rupture au sein du sens, en séparant strictement sens et contenu « mental » et en définissant le sens comme voie d'accès à la référence, aux objets du réel. On peut dater de l'article de Frege l'émergence d'une manière entièrement nouvelle de penser et de dire le domaine du sens. Frege crée ainsi avec *Sinn* (le sens de la proposition, la pensée non-subjective qu'elle exprime) un autre terme, *Bedeutung* (la référence, l'objet désigné). La distinction opérée par Frege crée une rupture objectiviste à l'intérieur d'un champ sémantique jusqu'ici assez confus et multiforme, souvent marqué par le mentalisme. Or ni *Bedeutung* ni *Sinn* ne sont définis chez Frege en termes d'idées ou de contenu mental. Le point se confirme, bien sûr dans « La pensée ». L'introduction du *Sinn*, comme de *Bedeutung*, opère ainsi une dépsychologisation des questions de langage, qui sera un élément central des conceptions de Wittgenstein et de ses successeurs, et d'une certaine idée directrice de la philosophie du langage : tout est là, dans le langage, et il n'y a rien d'autre (ou ailleurs) à chercher. Ainsi, Wittgenstein, dans le *Tractatus logico-philosophicus*, reprendra et modifiera la distinction *Sinn/Bedeutung*. Selon le *Tractatus* (3.3), seule la proposition (*Satz*) a un sens, un nom ou un signe primitif a une dénotation (*Bedeutung*), et représente (*vertreten*) l'objet.

Il reste qu'après Frege, la philosophie du langage s'intéresse d'abord à la sémantique et devient une théorie de la signification : dans « La pensée », Frege définit ainsi le « règne » du sens, qui s'ajoute à ceux des choses physiques et des « représentations ». Mais Frege, dans ce texte fondamental, élargit d'emblée le champ de la philosophie du langage et annonce la suite de l'histoire : dimension pragmatique du langage (« force » associée aux propositions ou plutôt immanente à elles), examen raffiné des usages, traitement linguistique de questions extralinguistiques comme la perception. On ne s'étonnera pas qu'Austin ait été, plus tard, un traducteur de Frege. On trouve en effet chez Frege, déjà, l'idée que les méthodes d'analyse de la philosophie du langage débordent sur l'ensemble des domaines de la philosophie, permettent d'y introduire clarification (« élucidation », dira Wittgenstein) et différences fines (dira Austin), c'est-à-dire un accès amélioré au réel, tout en demeurant dans ce sol même du langage. C'est cette problématique, qu'on peut dire, en un sens particulier, réaliste, qui va être développée dans l'histoire de la philosophie du langage, notamment chez le premier, puis le second Wittgenstein, et dans la philosophie du langage ordinaire.

La philosophie du langage s'inscrit, d'emblée, dans un cadre logiciste ou du moins analytique au sens minimal; c'est l'analyse, la formalisation logique qui permet, comme dans le paradigme russellien de la description définie (voir *infra*, «Les noms propres»), de dire si une proposition est pourvue de sens, et, en ce cas seulement, si elle est vraie ou fausse, c'est-à-dire si elle représente ou non la réalité. La présentation la plus remarquable de cette structure, on la trouve dans le *Tractatus logico-philosophicus* de Wittgenstein, qui a orienté l'ensemble de la réflexion sur la capacité représentationnelle du langage, et fondé la tradition qu'on dit «analytique», l'héritage du tournant linguistique : il s'agit d'examiner notre langage afin de clarifier un certain nombre de questions philosophiques. Tel était le but du *Tractatus*, comme, auparavant, des analyses de Frege et Russell. Reste à savoir quel est le but et l'objet de l'analyse.

La philosophie analytique se veut d'abord *critique* du langage, et le *Tractatus* avait formulé les fondements d'une telle critique de façon, selon Wittgenstein, définitive, en faisant du langage un ensemble de propositions qui chacune seraient l'image (*Bild*) des états de choses. En résumé : le monde est la totalité des faits (états de choses) (1.1) et nous nous faisons une image (*Bild*) des faits (2.1), plus précisément une image logique, qui est la pensée (3). La pensée est la proposition pourvue de sens (*sinnvoller Satz*) (4), dont seule on peut demander si elle est vraie ou fausse.

> 1. Le monde est tout ce qui est le cas (*Die Welt ist alles, was der Fall ist*).
>
> 2.1 Nous nous faisons des images des faits (*Bilder der Tatsachen*).
>
> 2.19 L'image logique peut décrire le monde (*die Welt abbilden*).
>
> 4.022 La proposition montre son sens. La proposition montre ce qui se passe quand elle est vraie. Et elle dit que cela se passe ainsi (*Der Satz zeigt, wie es sich verhält, wenn er wahr ist. Und er sagt, daß es sich so verhält*).

Il ne peut par exemple y avoir de propositions éthiques, comme l'affirme Wittgenstein (6.42). Mais «il y a de l'inexprimable», ce qui se montre, 6.522 (*cf.* 4.1212, «ce qui se peut montrer ne peut être dit»). Ce qui ne peut être dit est *sinnlos* mais peut éventuellement être montré. Cette distinction entre dire et montrer a été banalisée au point qu'on oublie un élément important : que quelque chose soit montré ne signifie pas qu'il soit montré *hors* du langage. Ce qui « se montre » se montre dans le langage. Même le silence final du *Tractatus*, peut-être sa proposition la plus connue (7. « Sur ce dont on ne peut parler, il faut se taire »), est aussi un silence immanent au langage.

Le *Tractatus* délimite ainsi positivement les limites de ce qui peut être dit.

> La méthode correcte de la philosophie serait à proprement parler la suivante : ne rien dire que ce qui se laisse dire, donc des propositions des sciences de la nature – donc quelque chose qui n'a rien à voir avec la philosophie –, puis toujours, lorsqu'un autre voudrait dire quelque chose de métaphysique (*etwas Metaphysisches*), lui montrer que, dans ses propositions, il n'a

pas donné de sens à certains signes. Cette méthode serait insatisfaisante pour l'autre – il n'aurait pas le sentiment que nous lui eussions appris de la philosophie – mais ce serait la seule strictement correcte.

Cette thèse, énoncée au § 6.53 du *Tractatus*, que seules les propositions de la *science de la nature*, qui décrivent des états de choses, sont pourvues d'un sens et peuvent réellement être dites, a donné lieu à toute une lignée épistémologique qu'on appellera vérificationniste (parfaitement exposée, puis critiquée, dans le texte de Waismann sur la « vérifiabilité »). La sémantique s'identifie à la théorie de la connaissance, pour reprendre en l'inversant une affirmation de Quine (« L'épistémologie naturalisée ». Tout problème de connaissance est ainsi traduisible en problème de signification et la philosophie du langage est bien, en un sens très particulier, une philosophie première. Il s'agit de trouver par le non-sens un critère de *démarcation* entre énoncés pourvus ou non de sens : d'où l'idée de définir la signification d'un énoncé, ainsi que l'a proposé Moritz Schlick, comme la méthode de sa vérification (possible), ce qui est une (curieuse) retraduction d'une proposition du *Tractatus* (4.024) : « Comprendre une proposition, c'est savoir ce qui est le cas quand elle est vraie ». En réalité Wittgenstein, loin de suggérer une méthode de vérification, affirmait le lien du sens à la vérité, par exemple en 4.022 : « La proposition montre son sens. La proposition montre ce qui se passe, quand elle est vraie ».

PROPOSITIONS ET NON-SENS

La proposition est définie, dans le *Tractatus*, de façon secondaire, à partir de l'exposé préalable de la théorie de l'image (*Bild*) comme représentation du fait (*Tatsache*) (le monde étant constitué de faits), puis de la définition de la pensée (*Gedanke*) comme image logique des faits (3). Le *Satz* est défini comme « expression sensible de la pensée » :

> 3.1 Dans la proposition la pensée s'exprime de façon perceptible au sens.

La question du non-sens et de ses différentes sortes devient ainsi centrale, en philosophie du langage, à partir du *Tractatus* et de son usage du *Sinn* de Frege. Frege, on le voit dans les textes 1 et 2, identifie sens et pensée : une pensée étant une espèce particulière de sens, un sens propositionnel. Le point important, pour Frege, est de ne pas penser la distinction sens/non-sens sur le modèle la distinction vrai/faux. Il y a des phrases et des pensées vraies ou fausses : une phrase est vraie (ou fausse) quand elle exprime une pensée vraie (ou fausse); mais il n'y a pas de pensée dénuée de sens, ni de phrase dénuée de sens parce qu'elle exprimerait *une pensée qui n'a pas de sens* (tout comme une phrase serait fausse quand elle exprimerait une pensée fausse). Pour Frege, il n'y a pas de pensées logiquement fautives : ce ne sont pas des pensées du tout. Cette idée est reprise par Wittgenstein dans le *Tractatus*, où elle joue un rôle central pour la définition du non-sens :

> 3.03 Nous ne pouvons rien penser d'illogique (*nichts Unlogisches denken*) parce que sans cela il nous faudrait penser illogiquement (*unlogisch denken*).

C'est en cela que le *Tractatus* a pour but de tracer les limites du langage par les limites du sens, ou plutôt du non-sens, comme le dit sa préface :

> La limite ne pourra être tracée qu'à l'intérieur du langage et
> ce qui se trouve à l'extérieur de la limite sera simplement du
> non-sens.

On voit ici qu'il s'agit d'une reprise linguistique du projet
kantien (tracer une limite entre science et non-science),
exprimé en termes de non-sens : il s'agit de tracer les limites du
sens. On est parfois tenté de voir une évolution de Wittgenstein
vers une conception plus pragmatique du non-sens, définie par
les règles non plus de la logique, mais de l'usage. Mais il faut
bien comprendre – et c'est ce qui montre la prégnance et la
centralité de l'idée de non-sens, jusque dans sa seconde philosophie – que l'expression mal utilisée (*misused*) et donc exclue
du langage est un non-sens ; elle n'est pas pour ainsi dire un
sens utilisé de manière fausse, absurde ou inadéquate.

On voit apparaître clairement dans cet usage du non-sens
(qui n'est pas partagé par tous les philosophes analytiques – on
pense à Moore – mais probablement par tous les philosophes
du langage revendiqués comme tels) la dimension dépsychologisée, ou du moins non-psychologique, de la philosophie
du langage : comme dans ce moment où Wittgenstein
propose, dans le *Tractatus*, de parler du moi « de manière non-
psychologique » (*non-psychologisch*) (5.641). Les *Recherches
Philosophiques*, comme le *Tractatus*, mais également comme
Frege dans « La pensée », visent l'exploration de l'esprit
dans un esprit réaliste et non-psychologique, comme l'a bien
montré Cora Diamond dans *L'esprit réaliste*. L'idée directrice
se trouve dans ce passage de Frege :

> Tout n'est pas représentation. Sinon la psychologie contien-
> drait en soi toutes les sciences ou du moins serait le juge
> suprême de toutes les sciences. Sinon la psychologie exercerait

aussi son empire sur la logique et la mathématique. Mais rien ne pourrait plus s'appeler méconnaître la mathématique que la subordonner à la psychologie. Ni la logique ni la mathématique n'ont pour tâche d'explorer scientifiquement les âmes et le contenu de conscience dont le porteur est l'individu. On pourrait plutôt peut-être donner pour leur tâche l'exploration scientifique de l'esprit [*Geist*] : de l'esprit, pas des esprits.

Si la logique, et donc la philosophie du langage qui se construit sur elle, ne s'intéresse pas aux esprits individuels, ce n'est pas par refus de la psychologie : c'est parce que la pensée est entièrement définie par les lois logiques. Il n'y a pas de pensée qui ne soit pas logique, et c'est la logique qui définit ce que c'est que l'*esprit*. Wittgenstein a repris ce point tel quel de Frege, et c'est ce qui pose le non-sens, après le sens, au cœur de la philosophie du langage.

Le sens devient alors normatif, mais aussi critériel. Comme le rappelle Diamond, pour Frege comme pour Wittgenstein, il n'y a *pas* de pensée dépourvue de sens. Une pensée dépourvue de sens n'est pas de la pensée du tout. Il n'y a pas, autrement dit, d'un côté les pensées confuses, à améliorer, qui seraient exprimées par du non-sens, et qu'on pourrait corriger, et de l'autre les pensées rigoureuses. Point que Wittgenstein exprimera de façon simple dans les *Recherches* : « Quand on dit qu'une phrase n'a pas de sens, ce n'est pas, pour ainsi dire, que son sens n'a pas de sens » (§ 500). Le non-sens est radical, et permet ainsi de définir, de l'intérieur, les limites du langage. Diamond montre que le génie de Frege (et ce dont Wittgenstein a voulu garder la structure dans le *Tractatus*), c'est que la pensée y est entièrement définie par la logique et que « la manière dont la logique et les mathématiques pénètrent toute la pensée est montrée par la notation elle-même ». Ici apparaît le lien entre la définition de la philosophie du langage et la redéfinition de la pensée par Frege. C'est cela – l'idée que tout est montré *dans* le langage – que veut dire Wittgenstein lorsque, dans le *Tractatus*, il envisage une « manière non-psychologique » de parler du psychologique. Dans cette perspective postfregéenne, la philosophie traitera (de manière non-psychologique) de l'esprit dans son analyse des propositions, ou dans sa présentation de la forme générale de la proposition (5.47), ou encore dans la théorie des descriptions définies.

Dans sa seconde philosophie, Wittgenstein poursuit ce projet d'un traitement non-psychologique de l'esprit, mais la nécessité qui y préside n'est plus celle de la logique (celle de « la pureté de cristal de la logique », *Recherches* § 107,108 – celle aussi de la glace glissante) mais celle de la grammaire. La démarche ou la direction restent, cependant, les mêmes : un traitement non-psychologique de l'esprit, en tant qu'il est entièrement *là* – dans la logique, et désormais, dans « ce que nous disons ».

On trouvera cette redéfinition de la philosophie du langage dans un passage des *Remarques Philosophiques*, écrites au moment où Wittgenstein, vers 1930, réexamine certaines thèses du *Tractatus*.

> Je vais parler encore une fois de « livres » ; là nous avons des mots ; qu'y apparaisse une fioriture quelconque, je dirais : ce n'est pas un mot, cela n'en a que l'air, ce n'est manifestement pas voulu. On ne peut traiter cela que du point de vue de l'entendement humain sain. (Il est remarquable qu'en cela précisément, il y ait changement de perspective) (§ 18).

Ici se trouve le point de la rupture avec Frege : dans la recherche du « fruste » et le renoncement à ce que Quine appelle, dans le texte radical que nous présentons ici, le « mythe de la signification ». Ce à quoi il faut renoncer, comme mythique, tout en conservant l'attention au langage, c'est l'idée, critiquée dans la thèse d'indétermination de la traduction, qu'il y a un élément commun, un « noyau » dur de signification qui serait « exprimé » par les différentes langues.

À cela s'ajoutera la critique décisive de Putnam (dans ce volume) de la conception dominante de la signification selon laquelle le terme de « signification » signifierait tantôt l'extension d'un concept (c'est-à-dire l'ensemble des individus qui tombent sous ce concept), tantôt l'intension (c'est-à-dire le sens) d'un concept dans une phrase donnée (sachant que l'intension déterminerait alors l'extension du concept en question). Grâce à l'exemple devenu classique des « Terres jumelles », Putnam a montré que la signification d'un terme ne peut pas être déterminée par l'intention d'un locuteur, mais plutôt par le contexte social de son usage qui va en fixer la référence. Il n'y aurait ainsi pas d'autre signification que celle qu'attribue la société à certains mots et qui se réduit finalement aux différents usages historiques qui sont faits des termes de notre langage – celui-ci ne pouvant donc jamais échapper à sa dimension profondément anthropologique, qui ne peut pourtant pas se réduire à une dimension psychologique.

Finalement, on le comprend, ce à quoi il faut renoncer, c'est à l'idée intellectualiste, philosophiquement motivée, du « préjugé de la pureté de cristal » de la logique, que critiquera Wittgenstein.

> Nous reconnaissons que ce que nous appelons « phrase » et « langage » n'a pas l'unité formelle que j'imaginais, mais est la famille de structures plus ou moins apparentées entre elles.

– Mais que devient dès lors la logique ? Sa rigueur semble ici se relâcher. – Mais dans ce cas ne disparaît-elle pas complètement ? – Or comment peut-elle perdre sa rigueur ? Naturellement pas du fait qu'on en rabattrait quelque chose. – Le *préjugé* de la pureté de cristal ne peut être enlevé que par un retournement de toute notre recherche (on pourrait dire : notre recherche doit tourner, mais autour du point fixe de notre besoin véritable).

La philosophie de la logique parle des phrases et des mots exactement au sens où nous parlons d'eux dans la vie ordinaire lorsque nous disons par exemple « ici il y a une phrase écrite en chinois », ou « non, cela ressemble à de l'écriture, mais c'est en fait juste un ornement », etc.

Nous parlons du phénomène spatio-temporel du langage, non d'un fantasme [*Unding*] non spatial et non temporel. Mais nous en parlons comme des pièces d'un jeu d'échecs, en indiquant les règles du jeu, non pas en décrivant leurs propriétés physiques (*Recherches Philosophiques*, § 108).

On voit donc la signification « réaliste » de l'adage wittgensteinien : regarder l'usage. Il ne s'agit pas de s'enfermer dans le langage, ni de « perdre le monde », comme suggère Rorty, mais simplement d'examiner la réalité « mondaine » du langage, ses usages et son action dans et/ou sur le monde et ne plus rechercher un idéal mythique (une logique pure ou un langage parfait) qui viendrait les fonder. C'est en ce sens que la philosophie du langage, dans certaines de ses versions intitulées « philosophie du langage ordinaire », fut aussi un renoncement à l'idée de toute philosophie première, après avoir été d'abord un instrument de combat antimétaphysique et antimentaliste, comme en témoignent les écrits des pères fondateurs, puis ceux du cercle de Vienne (voir *Philosophie des sciences*, vol. 1).

LE RÉALISME NAÏF ET LE LANGAGE ORDINAIRE

Il est intéressant que certains aujourd'hui, parmi les philosophes américains les plus créatifs, souhaitent revenir aux origines de la pensée analytique et au sens même d'une philosophie du langage, tels Hilary Putnam, John McDowell, Cora Diamond, James Conant. Au-delà de leurs différences, ils veulent redécouvrir, à travers la pensée de Frege, de Wittgenstein ou d'Austin, une conception du langage qui s'est progressivement perdue dans la scolastique des débats analytiques et les différentes espèces du réalisme. Cette redécouverte s'accomplit dans ce qu'on peut appeler, à la suite de Diamond, un « esprit réaliste », contre le réalisme métaphysique ou « dur » prôné par un courant dominant de la philosophie analytique, régulièrement critiqué par Putnam.

La recherche acharnée d'une position philosophique « réaliste » et d'un accrochage rationnel, extérieur, du langage au monde, apparaît bien plutôt comme ce qui risque de nous éloigner du réel, comme le remarquait Austin au début de *Sense and Sensibilia* – et comme on peut le constater sans peine à l'examen des controverses qui ont agité depuis longtemps la philosophie analytique sur cette question.

> Je ne soutiendrai pas que nous devons être « réalistes », c'est-à-dire adopter la doctrine selon laquelle nous percevons vraiment les choses (ou objets) matériels. Cette doctrine ne serait pas moins scolastique et erronée que son antithèse.

La position scolastique critiquée par Austin – l'idée d'une pensée décontextualisée, vue « par le côté » hors de ses conditions d'émergence, de production et d'expression – est précisément l'enjeu, encore aujourd'hui, de toute réflexion sur le langage. Pour retrouver le réel, selon Putnam qui suit ici

Austin, il faut justement renoncer à vouloir être « réaliste » au(x) sens philosophique(s) progressivement attaché(s) au terme, et à vouloir définir, fonder ou justifier une attitude réaliste (ou antiréaliste). Il faut donc comprendre, à partir du fonctionnement ordinaire du langage, que c'est cette volonté ou cette mythologie du réalisme qui nous éloigne du réel. L'anglais a deux qualificatifs, *realist* et *realistic*, pour distinguer deux manières d'entendre « réaliste », l'une qu'on pourrait appeler philosophique et l'autre ordinaire (celle par exemple du slogan classique « Soyez réalistes… »).

Si l'on pouvait ainsi distinguer les deux termes en français, on serait tenté de dire que la volonté d'être réaliste au sens philosophique du terme, ou les définitions du réalisme métaphysique, n'ont rien de réaliste (*realistic*) au sens ordinaire. Ce que nous pouvons découvrir encore aujourd'hui chez Austin et Wittgenstein, c'est précisément cette aspiration à être réaliste au sens ordinaire, à reconnaître ce qui est devant nous, à nos pieds en quelque sorte, et que nous n'avons pas toujours l'envie ou la capacité de voir, poussés par notre volonté philosophique à rechercher un idéal ou un fondement. Telle est la définition du retour à l'ordinaire qu'ils prônent et plus exactement la visée d'une analyse du langage ordinaire. Cela conduit à examiner les différents présupposés, principes et méthodes de la « philosophie du langage ordinaire » en l'inscrivant résolument dans le prolongement de la philosophie analytique « première ». Cet « esprit réaliste » qu'on découvre chez Austin et Wittgenstein, et qui a aussi sa source dans la pensée logique de Frege et du *Tractatus logico-philosophicus*, est ce que la philosophie analytique a probablement à offrir de plus radical, et qui se prolonge dans les réflexions plus récentes, qu'on retrouvera dans les deux volumes de cette anthologie, de H. Putnam et Ch. Travis.

Est emblématique de cette recherche du réel à travers l'examen du langage le débat fameux qui eut précisément lieu entre Strawson et Austin à propos de la vérité. La question du compte-rendu du réel dans le langage s'articule en effet centralement à celle de la vérité. On ne dit le réel qu'à dire ce qui est ou qu'à dire la vérité. Une définition immédiate de la vérité dans le champ de la philosophie analytique est ainsi celle qui veut en faire une relation de correspondance entre le monde et les mots – idée qui dérive directement de la conception représentationnaliste du langage développée par les positivistes logiques. Or l'examen de l'usage concret ou ordinaire du langage révèle d'une part que la conception représentationnaliste de la vérité comme correspondance stricte entre les mots (ou la signification) et l'état du monde ne correspond que très partiellement à ce qui se passe (la correspondance étant toujours relative à une perspective prise sur le monde) et n'est, d'autre part, qu'une relation possible et très restreinte que les mots peuvent engager avec le monde. Tout le travail d'Austin dans *How to Do Things With Words* fut précisément de montrer que le langage possédait de multiples dimensions d'évaluation dans son rapport avec le monde, selon les usages qui en étaient faits. Que l'on veuille promettre quelque chose ou simplement décrire le temps qu'il fait, on s'engage dans les deux cas avec le monde, mais selon des « dimensions » différentes. Dans un cas, je dois faire en sorte que mes mots s'accordent avec l'état du monde, de manière à ce que ma promesse soit pertinente et faisable; dans l'autre cas, je dois faire en sorte que mes mots permettent de rendre compte de l'état du monde de la manière la plus précise possible étant donné le contexte d'énonciation. Pour le dire dans les termes d'Austin, les « conditions de félicité » de chaque énoncé ne sont pas les mêmes, tout en engageant bel et bien un rapport au monde. La relation de la vérité doit donc être spécifiée selon une perspective plus pragmatique, qui la considère comme relative à une certaine action réalisée par le langage dans son rapport au monde.

C'est Strawson qui poussera cette idée jusqu'à son terme (en allant même plus loin qu'Austin qui refusera toujours de le suivre) en considérant que l'usage de « c'est vrai » n'est rien de plus qu'une performance linguistique visant à corroborer l'usage préalable d'une certaine description du monde, faite au moyen d'un énoncé descriptif. Autrement dit, l'usage du prédicat de vérité ne décrirait pas une relation sémantique entre les mots et le monde, n'affirmerait rien à propos du monde et du langage et ne serait pas une relation dite « substantielle », mais consisterait simplement en une réalisation pragmatique témoignant de l'engagement du locuteur vis-à-vis de ce qu'il dit – réalisation pragmatique qui aurait bien sûr des conditions pragmatiques de réalisation, témoignant d'un certain état du monde, mais non plus sous un mode représentationnaliste. Dire le vrai, dès lors, ne consisterait plus à affirmer l'existence d'une relation de similitude entre ce qui est dit et ce qui est, mais reviendrait plus à s'engager pour la vérité de l'assertion précédemment faite, étant données certaines conditions du monde.

Tout le problème reste cependant, comme l'a bien noté Austin dans sa réponse et dans le texte publié ici qui en est un prolongement, de savoir quelles sont ces conditions dans lesquelles l'emploi du mot « vrai » est légitime. Car si Austin refuse tout autant la conception représentationnaliste faisant de la vérité une relation de correspondance stricte entre les mots et le monde, il ne tient absolument pas à perdre le caractère substantiel de la vérité, tel qu'il s'exprime précisément, selon lui, dans l'usage ordinaire du langage. Il va en effet montrer qu'on ne peut pas réduire la question de la vérité à une simple performance linguistique (même s'il s'agit bien d'une dimension relative à certains actes linguistiques) et, en se fondant sur les usages du mot vrai, il va plutôt insister sur le réalisme inhérent au langage ordinaire qui entend parler des faits (en un sens non-métaphysique du terme) lorsqu'il dit la vérité. Ce sur quoi entend plutôt insister Austin, c'est bien sur l'usage ordinaire de la notion de vérité qui n'est utilisée que pour spécifier un certain rapport au monde – celui où le sujet de l'énonciation entend parler du monde de manière appropriée pour le qualifier d'une certaine façon dans un certain contexte, c'est-à-dire le rapport au monde dans lequel s'engage le locuteur lorsqu'il entend faire ces actes de langage particuliers que sont les assertions. Comme le montre bien Ch. Travis, qui poursuit le travail et l'inspiration d'Austin, on ne peut en effet dire la vérité à propos du monde qu'en fonction d'un certain contexte qui vient spécifier à la fois ce que l'on prétend dire du monde en employant certains mots et les aspects pertinents du monde pour le qualifier de telle ou telle manière. Ainsi, c'est parce que je me promène le long d'une usine de peinture qu'en utilisant les mots « le lac est bleu », je dis que le lac est rempli de peinture bleue et qu'à cet égard ce que je dis peut être évalué comme étant vrai. Je parle alors d'un « fait », même si ce fait n'en est un qu'au regard du contexte spécifique dans lequel mes mots sont prononcés et évalués selon un certain rapport au monde. Dès lors, on le comprend, la relation de vérité est une relation propre au langage dans son rapport au monde, lorsqu'il entend en dire certaines choses, selon une certaine perspective, elle-même relative à l'usage spécifique qui est fait du langage en cette occasion. Cela permet de sauvegarder un certain réalisme interne au langage, qui est bel et bien le lieu (et le seul lieu) qui nous permet de dire des chose à propos du monde, de manière vraie ou fausse.

D'une certaine façon, Davidson défend également cette idée que la vérité ne se dit toujours qu'au sein du langage et qu'elle lui est une propriété interne, puisqu'il n'y aurait pas d'autre possibilité logique pour le monde que d'être atteint au sein de notre langage. Davidson rejette en effet la distinction que Quine sauvegardait entre énoncés observationnels (supposés dépendre de l'observation) et énoncés théoriques, de telle sorte que tous les énoncés ont selon lui le même statut et qu'aucun n'a un rôle plus fondateur que d'autres. C'est dire qu'aucun des énoncés ne garantit un accès plus « direct » au réel que les autres, ce qui a pour conséquence que le scepticisme à l'égard du monde n'a plus lieu d'être. Refusant un réalisme externaliste, qui présupposerait que le monde est externe au langage, Davidson entend ainsi défendre un réalisme interne (prétendant même sauvegarder une théorie de la vérité-correspondance), fondé sur une forme de cohérentisme : nous n'avons rien d'autre, pour garantir notre accès au monde, que la cohérence de nos croyances et de nos énoncés à propos du monde. Nous n'avons donc pas d'autre choix, rationnellement, que de tenir pour vrais les énoncés parlant du monde, dès lors que nous comprenons ceux-ci et qu'ils ont une cohérence globale. C'est bien là une autre manière de défendre l'idée que seul le langage nous garantit un accès au monde.

La *philosophie du langage* est de ce point de vue une expression à la fois adéquate et trompeuse. Tout le travail des philosophes présentés dans ce volume est centré sur un examen – une analyse – du langage. Mais il ne s'agit pas pour eux de montrer que les problèmes philosophiques sont des problèmes de langage, ou doivent se résoudre, voire se poser, en termes d'analyse logico-linguistique du langage. Rien de plus ennuyeux que la philosophie du langage, lorsqu'elle ne parle « que » de langage. De ce point de vue, aucun des

philosophes dont nous reprenons les textes ici, ni Quine, ni
Wittgenstein, ni Austin, ni Davidson, ne font de philosophie
du langage. L'intérêt, et aussi la difficulté de la définition de
la philosophie du langage, c'est que parler du langage, c'est
parler de ce dont il parle (et comment, et où). Austin l'a dit
très clairement dans «Plaidoyer pour les excuses», à la
manière faussement superficielle qui lui est propre :

> Il faut insister tout particulièrement sur une chose pour éviter
> les malentendus. Quand nous examinons ce que nous dirions
> quand, quels mots employer dans quelles situations, nous ne
> regardons pas seulement les mots, mais également les réalités
> dont nous parlons avec les mots [1].

Austin a énoncé là l'enjeu même d'une philosophie du
langage, et de ce qu'on appelle le «tournant linguistique».
Il est tout à fait caractéristique que Rorty, dans la préface de
son anthologie *The Linguistic Turn*, ironise sur ce passage
d'Austin, comme s'il s'agissait là des dernières illusions à
abandonner sur notre connaissance de la capacité du langage à
nous parler du réel : le philosophe d'après le tournant linguistique, pour Rorty, renonce à rechercher en quoi «les phénomènes linguistiques nous font découvrir quelque chose des
phénomènes non linguistiques» [2]. Cette critique est inséparable de l'idée qu'un changement de perspective comme le
tournant linguistique devrait conduire à une «dissolution» des
problèmes philosophiques traditionnels [3].

---

1. J.L. Austin, *Écrits Philosophiques* (1961), trad. fr. L. Aubert et
A.L. Hacker, Paris, Seuil, 1994, p. 144.

2. R. Rorty, *The Linguistic Turn*, Chicago, University of Chicago Press,
1967, 1992, p. 31.

3. *Ibid.*, p. 32.

Mais rien de fait n'est plus étranger à un penseur comme Wittgenstein, ou Austin, en réalité, que l'idée d'une disparition des difficultés en philosophie par quelque chose comme l'analyse ou l'examen du langage. Et une question majeure qui reste à déterminer est celle de savoir pourquoi on s'intéresse au langage : *Why does language matter to philosophy?*, pour reprendre le joli titre de Ian Hacking[1]. Une des réponses les plus évidentes est que la philosophie du langage s'occupe de ce dont parle le langage, à savoir le réel. Nous rejoignons ainsi la perspective de Diamond : l'esprit « réaliste » qui selon elle gouverne la philosophie du langage et de l'esprit ensemble, c'est le renoncement à toute mythologie d'un monde intermédiaire ou extérieur au langage et au réel, que cette mythologie prenne la forme d'un sens ou d'un non-sens, de la signification ou de l'ineffable. Cela explique aussi en quel sens il ne s'agit pas de philosophie du langage. La plupart du temps, les philosophes du langage contemporains s'occupent d'examiner les significations. Comme le remarque Hacking, c'est là quelque chose qui est devenu dominant dans la philosophie du langage, et qu'on pourrait appeler la « pure théorie de la signification » ; alors qu'on pourrait plutôt, tout comme la tradition empiriste (Hobbes, Locke, Hume, Mill), s'intéresser au langage pour poser les problèmes philosophiques, ce que Hacking appelle la « philosophie du langage *appliquée* », qui selon lui n'a rien à envier, en pertinence, à la théorie « pure ». « Ce qu'il y a de nouveau », note aussi V.C. Chappell[2] (avec la préoccupation du

---

1. Voir I. Hacking, *Why does language matter to philosophy?*, Cambridge, Cambridge UP, 1975.
2. Dans la présentation de son anthologie *Ordinary language*, Englewood Cliffs, Prentice-Hall, 1964.

langage particulière à la philosophie du XXᵉ siècle) « ce n'est pas l'intérêt pour le langage (présent en philosophie depuis longtemps), c'est l'étude du langage dans le but d'obtenir des résultats dans d'autres domaines – l'esprit, la morale, la nature ». La théorie pure irait désormais vers la linguistique ou la sémantique (elles-mêmes sélectionnées selon une orthodoxie philosophique ignorant ou rejetant la multiplicité théorique de la linguistique comme discipline autonome), tandis que la théorie appliquée resterait à la philosophie même. Nous suivons, dans une certaine mesure, cette idée, celle de Hacking, et qui va à l'encontre de celle, formulée par Rorty en critique de Hacking à la fin de la seconde préface (1977) à son anthologie *The Linguistic Turn*, intitulée « Ten years after », selon laquelle la philosophie s'intéresse au langage comme à n'importe quoi d'autre, et pas plus :

> Nous pouvons répondre à la question *Why does language matter to philosophy ?* par : « because everything does, but it does not matter more than anything else » (p. 370).

Il est clair que la philosophie s'intéresse au langage de façon particulière, parce qu'un tel examen des usages est une voie vers une vision plus claire, ou précise, du réel. Mais on pourrait néanmoins aujourd'hui se demander si « la théorie pure du langage », comme certaines formes de la sémantique par exemple, n'est pas aussi bien orientée vers une description du monde, à travers l'examen de nos capacités langagières à le percevoir et à le représenter dans les formes linguistiques que dessine l'usage.

Tout projet de philosophie du langage, en ce sens, court le risque d'illusions propres, inhérentes, comme l'histoire de la philosophie du langage au XXᵉ siècle le montre, à la notion même de signification. L'intérêt central de l'œuvre de Quine réside dans la radicalité de la double critique qu'il opère : celle de la signification (du *mythe de la signification*, pour reprendre le titre remarquable de son essai repris ici), et celle de l'analyse (du mythe de la découverte des catégories du «réel» dans l'examen du langage). Le propos de Quine devrait, en toute rigueur, faire renoncer une fois pour toutes au projet d'une philosophie du langage, pure ou appliquée. C'est ce qui a d'ailleurs conduit certains de ses interprètes et successeurs à prôner un nouveau tournant, mentaliste ou psychologiste, après le tournant linguistique : puisque l'analyse du langage ne donne rien de satisfaisant, autant se tourner vers les problèmes de l'« esprit ». Une question qui demeure de façon lancinante, malgré la domination présente de ce courant, est celle de savoir si un tel tournant résout quoi que ce soit et ne constitue pas, sinon un retour en arrière, du moins, comme l'a noté Bouveresse, quelque chose qui « a davantage déplacé les problèmes qu'il ne les a réglés »[1] ; et que, plutôt que de renoncer à la philosophie du langage pour la philosophie de l'esprit, mieux vaudrait revenir en arrière et tenter de comprendre les enjeux du tournant linguistique, conjointement critiqué et démythifié par Rorty et la philosophie de l'esprit comme étant sous l'illusion d'une pertinence de la description du langage comme description du réel.

La question est toujours celle du réalisme. Préserver, développer ou reprendre le projet d'une philosophie appliquée du langage, mais sans la mythologie du sens, ni celle de la référence, ni celle du schème conceptuel bien critiquée par Davidson : c'est peut-être un moyen de redéfinir le réalisme, dans la perspective ouverte par le Wittgenstein du *Cahier bleu*

---

1. J. Bouveresse, *La demande philosophique*, Combas, L'Éclat, 1996, p. 12.

et par Quine (*cf.* les premiers mots de *Le Mot et la Chose*). Au colloque de Royaumont, ce dernier reconnaît ainsi son accord de principe avec Ryle et Austin, malgré leurs visibles différences :

> Je crois qu'une des raisons principales pour lesquelles nous préférons nous concentrer sur le langage est que si nous nous dirigeons directement vers les problèmes des fondements de la réalité nous risquons d'y introduire un ensemble de présuppositions qui touchent aux schèmes conceptuels les plus profonds, en telle sorte qu'aucun des discutants ne peut opposer son point de vue à ceux d'autrui sans avoir l'air de commettre une pétition de principe […] L'utilité de cette démarche qui nous fait nous retirer du plan conceptuel au plan sémantique, est de nous concentrer sur la manière de dire les choses au lieu des choses dites, demeure, même si l'on pense, comme je persiste à le penser, que les problèmes fondamentaux sur les schèmes conceptuels sont du même ordre que les problèmes fondamentaux de la science physique ou de la logique mathématique [1].

Il y a des différences fondamentales entre cette conception et celle d'Austin, notamment l'enjeu ontologique du travail de Quine [2]. Mais on pourrait définir « le point de vue logique » de Quine à partir de son intégration de la logique dans l'apprentissage du langage quotidien. Le behaviorisme de Quine, comme le dit Wittgenstein du solipsisme, *veut dire* quelque chose sur le langage : que nous n'avons rien d'autre, à notre disposition, pour l'acquérir, que ce qui nous est donné par les

---

1. *La philosophie analytique*, Cahiers de Royaumont, Paris, Minuit, 1962, p. 343.
2. Voir Quine, *Relativité de l'ontologie et autres essais* (1969), trad. fr. J. Largeault, Paris, Flammarion, 2008.

autres (les *majores homines* dont parle Augustin dans la citation de Wittgenstein au début des *Recherches Philosophiques*[1]), ou ces érotiques « stimulations sensorielles » évoquées souvent par Quine. D'où l'importance de cet accord communautaire sur le langage, tenu chez Quine pour « naturel », c'est-à-dire interprétable en termes naturalistes : le langage, du langage quotidien à ses développements théoriques les plus complexes, est le produit de l'évolution et nécessaire à notre « vie » – sachant, comme le dit Quine, que l'homme vit « de pain et de science naturelle » et que les nécessités de notre vie sont plus culturelles et sociales qu'on ne l'imagine dans une approche scientifique-naturaliste et réaliste (voir le grand livre de J. McDowell, *L'esprit et le monde*[2]).

Quine a ainsi conduit l'héritage du Cercle de Vienne et de l'empirisme à sa version naturaliste, fondée sur, ou plutôt dans, le schème conceptuel et le langage de la science, où la vérité et l'ontologie sont définies comme immanentes. Cette épistémologie quinienne – dite « naturalisée » – n'est guère séparable des thèses sceptiques sur l'indétermination de la traduction et de la référence, exposées notamment dans « Le mythe de la signification ». L'un des aspects les plus intéressants de ce naturalisme est la place centrale qu'y prend la question de l'apprentissage du langage, conçue non seulement en termes behavioristes mais sociaux et anthropologiques, comme il apparaît clairement dans la conférence de Quine. Cette réflexion sur la *naturalité* du langage est un élément

1. Ludwig Wittgenstein, *Philosophical Investigations/Philosophische Untersuchungen*, G.E.M. Anscombe (ed.), Oxford, Blackwell, 1953, trad. fr. E. Rigal (dir.), *Recherches Philosophiques*, Paris, Gallimard, 2004, § 1.

2. J. McDowell, *L'esprit et le monde*, trad. fr. Ch. Alsaleh, Paris, Vrin, 2007.

commun et structurant de la pensée de Quine et de celle de Wittgenstein – la question du langage *naturel* étant néanmoins bien distincte de celle du langage *ordinaire*. En quoi le « naturel » est-il ordinaire, et inversement en quoi, et en quels sens, le langage ordinaire est-il naturel (car n'est-il pas aussi ce qu'il y a de plus conventionnel ?), tels sont les problèmes qui se posent à une philosophie du langage naturalisée.

On aurait alors dans la philosophie du langage contemporaine la coexistence de deux paradigmes : 1) le paradigme analytique conduit par Quine à sa perfection mais aussi à ses contradictions et limites, comme l'a bien montré Putnam – comment accrocher le langage au monde, si on veut éviter la solution transcendantale (voir tous les débats sur les arguments du même nom) et la solution immanente « décitationnelle » ? 2) Le paradigme alternatif de la philosophie du langage ordinaire, qui semble depuis longtemps abandonné – malgré son importance historique, dont témoignent encore, outre la persistante influence d'Austin, la thématique de l'anthologie *The Linguistic Turn*, la reprise de thèmes austiniens en théorie de la perception [1] et en analyse sociolinguistique. Il faut aussi tenir compte de la manière dont a été hérité et réinterprété le positivisme logique en Amérique, dans le rejet de tout examen du langage ordinaire – tradition reprise, à l'inverse, par Waismann en Angleterre. Il est évident que Carnap, auteur avec Quine de l'élaboration du paradigme de la philosophie analytique américaine, a joué un rôle déterminant dans le choix d'un paradigme analytique (au sens large, issu du projet d'une syntaxe logique du langage) contre un paradigme

---

1. Voir J.L. Austin, *Le langage de la perception*, trad. fr. P. Gochet, revue par B. Ambroise, Paris, Vrin, 2007.

linguistique fondé sur un examen immanent du langage.
Quine, par l'idée d'un « enrégimentement » du langage ordinaire dans la logique, se tirait du sophisme de l'analyse : la
logique n'est pas découverte dans le langage, mais imposée,
comme le montre son analyse géniale du cas de la traduction
des lois logiques dans le cas de l'indétermination de la traduction (voir encore « Le mythe de la signification »). Il évitait
ainsi la question d'un examen du langage réel et de ses règles,
toujours « projetées » et reconstruites, même dans le cas d'un
examen par le locuteur de sa propre langue, *at home*. Ce
scepticisme quinien a été conduit à ses limites par Davidson.
La division des paradigmes de la philosophie du langage,
accomplie entre les années 1940 et les années 1970, entre celui
d'une clarification logique du langage ordinaire par l'impo-
sition de règles, et celui, qui s'est révélé plus fragile, d'un
examen immanent du langage par la découverte de ses règles,
paraît définitive. Elle a néanmoins conduit à une sorte d'épui-
sement de la philosophie du langage, la philosophie analytique, centrée à partir des années 1980 sur le débat entre
réalisme et relativisme, étant devenue, comme le craignait
Rorty dans ses premiers écrits, et comme l'a récemment affirmé
Putnam en reprenant une idée d'Austin, un débat *scolastique*
où l'on jette constamment le bébé avec l'eau du bain.

Putnam nous invite ainsi, dans *The Threefold Cord*[1], à
inventer une « seconde naïveté » en reprenant à la fois les
intuitions fondamentales de la philosophie du langage ordinaire – l'importance philosophique de cette capacité infinie et
historique de nos mots ordinaires à décrire le réel dans ses
détails – et le projet radical de la philosophie analytique – la

1. H. Putnam, *The Threefold Cord*, New York, Columbia UP, 2000.

découverte du langage comme lieu de la pensée, et du sens linguistique non comme production mais comme alternative du mental. De ce point de vue, la philosophie du langage n'a pas été effacée ni absorbée par la philosophie de l'esprit, et constitue plutôt un aiguillon critique, ou un rappel des limites dans lesquelles peuvent se mouvoir les pensées et s'exercer les concepts.

Comme le notent pertinemment Bob Hale et Crispin Wright dans la préface à leur excellent *Companion to the Philosophy of Language* [1], si on a renoncé à l'idée de la philosophie du langage comme philosophie première, de même qu'à l'idée que les questions de métaphysique, de théorie de la connaissance et de philosophie de l'esprit seraient toutes solubles dans les termes d'une théorie de la signification, il n'en reste pas moins que la philosophie du langage constitue « le cœur de la philosophie contemporaine », et que c'est dans son champ qu'ont été produits « certains des meilleurs écrits et parmi les plus importants, par certains des plus grands philosophes de notre temps ». Les textes clés de la philosophie du langage que nous présentons ici visent d'abord à rappeler cette évidence, par des exemples de ces grands textes. Ils visent à retracer et redéfinir l'*importance* de la philosophie du langage, non seulement au plan historique, mais aussi pour sa pertinence présente : afin de déterminer par ce parcours la place, aujourd'hui, pour une philosophie du langage qui ne soit pas le conservatoire de l'histoire de la philosophie analytique, ni un appendice ou un préliminaire de la philosophie de l'esprit, mais une mise en œuvre du projet réaliste austinien qui pro-

1. B. Hale and C. Wright (ed.), *A Companion to the Philosophy of Language*, Oxford, Blackwell, 1999 (notamment la préface, p. VIII).

longe le projet analytique d'une description et d'une approche du réel, par une perception plus claire des différences qu'y tracent nos mots et expressions.

Sandra LAUGIER
Bruno AMBROISE

Note des éditeurs

Comme c'est toujours le cas dans ce genre de sélection d'essais, nous avons dû opérer des choix douloureux et certaines absences seront notées. Il est évidemment dommage de ne pas proposer de passage du « premier » Wittgenstein, et nous avons tenté de compenser, dans la présente introduction, l'absence d'un *Tractatus logico-philosophicus* – qu'il aurait fallu inclure dans sa totalité, ce qui est une forme d'excuse. La tradition sémantique viennoise a été représentée efficacement dans *Philosophie des sciences*, vol. 1 (Paris, Vrin, 2004), et les textes de Carnap et surtout de Waismann, « La vérifiabilité », que le lecteur peut y découvrir, auraient aussi bien pu trouver leur place ici, tant ils marquent l'articulation entre langage et connaissance qui nous importe : nous y avons renoncé pour éviter les doublons. Même chose pour les grands textes de Quine, « Deux dogmes de l'empirisme » et « Le problème de la signification en linguistique », aisément disponibles dans la nouvelle édition française de *Du point de vue logique* (Paris, Vrin, 2003), et qui complètent donc la sélection proposée dans ce premier volume de *Philosophie du langage*.

Les notes originales des auteurs sont conservées et notées alphabétiquement, en continu. Les précisions des traducteurs sont données dans le texte même entre crochets [ ], ou en notes de bas de page, appelées numériquement.

Nous remercions, pour leur soutien et leurs contributions indispensables, Jocelyn Benoist, Christophe Alsaleh, Fabrice Pataut, et tout particulièrement Valérie Aucouturier. Enfin, Anthony Pecqueux a fourni un indispensable et précieux travail de relecture.

SIGNIFICATION ET RÉFÉRENCE

INTRODUCTION

On trouvera dans la première partie du présent volume certains des textes fondateurs de la philosophie du langage contemporaine, qui chacun à leur manière illustrent une de ses ambitions premières, celle de connecter le langage au monde, par sa capacité (qui reste à définir) à le représenter, à le signifier, ou à y faire référence. Un tel modèle, qu'on dit parfois « représentationnaliste » a été explicité, de manières variées, à partir de Frege, de Russell, et du premier Wittgenstein, puis dans les œuvres des membres du Cercle de Vienne, notamment Carnap (pour des textes représentant cette tradition, qui articule de façon spécifique langage et connaissance, voir les *Textes clés de philosophie des sciences*, vol. 1, *Théories et expériences*). Les deux textes fondateurs de Frege, publiés ici dans une nouvelle traduction, constituent le socle de la philosophie analytique du langage : celui d'une théorie philosophique, logique et non linguistique, de la signification. La distinction opérée ici par Frege entre « sens » et « référence » est au sens strict, *révolutionnaire* : en séparant strictement sens et contenu « mental » et en définissant le sens comme voie d'accès à la référence, aux objets du réel, elle redéfinit et démentalise la notion de signification et ouvre un tout nouveau domaine pour la philosophie. Elle permet de reformuler la question de la représentation du monde dans le langage : en faisant sens, en étant une pensée, la phrase (la proposition) est porteuse de vérité ou de fausseté. Cela pose la question qui sera reprise par Wittgenstein, du « pas » qu'accomplit le passage du sens à la référence, si l'on s'intéresse à ces propositions en tant que telles, en tant que pensées dépsychologisées.

Ni *Bedeutung* ni *Sinn* en effet ne sont définis chez Frege en termes d'idées ou de contenus mentaux. L'introduction de *Sinn*, comme de *Bedeutung*, opère ainsi une dépsychologi-sation des questions de langage, confirmée dans « La pensée ». Après Frege, la philosophie du langage devient une séman-tique : dans « La pensée », Frege définit ainsi le « règne » du sens, qui s'ajoute à ceux des choses physiques et des « repré-sentations ». Mais Frege, dans ce texte fondamental, élargit d'emblée le champ de la philosophie du langage et annonce la suite de l'histoire : dimension pragmatique du langage (« force » associée aux propositions), examen attentif des usages, traitement linguistique de questions non linguistiques comme la perception.

Si la logique, et donc la philosophie du langage qui se construit sur elle, ne s'intéressent pas aux esprits individuels, c'est que la pensée elle-même est entièrement définie par les lois logiques de notre langage. Wittgenstein a repris ce point tel quel de Frege, et ainsi pose le non-sens, après le sens, au cœur de la philosophie du langage.

Comme le rappelle Cora Diamond dans *L'esprit réaliste*, pour Frege comme pour Wittgenstein, il n'y a *pas* de pensée dépourvue de sens. Une pensée dépourvue de sens n'est pas de la pensée du tout. Il y a donc un lien entre la définition de la philosophie du langage et la redéfinition de la pensée par Frege. Dans sa seconde philosophie, Wittgenstein poursuit

la voie d'un traitement non-psychologique de l'esprit, mais la
nécessité qui y préside n'est plus celle de la logique mais celle
de la grammaire et des usages.

> Nous arrivons à la question apparemment triviale de ce que la
> logique compte pour un mot, si c'est la marque à l'encre, le son,
> s'il est nécessaire que quelqu'un y relie ou y ait relié un sens,
> etc. – Et c'est manifestement la façon de voir la plus fruste qui
> doit être ici la seule correcte (§ 18).

Le texte de Quine, illustre parfaitement la continuité de
son œuvre avec la « première » philosophie analytique, et la
critique cruelle de la signification, directement orientée sur
Frege puisqu'elle touche à la fois la signification et la référence, que Quine produit en poussant jusqu'à leurs limites
les principes énoncés par ses maîtres : ne pas s'encombrer
d'entités inutiles, ni imaginer dans le langage de pouvoirs
invisibles, ni oublier la priorité du « point de vue logique » sur
la sémantique.

La critique vise aussi bien la référence, et Russell, dont
nous proposons aussi un des textes paradigmatiques. Russell
entend en effet définir la référence singulière d'un terme en
fonction de sa signification : il définit les noms propres, en
les analysant comme des descriptions définies, c'est-à-dire des
descriptions permettant d'identifier la chose, unique, dont
elles parlent, puisque les qualités réunies par la description ne
sont censées s'appliquer qu'à un seul référent dans le monde.
Russell en vint à considérer que les noms propres ordinaires ne
sont pas de vrais noms propres permettant une seule identification (seul le mot « ceci » pourra finalement remplir logiquement
ce rôle). Ainsi, dès lors qu'il attaque la notion de signification,
Quine met en cause la possibilité russellienne d'analyser le
référent du nom propre en fonction de sa signification.

Quine, ce sera encore plus explicite dans *Philosophie de la logique*, en veut aussi bien aux propositions qu'aux significations, en tant qu'entités intermédiaires entre le langage et le réel. À cela s'ajoutera la critique décisive de Putnam (voir *infra*, « Signification et référence ») de la conception dominante de la signification selon laquelle le terme de « signification » signifierait tantôt l'extension d'un concept (c'est-à-dire l'ensemble des individus qui tombent sous ce concept), tantôt l'intension (c'est-à-dire le sens) d'un concept dans une phrase donnée. La thèse quinienne d'indétermination de la traduction, d'abord arme de guerre contre la notion de signification et indirectement contre l'analyticité définie par Carnap, ouvre ensuite une nouvelle voie inédite pour la philosophie du langage, en introduisant une forme d'indétermination au cœur de la sémantique, puis en y articulant un naturalisme devenu inséparable de la critique du sens. Pour Quine, il n'y a pas de *fact of the matter*, de réalité de la question de savoir quelles sont les catégories de pensée des indigènes dont nous tentons de traduire la langue. La thèse d'indétermination de la traduction signifie qu'on traduit toujours *dans* sa propre langue, de l'intérieur (*from within*) du schème conceptuel hérité. Au mythe de la signification s'ajoutera alors le « mythe des objets » évoqué positivement dans *Deux dogmes de l'empirisme*, et plus négativement ensuite par les successeurs/ critiques de Quine : Rorty, Davidson, McDowell (*L'esprit et le monde*). Ici encore, la sémantique se veut une formulation du réalisme : nos phrases ont une « tendance » irrésistible à parler d'objets, dans l'appareil référentiel dans lequel notre langue nous a formés.

La signification n'est donc pas la seule « victime » des arguments de la « seconde » philosophie analytique : la référence va être aussi sinon critiquée, du moins déplacée. La question centrale de la philosophie du langage contemporaine, en tout cas jusqu'à la fin du siècle dernier, est bien celle de savoir ce qui raccroche le langage à la réalité : la nomination, ou la signification (le faire-sens). De ce point de vue, on en est toujours à la question du *Tractatus*, et aux débats qui opposent Wittgenstein respectivement à Frege et à Russell (notamment la tentative de ce dernier pour identifier des « simples absolument simples », identifiables au moyen de noms propres véritables et non pas des noms propres fonctionnant comme descriptions définies). Ce dernier, puis Kripke (*cf.* « Identité et nécessité », dans les *Textes clés de la philosophie du langage*, vol. 2), et Gareth Evans (voir *infra*, « Le modèle photographique ») déplaceront ainsi la notion de référence, en reprenant à leur source les débats du début du siècle. Le frégéanisme spécifique d'Evans est une illustration de la façon dont les positions contemporaines réactualisent les conceptions défendues, et les divergences illustrées, un siècle auparavant, par les « pères fondateurs » : Evans entend à travers un examen des diverses sortes de référence, et contre les approches causales de la référence héritées de Kripke, défendre ce qu'il appelle le « Principe de Russell », selon lequel un individu ne pourrait penser à un objet s'il n'en a pas une connaissance discriminante.

Cette discussion, comme bien des théories contemporaines, n'a de sens que sur l'arrière-plan des premières distinctions opérées par la philosophie du langage naissante, et de ses premiers questionnements, les plus radicaux : comment articuler une nouvelle approche de l'esprit et une analyse linguistique qui nous donne un accès au monde ? Comment montrer que parler du langage, c'est parler de ce dont il parle et donc d'autre chose que le langage ? Comment recentrer la réflexion et le travail philosophique sur le langage, sa logique, la finesse de ses usages et de ses distinctions, en gardant, comme dit joli-ment Quine, « un œil sur le monde » ? Ce sont les questions de Frege et Wittgenstein, dont on peut percevoir toute la radica-lité, et dont l'histoire qui suit offre diverses versions : la philo-sophie du langage ordinaire, la sémantique des noms propres et les théories de la référence, la pragmatique linguistique, la philosophie de l'esprit néofrégéenne et ses critiques, les théories contemporaines de la perception sont toutes des manières de reprendre le débat sur la façon dont le langage décrit un monde dont il fait partie comme nous, et sur lequel il agit.

Sandra LAUGIER

GOTTLOB FREGE

SUR LE SENS ET LA RÉFÉRENCE

Présentation, par Jocelyn Benoist

« Sens et référence » a pu être considéré pendant longtemps comme le texte fondateur de la philosophie analytique du langage. Il dégage en effet ce qui a pu durablement constituer le terrain privilégié de celle-ci : celui d'une théorie philosophique, logique et non linguistique, de la signification. Corrigeant sa première conception, qui les confondait sous une seule et même notion de « contenu », Frege distingue ici systématiquement « sens » (*Sinn*) et « référence » (*Bedeutung*). La distinction n'est que superficiellement intuitive – elle ne l'est, dans une certaine mesure, qu'au premier étage de la construction : celui des « noms » et expressions assimilées – et suppose l'adoption d'une terminologie forcée, qui n'est pas celle du langage ordinaire. Comme le remarquera Husserl[1], les termes *Sinn* et *Bedeutung* ont, dans l'usage ordinaire de l'allemand, des portées quasiment identiques – en toute rigueur, l'écart

1. E. Husserl, *Les recherches logiques*, trad. fr. H. Elie, A. Kelkel et R. Scherer, Paris, PUF, 1969-1974, *Ire Recherche Logique*, § 15.

n'est pas plus grand que celui qui existe, en français courant, entre « sens » et « signification », et d'ailleurs assez bien recouvert par celui-ci. Il est pourtant clair que, dans l'emploi technique que Frege instaure pour ces mots, la différence est bien plus forte. La *Bedeutung* n'est certainement pas une « signification » : une telle appellation ne conviendrait, notamment, que fort imparfaitement au niveau des propositions, là où il s'agit de ce que Frege appelle « valeurs de vérité ». Il est également difficile d'utiliser ici la notion russellienne de *dénotation*[1]. La structure des théories des deux philosophes est très différente, et leur lexique n'est pas superposable. Nous avons donc préféré, suivant une autre tradition, rendre cet écart en ayant recours, respectivement, à « sens » et « référence ». Par « référence », il faut ici entendre le référent même, dans sa transcendance, tel qu'il y en a ou non, et non la propriété pour les expressions de référer, ce que, dans leur usage « sérieux » au moins, elles essaient systématiquement de faire – et doivent réussir à faire, si elles veulent conserver leur légitimité (leur « valeur ») dans les limites de cet usage. Le concept de « sens », quant à lui, est à prendre ici en un sens épistémique, et non linguistique : c'est de l'épistémique objectif, puisqu'il ne définit rien d'autre qu'une *voie d'accès à la référence*, une perspective sur elle disponible et en principe publique.

Ce domaine du « sens » dont Frege entrouvre alors la porte est extra-linguistique, et a un statut essentiellement intercalaire entre les signes et l'univers des références disponibles. Néanmoins l'analyse frégéenne part bien de formes de langage effectives, et installe durablement la philosophie sur ce

1. Comme le fait Cl. Imbert dans sa traduction (dans G. Frege, *Écrits logiques et philosophiques*, Paris, Seuil, 1971), qui fait référence et nous sert ici largement de guide.

terrain : ce qu'étudie avec minutie Frege afin de discerner à travers leur surface les articulations de ce « sens » épistémique dont il fait ici le pivot de sa théorie de la connaissance, ce sont en effet bien des *phrases* et leurs possibles constituants. C'est le sens qu'a ici le mot *Satz*, et non celui de « proposition » au sens technique du terme (auquel correspondrait plutôt, chez Frege, ce qu'il appelle « pensée » [1]) – ou alors, dans la seconde partie du texte, il s'agit bien de « propositions », mais au sens strictement grammatical du terme.

Conjuguant une incroyable puissance et subtilité d'analyse, le texte met en place, sur fond d'un anti-psychologisme vigoureux, un certain nombre des distinctions fondamentales de la philosophie du langage contemporaine, sources de prolongements et de critiques infinis au XXe siècle. Mais il impose aussi et surtout une nouvelle méthode, selon laquelle le gain en clarté conceptuelle par rapport à un problème philosophique (en l'occurrence, exemplairement, celui du sens de l'*égalité* entre deux expressions différentes) passe par l'examen approfondi d'une variété d'énoncés, mis en situation et représentant autant de cas différents.

SUR LE SENS ET LA RÉFÉRENCE [*]

L'égalité[a] appelle la réflexion par des questions qui s'y attachent et auxquelles il n'est pas aisé de répondre. Est-elle

---

[*] « Ueber Sinn und Bedeutung », *Zeitschrift für Philosophie und philosophische Kritik*, 100, 1892, p. 25-50, traduction J. Benoist.

a. J'emploie ce mot au sens d'identité et comprends « a = b » dans le sens de « a est la même chose que b » ou « a et b coïncident ».

1. Voir, dans ce même volume, G. Frege, « La pensée ».

une relation ? une relation entre des objets ? ou entre des noms ou des signes pour des objets ? J'ai fait cette dernière supposition dans mon *Idéographie*. Les raisons qui semblent plaider dans ce sens sont les suivantes : $a = a$ et $a = b$ sont manifestement des propositions pourvues d'une valeur cognitive différente : $a = a$ vaut [*gilt*] *a priori* et doit être, d'après Kant, dite analytique, tandis que des propositions de la forme $a = b$ contiennent souvent de très précieuses extensions de notre connaissance, et ne peuvent pas toujours être fondées *a priori*. La découverte de ce que ce n'est pas un nouveau soleil qui se lève chaque matin, mais toujours le même, a assurément été une des découvertes les plus lourdes de conséquences de l'astronomie. Même aujourd'hui, la reconnaissance d'une petite planète ou d'une comète comme la même n'est pas toujours chose qui aille de soi. Or si nous voulions voir dans l'égalité une relation entre ce à quoi les noms « a » et « b » réfèrent, $a = b$ ne semblerait pas pouvoir être différent de $a = a$, dans le cas où $a = b$ est vrai. Ce qui serait exprimé par là, ce serait une relation d'une chose à elle-même, et bel et bien une relation telle que toute chose soit à elle-même dans cette relation, mais ne le soit à aucune autre. Ce qu'on veut dire par $a = b$, semble être que les signes ou noms « a » et « b » réfèrent à la même chose, et ce serait donc de ces signes qu'il serait alors question ; une relation entre eux serait affirmée. Mais cette relation n'existerait entre les noms ou signes que dans la mesure où ils nomment ou désignent quelque chose. Ce serait une relation médiatisée par la liaison de chacun des deux signes avec la même chose désignée. Mais cette liaison est arbitraire. On ne peut interdire à personne d'adopter comme signe pour une chose quelconque n'importe quel processus ou objet arbitrairement sélectionné. Ainsi une proposition de type $a = b$ ne concernerait plus la chose même, mais seulement notre façon de la désigner; nous n'y exprimerions aucune véritable connaissance. Mais c'est pourtant précisément ce que nous voulons dans de nombreux cas. Si le signe « a » ne se distingue du signe « b » que comme objet (en l'occurrence, par sa forme physique), et non en tant que signe – c'est-à-dire pas dans la façon qu'il a de désigner quelque chose – alors la valeur cognitive de $a = a$ devrait être essentiellement égale à celle de $a = b$, dans le cas où $a = b$ est vrai. Une différence ne peut se faire jour ici que par le fait que la distinction des signes correspond à une distinction dans le mode de l'être-donné du désigné. Soient a, b, c les droites qui relient les sommets d'un triangle aux milieux des côtés opposés. L'intersection de a et b est alors la même que l'intersection de b et c. Nous avons donc des désignations différentes pour le même point et ces noms (« intersection de a et b », « intersection de b et c ») renvoient alors en même temps au mode de l'être-donné, et par conséquent une connaissance effective est contenue dans la proposition.

Il n'y a alors qu'un pas à franchir pour tenir pour lié au signe (nom, combinaison de mots, signe graphique), outre le désigné, qui est ce que j'aimerais appeler la référence [*Bedeutung*] du signe, également ce que je voudrais appeler le sens [*Sinn*] du signe, dans lequel le mode de l'être-donné est contenu. Alors, dans notre exemple, la référence des expressions « l'intersection de a et b » et « l'intersection de b et c » serait la même, mais non leur sens. La référence de « étoile du soir » et « étoile du matin » serait la même, mais pas le sens.

Il ressort du contexte que j'ai entendu ici par « signe » et « nom » n'importe quelle désignation qui représente [*vertritt*] un nom propre, et dont la référence est donc un objet déterminé (ce mot étant pris dans son extension la plus large) mais non un concept ou une relation, dont les cas feront l'objet d'un traitement plus approfondi dans un autre essai. La désignation d'un objet singulier peut aussi être constituée de plusieurs mots ou signes d'un genre ou d'un autre. Pour faire bref, toute désignation de ce genre peut être appelée nom propre.

Le sens d'un nom propre est appréhendé par toute personne qui connaît suffisamment la langue ou l'ensemble des désignations auquel il appartient[b]; mais la référence, au cas où il y en a une, n'est encore éclairée par là que de façon unilatérale. Si nous connaissions la référence sous toutes ses faces, nous pourrions immédiatement dire de tout sens donné s'il lui appartient. Voici ce à quoi nous ne parvenons jamais.

La connexion régulière entre le signe, son sens et sa référence est d'un genre tel qu'au signe un sens déterminé et à celui-ci à son tour une référence déterminée correspondent, tandis qu'à une référence (un objet) ce n'est pas un signe unique qui appartient. Le même sens a différentes expressions dans des langues différentes, voire dans la même langue. Assurément des exceptions se présentent à ce comportement régulier. Certes, dans une totalité parfaite de signes, à chaque expression un signe déterminé doit correspondre; mais les langues vernaculaires ne satisfont pas à cette exigence de multiples façons, et il faut s'estimer heureux là où seulement le

---

b. Dans le cas d'un véritable nom propre comme « Aristote », les opinions en ce qui concerne le sens peuvent sans nul doute diverger. On pourrait par exemple tenir pour tel : l'élève de Platon et maître d'Alexandre le Grand. Qui fait cela liera à la phrase « Aristote était natif de Stagire » un autre sens que qui tiendrait pour le sens de ce nom : le maître d'Alexandre le Grand, natif de Stagire. Tant que la référence demeure la même, on peut tolérer ces flottements du sens, même si, dans l'édifice doctrinal d'une science démonstrative, il faudrait les éviter et ils ne devraient pas apparaître dans une langue parfaite.

même mot a toujours le même sens dans le même contexte. On peut peut-être accorder qu'une expression correctement formée du point de vue grammatical qui est là pour un nom propre a toujours un sens. Mais si alors au sens correspond aussi une référence, voilà qui n'est pas encore dit avec cela. Les mots « le corps céleste le plus éloigné de la terre » ont un sens; ont-ils aussi une référence ? C'est pourtant fort douteux. L'expression « la suite convergeant le moins vite » a un sens; mais on démontre qu'elle n'a aucune référence, puisque, pour toute suite convergente, on peut toujours en trouver une moins convergente, et pourtant toujours convergente. Par le simple fait qu'on appréhende un sens, on n'a donc pas encore avec sûreté une référence.

Lorsqu'on emploie les paroles de la façon habituelle, ce dont on veut parler est leur référence. Mais il peut aussi arriver qu'on veuille parler des paroles elles-mêmes, ou de leur sens. C'est ce qui se produit par exemple lorsqu'on cite les paroles d'un autre au discours direct. Nos paroles réfèrent alors d'abord à celles d'autrui, et c'est seulement celles-ci qui ont la référence usuelle. Nous avons alors des signes de signes. À l'écrit, on met, dans ce cas, le signe graphique des mots entre guillemets. Un signe graphique qui est entre guillemets ne doit donc pas être pris selon sa référence usuelle.

Lorsqu'on veut parler du sens d'une expression « A », on peut le faire simplement au moyen de la tournure « le sens de l'expression "A" ». Dans le discours indirect, on parle du sens par exemple du discours d'un autre. Il en résulte clairement que, également dans cette façon de parler, les mots n'ont pas leur référence usuelle, mais réfèrent à ce qui est d'habitude leur sens. Pour le dire de façon ramassée : les mots sont, au discours indirect, utilisés sur un mode *indirect*, ou ont leur référence *indirecte*. Nous distinguons conformément à cela la référence *usuelle* d'un mot de sa référence *indirecte* et son sens *usuel* de son sens *indirect*. La référence indirecte d'un mot est donc son sens usuel. Il faut toujours conserver un œil sur de telles exceptions, si on veut appréhender correctement le mode de connexion du signe, du sens et de la référence au cas par cas.

De la référence et du sens d'un signe, il faut distinguer la représentation qui est connectée à celui-ci. Si la référence d'un signe est un objet perceptible par les sens, alors la représentation que j'en ai est une image interne issue de souvenirs d'impressions sensibles que j'ai eues et d'activités, aussi bien internes qu'externes, que j'ai exercées[c]. Cette image est souvent imprégnée de sentiments ; la distinction de ses diverses parties est variable et instable. Ce n'est pas toujours, même chez le même être humain, la même représentation qui est liée au même sens. La représentation est subjective : la représentation de l'un n'est pas celle de l'autre. Il en découle évidemment de nombreuses différences entre les représentations connectées à un seul et même sens. Un peintre, un cavalier, un zoologue lieront probablement des représentations très différentes au nom « Bucéphale ». La représentation se distingue par là essentiellement du sens d'un signe, qui peut être propriété commune de beaucoup et n'est donc pas une partie ou un mode de l'âme individuelle ; car on ne pourra pas nier que l'humanité

c. Nous pouvons bien mettre dans le même sac que les représentations les intuitions, dans lesquelles les impressions des sens et les activités elles-mêmes interviennent en lieu et place des traces qu'elles laissent dans l'âme. La différence est sans conséquence pour notre propos, d'autant plus que, à côté des sensations et des activités, des souvenirs de celles-ci aident à compléter l'image fournie par l'intuition. Mais on peut aussi entendre par intuition un objet, dans la mesure où il est perceptible par les sens ou spatial.

ait un trésor commun de pensées, qu'elle transmet d'une génération à une autre[d].

Tandis qu'il n'y a aucun problème à parler du sens purement et simplement, il faut, quand il s'agit de la représentation à proprement parler, ajouter à qui elle appartient et en quel temps. On pourrait peut-être dire : exactement comme l'un lie à un mot cette représentation, l'autre une autre, l'un peut lier à celui-ci ce sens, un autre un autre sens. Cependant la différence ne réside alors que dans la modalité de cette connexion. Cela n'empêche pas que les deux personnes appréhendent le même sens ; en revanche, elles ne peuvent pas avoir la même représentation. *Si duo idem faciunt, non est idem*[1]. Quand deux personnes se représentent la même chose, alors chacune a pourtant sa propre représentation. Il est assurément parfois possible de constater des différences entre les représentations, et même les sensations des différents êtres humains ; une comparaison exacte n'est cependant pas possible, car nous ne pouvons pas réunir ces représentations dans la même conscience.

La référence d'un nom propre est l'objet lui-même que nous désignons par ce nom ; la représentation que nous avons alors est tout à fait subjective ; entre les deux, il y a le sens, qui n'est certes plus subjectif comme la représentation, mais n'est pourtant pas non plus l'objet lui-même. L'analogie suivante est peut-être propre à clarifier ces rapports. Quelqu'un regarde la lune à travers un télescope. Je compare la lune elle-même avec la référence ; c'est là l'objet de l'observation qui est

d. C'est pourquoi il est inapproprié de désigner des choses si essentiellement différentes par le mot de « représentation ».

1. *Si deux personnes font la même chose, ce n'est pas la même chose.*

médiatisée par l'image réelle qui est esquissée par le verre de l'objectif à l'intérieur du télescope, puis par l'image qui se trouve sur la rétine de l'observateur. L'image dans le télescope, je la compare avec le sens, l'image sur la rétine, avec la représentation ou l'intuition. L'image dans le télescope est certes seulement unilatérale ; elle dépend du point de vue ; mais elle est pourtant objective, dans la mesure où elle peut servir à plusieurs observateurs. On pourrait à la rigueur mettre en place un dispositif tel que plusieurs personnes à la fois pourraient l'utiliser. Mais, pour ce qui est des images rétiniennes, chacun aurait pourtant la sienne propre. Même une congruence géométrique paraît bien improbable, du fait de la conformation différente des yeux ; quant à une coïncidence réelle, elle serait tout à fait exclue. Il serait peut-être possible de prolonger cette analogie en supposant que l'image rétinienne de A puisse être rendue visible à B ; ou que A lui-même puisse voir sa propre image rétinienne dans un miroir. On pourrait peut-être montrer par là comment une représentation peut certes être elle-même prise pour objet, mais n'est alors pas pour l'observateur ce qu'elle est immédiatement pour celui qui se représente. Cependant, suivre cette piste nous écarterait trop de notre chemin.

Nous pouvons maintenant distinguer trois niveaux de différenciation entre les mots, les expressions et les phrases complètes. Soit la différence ne concerne que les représentations, soit elle concerne le sens mais pas la référence, soit enfin elle concerne aussi la référence. Eu égard au premier niveau, il faut remarquer que, à cause de la liaison incertaine des représentations avec les paroles, il peut y avoir pour quelqu'un une différence là où un autre n'en trouve aucune. La différence d'une traduction par rapport à son original ne doit proprement pas excéder ce premier niveau. Aux différences qui sont encore ici possibles appartiennent les colorations et éclairages que l'art poétique et l'éloquence cherchent à donner au sens. Ces colorations et éclairages ne sont pas objectifs, mais chaque auditeur ou lecteur doit les ajouter pour lui-même selon les signes suggestifs du poète ou de l'orateur. Sans quelque affinité intrinsèque de l'activité représentative des êtres humains, l'art serait sans nul doute impossible ; mais jusqu'à quel point il est répondu aux intentions du poète, voilà qui ne peut jamais être exactement déterminé.

Il ne devra plus être question par la suite des représentations et des intuitions ; on ne les a mentionnées ici qu'afin que la représentation qu'un mot éveille chez un auditeur ne soit pas confondue avec le sens ou la référence de ce mot.

Afin de parvenir à une expression brève et précise, il nous faut fixer les tournures suivantes :

Un nom propre (mot, signe, combinaison de signes, expression) exprime son sens, réfère à ou désigne sa référence. Nous exprimons par un signe le sens du nom propre et nous désignons par ce signe sa référence.

Du côté des idéalistes et des sceptiques a peut-être surgi déjà depuis longtemps cette objection : « Tu parles ici sans plus de la lune comme d'un objet ; mais d'où sais-tu que le nom "la lune" a aucunement une référence, d'où sais-tu que quoi que ce soit en ait aucunement une ? ». Je réponds que ce n'est pas notre intention de parler de notre représentation de la lune, et que nous ne nous contentons pas non plus du sens, lorsque nous disons « la lune » ; mais nous présupposons une référence. Ce serait complètement manquer le sens que de supposer que, dans la phrase « la lune est plus petite que la terre », il fût question d'une représentation de la lune. Si le locuteur voulait cela, il emploierait la tournure « ma représentation de la lune ». Certes nous pouvons faire erreur dans cette présupposition, et aussi de telles erreurs se sont-elles produites. Mais la question de savoir si peut-être nous faisons toujours erreur en cela peut rester ici sans réponse ; il suffit déjà de renvoyer à notre intention lorsque nous parlons ou pensons, pour justifier de parler de la référence d'un signe, même si c'est avec la réserve : au cas où il y aurait une telle référence.

Jusqu'ici, on a considéré les seuls sens et référence des expressions, mots, signes tels que nous les avons nommés des noms propres. Maintenant, nous nous interrogeons sur le sens et la référence d'une phrase assertive entière. Une telle phrase contient une pensée[e]. Faut-il tenir cette pensée pour le sens de cette phrase ou pour sa référence ? Supposons donc que la phrase ait une référence. Puis remplaçons en elle un mot par un autre de même référence, mais d'un autre sens, alors cela ne peut avoir aucune influence sur la référence de la phrase. Mais nous voyons que la pensée, dans un tel cas, se modifie ; car, par exemple, la pensée de la phrase « l'étoile du matin est un corps éclairé par le soleil » est différente de celle de la phrase « l'étoile du soir est un corps éclairé par le soleil ». Quelqu'un qui ne saurait pas que l'étoile du soir est l'étoile du matin pourrait tenir l'une des pensées pour vraie, et l'autre pour fausse. La pensée ne peut donc pas être la référence de la phrase, il nous faut bien plutôt l'en concevoir comme le sens. Mais qu'en est-il alors de la référence ? Pouvons-nous seulement nous enquérir de cela ? Une proposition entendue comme un tout n'aurait-elle peut-être qu'un sens, mais pas de réfé-

e. Je ne comprends pas par pensée l'activité subjective du penser, mais son contenu objectif, qui est en mesure d'être la propriété commune de beaucoup.

rence? On pourra en tout cas s'attendre à ce que de telles propositions se rencontrent, exactement comme il y a des parties de propositions qui ont bien un sens, mais pas de référence. Et les propositions qui contiennent des noms propres sans référence seront de ce genre. La proposition «Ulysse fut déposé sur le sol d'Ithaque dans un profond sommeil» a manifestement un sens. Mais, comme il est douteux que le nom qui y apparaît, «Ulysse», ait une référence, il est aussi douteux, par là même, que la proposition complète en ait une. Mais il est pourtant certain que quelqu'un qui tient sérieusement la proposition pour vraie ou fausse reconnaît aussi une référence au nom «Ulysse», et non seulement un sens; car c'est bien à la référence de ce nom que le prédicat est attribué ou dénié. Qui ne reconnaît pas de référence ne peut lui attribuer ou dénier un prédicat. Il serait toutefois alors superflu de pousser jusqu'à la référence du nom; on pourrait se contenter du sens, si on voulait en rester à la pensée. S'il s'agissait du sens de la proposition, la pensée, il serait inutile de se soucier de la référence d'une partie de la proposition; pour le sens de la proposition, seul peut entrer en ligne de compte le sens, et non la référence, de cette partie. La pensée reste la même, que le nom «Ulysse» ait une référence ou non. Que nous nous préoccupions de la référence d'une partie de proposition, c'est là un signe que nous reconnaissons aussi et exigeons pour cette proposition elle-même une référence globale. La pensée perd pour nous en valeur dès que nous savons qu'à l'une de ses parties la référence fait défaut. Nous sommes donc bien justifiés à ne pas nous contenter du sens d'une proposition, mais à nous enquérir encore de sa référence. Mais pourquoi voulons-nous donc que tout nom propre n'ait pas seulement un sens, mais encore une référence? Pourquoi la pensée ne nous suffit-elle pas? Parce

que et dans la mesure où il y va pour nous de sa valeur de vérité.
Ce n'est pas toujours là le cas. Par exemple, quand nous écou-
tons une épopée, nous sommes charmés, outre par les belles
sonorités de la langue, par le seul sens des phrases et les représentations et sentiments qui sont éveillés par là. Avec la
question de la vérité, nous abandonnerions le domaine de la
jouissance esthétique, et nous nous tournerions vers une considération scientifique. C'est pourquoi aussi il nous est indifférent si par exemple le nom « Ulysse » a une référence, aussi
longtemps que nous recevons le poème comme une œuvre
d'art[f]. C'est donc l'aspiration à la vérité qui nous conduit
partout à pousser du sens jusqu'à la référence.

Nous avons vu qu'on peut chercher une référence à une
proposition partout où une référence importe pour ses
constituants ; et c'est toujours le cas là, et là seulement, où nous
nous enquérons de la valeur de vérité.

Cela nous rend enclins à reconnaître dans la valeur de
vérité d'une phrase sa référence. Je comprends par la valeur de
vérité d'une phrase le fait qu'elle soit vraie ou fausse. Il n'y a
pas d'autres valeurs de vérité. Je nomme, par souci de brièveté,
l'une le Vrai, et l'autre le Faux. Toute phrase assertive dans
laquelle une référence importe pour chacun des mots, doit
donc être conçue comme un nom propre, et sa référence, au cas
où elle existe, est bien soit le Vrai soit le Faux. Ces deux objets
sont reconnus, fût-ce implicitement, par toute personne qui
juge en général, qui tient quelque chose pour vrai, donc aussi

---

f. Il serait souhaitable d'avoir, pour les signes qui ne doivent avoir qu'un
sens, une expression particulière. Si, par exemple, nous les nommons images,
alors, les paroles de l'acteur sur la scène seraient des images, et même l'acteur
lui-même serait une image.

par le sceptique. La désignation des valeurs de vérité comme objets peut certes encore paraître ici une lubie arbitraire, et peut-être un simple jeu sur les mots, dont on ne serait autorisé à tirer aucune conséquence plus profonde. Ce que j'appelle un objet ne peut être élucidé plus précisément que dans son rapport systématique avec le concept et la relation. Je souhaite réserver cela pour un autre essai. Mais qu'il soit pour autant bien clair ici que, dans tout jugement [g] – fût-il même obvie – le pas qui conduit du niveau des pensées au niveau des références (de l'objectif) est déjà franchi.

On pourrait être tenté de tenir le rapport de la pensée au Vrai non pas pour celui du sens à la référence, mais pour celui du sujet au prédicat. On peut très certainement dire : « la pensée que 5 est un nombre premier est vraie ». Mais, si on y regarde de plus près, on remarque que par là rien de plus proprement n'est dit que dans la phrase simple « 5 est un nombre premier ». L'assertion de la vérité réside dans les deux cas dans la forme de la phrase assertive, et là où cette forme n'a pas sa force habituelle, par exemple dans la bouche d'un acteur sur la scène, la proposition « la pensée que 5 est un nombre premier est vraie » ne contient aussi bien qu'une seule pensée, et assurément la même pensée que le simple « 5 est un nombre premier ». On peut retirer de cela que le rapport de la pensée au vrai ne peut donc être comparé avec celui du sujet au prédicat. Le sujet et le prédicat sont bien (entendus au sens logique) des parties de pensée ; ils sont au même niveau pour le connaître. Par l'ajointement du sujet et du prédicat on parvient toujours seulement à une pensée, et jamais d'un sens à sa référence,

g. Un jugement n'est pas pour moi la simple saisie d'une pensée, mais la reconnaissance de sa vérité.

jamais d'une pensée à sa valeur de vérité. On se meut au même niveau et on n'avance pas d'un niveau au suivant. Une valeur de vérité ne peut pas être partie d'une pensée, aussi peu que le soleil, par exemple, puisqu'elle n'est pas un sens, mais un objet.

Si notre conjecture selon laquelle la référence d'une phrase est sa valeur de vérité est correcte, alors cette valeur de vérité doit rester inchangée lorsqu'une partie de la phrase est remplacée par une expression de même référence, mais d'un autre sens. Et c'est en effet le cas. Leibniz explique justement : « *Eadem sunt, quae sibi mutuo substitui possunt, salva veritate* » [1]. Que pourrait-on trouver d'autre que la valeur de vérité, qui appartienne tout à fait universellement à toute phrase pour laquelle en général la référence des constituants entre en considération, et qui reste inchangé là où on opère une substitution du genre indiqué ?

Or si la valeur de vérité d'une phrase est sa référence, alors d'un côté toutes les phrases vraies ont la même référence, ainsi que d'un autre côté toutes les fausses. Nous voyons ainsi que, dans la référence des phrases, toute singularité se voit effacée. La référence d'une phrase ne peut donc jamais nous importer à elle seule ; mais la seule pensée non plus ne donne aucune connaissance, mais seulement la pensée avec sa référence, c'est-à-dire sa valeur de vérité. L'acte de juger peut être conçu comme la progression d'une pensée à sa valeur de vérité. Cela ne doit certes pas valoir pour une définition. L'acte de juger est précisément quelque chose de tout à fait spécifique et incomparable. On pourrait aussi dire que l'acte de juger consiste à

---

1. « Ce sont une seule et même chose, celles qui peuvent être substituées l'une à l'autre la vérité étant sauve ».

distinguer des parties à l'intérieur de la valeur de vérité. Cette opération de distinction s'effectue au moyen d'un pas en arrière vers les pensées. Tout sens qui appartient à une valeur de vérité correspondrait à un mode propre de cette décomposition en parties. Il est clair que j'ai employé ici le mot « parties » d'une façon particulière. C'est-à-dire que j'ai transposé le rapport de tout à partie de la phrase à sa référence, en nommant la référence d'un mot partie de la référence de la phrase lorsque le mot est lui-même partie de cette phrase, une façon de parler qui est certes contestable, car, dans le cas de la référence, par la donnée du tout et d'une partie, l'autre partie n'est pas encore déterminée, et car, dans le cas des corps, le mot partie est déjà employé en un autre sens. Il faudrait créer une expression appropriée pour cela.

Il faut maintenant examiner plus avant cette conjecture selon laquelle la valeur de vérité d'une phrase est sa référence. Nous avons trouvé que la valeur de vérité d'une phrase demeure intacte lorsque nous y remplaçons une expression par une autre équiréférentielle : mais nous n'avons pas alors considéré le cas où l'expression à remplacer est elle-même une phrase. Si notre point de vue est correct, la valeur de vérité d'une phrase [*Satz*] qui contient elle-même une proposition [*Satz*] comme partie doit rester inchangée, si nous introduisons à la place de la proposition partielle une autre dont la valeur de vérité est la même. Il faut alors s'attendre à des exceptions si le tout ou la proposition partielle sont au discours direct ou indirect ; donc, comme nous l'avons vu, la référence des paroles n'est alors pas la référence usuelle. Une phrase réfère au discours direct de nouveau à une phrase et, au discours indirect, à une pensée.

Ainsi nous sommes conduits à la considération du cas des propositions subordonnées. Celles-ci interviennent comme parties d'un ajointement de propositions, qui, du point de vue logique, se présente également comme une proposition, et assurément comme une proposition principale. Mais nous voici confrontés à la question de savoir s'il vaut également des subordonnées que leur référence est une valeur de vérité. Nous savons déjà que c'est le contraire dans le cas du discours indirect. Les grammairiens voient dans les subordonnées des représentants de parties de phrase et, en conséquence, les divisent en propositions nominales, propositions déterminatives [*Beisätze*], propositions adverbiales. On pourrait à partir de là forger la conjecture que la référence d'une proposition subordonnée n'est pas une valeur de vérité, mais est du même genre que celle d'un terme nominal, ou d'un adjectif [*Beiwort*], ou d'un adverbe, en bref d'une partie de phrase qui a pour sens non pas une pensée, mais seulement une partie de pensée. Seule une recherche plus approfondie peut faire la clarté là-dessus. Nous ne nous en tiendrons pas strictement, dans cette recherche, au fil grammatical, mais synthétiserons ce qui relève du même genre logique. Cherchons d'abord des cas où le sens de la subordonnée, comme nous venons de le conjecturer, n'est pas une pensée autonome.

À la sphère des propositions nominales abstraites introduites par « que » appartient aussi le discours indirect, dont nous avons vu qu'en lui les mots ont leur référence indirecte, qui coïncide avec ce qui est habituellement leur sens. Dans ce cas, la subordonnée a aussi pour référence une pensée, et non une valeur de vérité ; pour sens non une pensée, mais le sens des paroles « la pensée que… », qui n'est qu'une partie de la pensée de tout l'ajointement propositionnel. C'est ce qui arrive après « dire », « entendre », « être convaincu », « infé-

rer » et des mots de ce genre[h]. Il en est autrement – et la situation est embrouillée – après des mots comme « connaître »,
« savoir », « s'imaginer », cas que nous devrons envisager
ultérieurement.

Que, dans les cas susdits, la référence de la subordonnée
soit en fait la pensée, on le voit aussi à ce que, pour la vérité
du tout, il est indifférent si cette pensée est vraie ou fausse.
Que l'on compare par exemple ces deux phrases : « Copernic
croyait que les orbites des planètes étaient des cercles » et
« Copernic croyait que le mouvement apparent du soleil résul-
tait du mouvement réel de la terre ». On peut ici substituer sans
dommage pour la vérité une subordonnée à l'autre. La principale prise avec sa subordonnée a pour sens seulement une
pensée unique, et la vérité du tout n'exclut ni la vérité ni la non-
vérité de la subordonnée. Dans ces cas, il n'est pas permis de
remplacer dans la subordonnée une expression par une autre
qui a la même référence usuelle, mais seulement par une qui a
la même référence indirecte, c'est-à-dire le même sens usuel.
Si quelqu'un voulait inférer : la référence d'une proposition
n'est pas sa valeur de vérité, « car alors on aurait le droit de
remplacer cette proposition partout par une autre de même
valeur de vérité », alors il prouverait trop ; on pourrait tout
aussi bien affirmer que la référence de l'expression « étoile du
matin » n'est pas Vénus, car on n'a pas le droit de dire partout
« Vénus » pour « étoile du matin ». On ne peut légitimement
conclure que ce qui suit : la référence de la proposition n'est
pas toujours sa valeur de vérité, et « l'étoile du matin » ne

h. Dans « A mentit en disant qu'il avait vu B », la subordonnée réfère à
une pensée, dont il est premièrement dit que A l'asserte comme vraie, et
deuxièmement que A est convaincu de sa fausseté.

réfère pas toujours à la planète Vénus, à savoir pas lorsque ce mot a sa référence indirecte. On trouve une telle exception dans les subordonnées que nous venons de considérer, dont la référence est une pensée.

Lorsqu'on dit « il semble que… », alors on veut dire par là « il me semble que… » ou « je pense que… ». Nous retrouvons de nouveau notre cas. Il en est de même avec des expressions comme « se réjouir », « regretter », « approuver », « blâmer », « espérer », « craindre ». Lorsque Wellington, vers la fin de la bataille de Belle-Alliance, se réjouissait que les Prussiens arrivassent, alors, la raison de sa joie était une conviction. S'il s'était trompé, alors, tant que son illusion aurait persisté, il ne s'en serait pas moins réjoui, et avant qu'il eût acquis cette conviction que les Prussiens arrivaient, il ne pouvait pas s'en réjouir, bien que, en réalité, ceux-ci approchassent déjà.

Tout comme une conviction ou une croyance est la raison d'un sentiment, elle peut aussi être la raison d'une conviction, comme dans l'inférence. Dans la phrase « Christophe Colomb inféra de la rotondité de la terre que, en voyageant vers l'Ouest, il pourrait atteindre l'Inde », nous avons, comme références des parties, deux pensées, que la terre est ronde, et que Colomb, en voyageant vers l'Ouest, pourrait atteindre l'Inde. La seule chose qui importe une fois de plus ici c'est que Colomb était convaincu d'une chose comme de l'autre, et qu'une conviction était la raison de l'autre. Si la terre est réellement ronde et Colomb, en voyageant vers l'Ouest, pouvait réelle-ment atteindre l'Inde comme il le pensait, est indifférent pour la vérité de notre phrase ; mais il n'est pas indifférent si nous posons pour la « terre » « la planète qui est accompagnée d'une lune dont le diamètre est plus grand que le quart du sien propre ». Ici aussi nous avons la référence indirecte des paroles.

Les propositions adverbiales finales avec « afin que » relèvent aussi du même cas ; car manifestement, la fin est une pensée ; d'où : référence indirecte des paroles, subjonctif.

La proposition avec « que » après « ordonner », « prier », « interdire » prendrait au discours direct la forme d'un impératif. Une telle proposition n'a pas de référence, mais seulement un sens. Un ordre, une prière ne sont certes pas des pensées, mais elles se tiennent pourtant au même niveau que les pensées. Aussi, dans les subordonnées commandées par « ordonner », « prier », etc., les paroles ont leur référence indirecte. La référence d'une telle proposition n'est donc pas une valeur de vérité, mais un ordre, une prière, etc.

Il en est de même de l'interrogative indirecte dans des tournures comme « douter si », « ne pas savoir si ». Il est facile de voir que, ici aussi, les mots doivent être pris dans leur référence indirecte. Les propositions interrogatives indirectes avec « qui », « quoi », « où », « quand », « comment », « par quel moyen », etc., se rapprochent parfois beaucoup des propositions adverbiales, dans lesquelles les paroles ont leur référence usuelle. Linguistiquement ces cas se distinguent par le mode du verbe. Au subjonctif, c'est la question elle-même qui constitue la subordonnée et la référence des paroles est indirecte, si bien qu'un nom propre ne peut pas, en général, être remplacé par un autre de même objet.

Dans les cas considérés jusqu'ici, les paroles avaient, dans la subordonnée, leur référence indirecte, et il devenait par là explicable que la référence de la subordonnée aussi soit elle-même une référence indirecte ; c'est-à-dire pas une valeur de vérité, mais une pensée, un ordre, une prière, une question. La subordonnée pouvait être conçue comme un terme nominal et on pouvait même dire : comme un nom propre de cette pensée, de cet ordre, etc., nom propre en tant que lequel il entrait dans le contexte de l'ajointement propositionnel.

Nous arrivons maintenant à d'autres subordonnées, dans lesquelles les paroles ont assurément leur référence usuelle, sans que pourtant, comme sens, intervienne une pensée et comme référence une valeur de vérité. C'est sur des exemples qu'on pourra le mieux faire voir comment une telle chose est possible.

> Celui qui découvrit la forme elliptique des orbites planétaires mourut dans la misère.

Si la subordonnée avait ici une pensée pour sens, alors il devrait être possible d'exprimer celle-ci également dans une principale. Mais cela ne va pas, car le sujet grammatical « celui qui » n'a pas de sens autonome, mais médiatise les relations avec la proposition qui constitue la suite de la phrase : « mourut dans la misère ». Par conséquent le sens de la subordonnée non plus n'est pas une pensée complète et sa référence n'est pas une valeur de vérité, mais Kepler. On pourrait objecter que le sens du tout comprendrait néanmoins une pensée comme partie, c'est-à-dire qu'il y en aurait une qui d'abord reconnaîtrait la forme elliptique des orbites planétaires ; car qui tiendrait le tout pour vrai ne pourrait pas nier cette partie. Ce dernier point est indubitable ; mais juste parce que sinon la subordonnée « qui découvrit la forme elliptique des orbites planétaires » n'aurait pas de référence. Lorsqu'on asserte quelque chose, alors la présupposition va toujours de soi que les noms propres employés, simples ou composés, ont une référence. Donc si on asserte « Kepler mourut dans la misère », par là même est présupposé que le nom « Kepler » désigne quelque chose ; mais, pour autant, n'est pas compris dans le sens de la phrase « Kepler mourut dans la misère » la pensée

SUR LE SENS ET LA RÉFÉRENCE   71

que le nom « Kepler » désigne quelque chose. Si c'était le cas, alors la négation n'aurait pas la forme :

> Kepler ne mourut pas dans la misère,

mais :

> Kepler ne mourut pas dans la misère, ou le nom « Kepler » est dépourvu de référence.

Que le nom « Kepler » désigne quelque chose, c'est bien plutôt une présupposition aussi bien pour l'assertion :

> Kepler mourut dans la misère

que pour l'assertion opposée. Or les langues ont le défaut suivant : en elles, des expressions sont possibles qui, selon leur forme grammaticale, semblent destinées à désigner un objet, mais ne remplissent pas dans certains cas leur destination, car cela dépend de la vérité d'une phrase. Ainsi, il dépend de la vérité de la phrase :

> il y a eu quelqu'un qui découvrit la forme elliptique des orbites planétaires

si la subordonnée :

> qui découvrit la forme elliptique des orbites planétaires

désigne réellement un objet ou en éveille seulement l'apparence, alors qu'en réalité elle est dépourvue de référence. Et ainsi il peut sembler que notre subordonnée contienne comme partie de son sens la pensée qu'il y ait eu quelqu'un qui découvrit la forme elliptique des orbites planétaires. Si c'était exact, la négation devrait avoir la forme suivante :

celui qui connut le premier la forme elliptique des orbites
planétaires ne mourut pas dans la misère, ou il n'y eut personne
qui découvrit la forme elliptique des orbites planétaires.

Ceci tient donc à une imperfection de la langue, dont du
reste la langue de signes de l'analyse n'est pas non plus tout
à fait libre ; là aussi peuvent survenir des combinaisons de
signes qui éveillent l'apparence qu'elles réfèrent à quelque
chose, mais qui pourtant, au moins jusqu'à nouvel ordre, sont
dépourvues de référence, par exemple, des séries divergentes
infinies. On peut éviter cela, par exemple au moyen de la
stipulation particulière suivant laquelle des séries divergentes
infinies doivent référer au nombre 0. D'une langue logiquement parfaite (une idéographie) on est en droit d'exiger que
toute expression qui est formée comme un nom propre d'une
façon grammaticalement correcte à partir de signes précédemment introduits désigne effectivement aussi un objet et
qu'aucun signe supplémentaire ne soit introduit sans que ne
lui soit assurée une référence. On nous met en garde dans
les logiques à propos de l'ambiguïté des expressions en tant
que source de fautes logiques. Je tiens pour au moins aussi
nécessaire la mise en garde quant aux noms propres apparents
qui n'ont pas de référence. L'histoire des mathématiques
peut nous conter les erreurs qui en ont résulté. On est ici tout
aussi près, voire plus, de l'abus démagogique que dans le cas
des termes ambigus. « La volonté du peuple » peut en servir
d'exemple ; car que, au moins, il n'y ait aucune référence
universellement reçue pour cette expression, voilà qui sera
facile à établir. Il n'est donc absolument pas sans conséquence
de tarir une fois pour toutes la source de ces erreurs au moins
pour la science. Alors des objections telles que celle que nous
venons de traiter deviennent impossibles, car il ne peut jamais

dépendre de la vérité d'une pensée si un nom propre a une référence.

Nous pouvons rattacher à ces propositions nominales un genre de propositions déterminatives et de propositions adverbiales qui logiquement leur sont étroitement apparentées.

Les propositions déterminatives aussi servent à former des noms propres composés, même si, contrairement aux propositions nominales, elles n'y suffisent pas à elles seules. Ces propositions déterminatives doivent être assimilées à des adjectifs. Au lieu de « la racine carrée de 4 qui est inférieure à 0 », on peut aussi dire « la racine carrée négative de 4 ». Nous avons ici le cas suivant : à partir d'une expression conceptuelle, un nom propre composé est formé à l'aide de l'article défini au singulier, ce qui est, quoi qu'il en soit, permis lorsqu'un objet et un seul tombe sous le concept[i]. Or des expressions conceptuelles peuvent être formées d'une façon telle que des caractères soient indiqués par des propositions déterminatives, comme dans notre exemple par la proposition « qui est inférieur à 0 ». Il est évident qu'une telle proposition déterminative peut aussi peu que précédemment la proposition nominale avoir comme sens une pensée et comme référence une valeur de vérité, mais a pour sens seulement une partie d'une pensée, qui, dans de nombreux cas, peut aussi être exprimée par un adjectif isolé. Ici aussi, comme dans le cas des propositions nominales précédemment évoquées, fait défaut un sujet autonome et par là également la possibilité de rendre

i. Suivant ce que nous avons remarqué plus haut, il faudrait toujours proprement assurer une référence à une telle expression par une stipulation particulière, par exemple en disposant que le nombre 0 vaille comme sa référence si aucun objet ou plus d'un objet tombe sous le concept.

le sens de la subordonnée dans une proposition principale autonome.

Les lieux, les points et les laps de temps sont, considérés du point de vue logique, des objets ; par conséquent la désignation linguistique d'un lieu déterminé, d'un instant ou d'un laps de temps déterminés, doit être conçue comme un nom propre. Les propositions adverbiales de lieu et de temps peuvent quant à elles être employées pour la formation d'un tel nom propre d'une façon similaire à celle que nous venons de voir pour les propositions nominales et déterminatives. De la même façon peuvent être formées des expressions pour les concepts qui comprennent sous eux des lieux, etc. Ici aussi il faut remarquer que le sens de ces subordonnées ne peut pas être rendu dans une principale, car un constituant essentiel, à savoir la détermination de lieu ou de temps, fait défaut, qui est juste indiqué au moyen d'un pronom relatif ou d'une conjonction[j].

j. À propos de ces propositions, du reste, des conceptions légèrement différentes sont possibles. Nous pouvons rendre le sens de la phrase « après que le Schleswig-Holstein eut été arraché au Danemark, la Prusse et l'Autriche se divisèrent » également sous la forme « après l'arrachement du Schleswig-Holstein au Danemark, la Prusse et l'Autriche se divisèrent ». Dans cette version, il est suffisamment clair que ce n'est pas la pensée que le Schleswig-Holstein eût été une fois arraché au Danemark qui doit être conçue comme une partie de ce sens, mais que c'est là la présupposition nécessaire pour que l'expression « après l'arrachement du Schleswig-Holstein au Danemark, la Prusse et l'Autriche se divisèrent » ait en général une référence. Sans doute il est aussi possible d'entendre notre phrase d'une telle façon qu'on veuille dire par là que le Schleswig-Holstein ait été une fois arraché au Danemark. Se présente alors un cas que nous devrons considérer ultérieurement. Transportons-nous, pour reconnaître la différence plus clairement, dans l'âme d'un Chinois, qui, dans sa connaissance restreinte de l'histoire européenne, tient pour faux que le Schleswig-Holstein ait été une fois arraché au Danemark. Celui-ci ne tiendra notre phrase, comprise de la première façon, ni pour fausse ni pour vraie, mais

Dans les propositions conditionnelles également il faut, la plupart du temps, exactement comme nous l'avons vu pour les propositions nominales, les propositions déterminatives et les propositions adverbiales, reconnaître un constituant qui indique quelque chose de façon indéterminée, auquel, dans l'apodose, un élément de même type correspond. En renvoyant l'un à l'autre, ils combinent les deux propositions en un tout, qui en règle générale exprime seulement une pensée. Dans la phrase :

> si un nombre est inférieur à 1 et supérieur à 0, alors son carré aussi est inférieur à 1 et supérieur à 0

ce constituant, dans la proposition conditionnelle, est « un nombre », et « son » dans l'apodose. C'est précisément par cette indétermination que le sens revêt l'universalité qu'on attend d'une loi. Mais c'est aussi par elle qu'il se fait que la proposition conditionnelle seule n'a pas une pensée complète comme sens et exprime réunie avec l'apodose une pensée, et assurément seulement une, dont les parties ne sont plus des pensées. Il est en général inexact que dans le jugement hypothétique deux jugements sont mis en relation mutuelle. Quand on dit cela ou quelque chose de semblable, on utilise le mot « jugement » dans le sens même que j'ai associé au mot « pensée », d'une façon telle que pour ma part je dirais alors : « dans une pensée hypothétique deux pensées sont mises en relation mutuelle. » Cela ne pourrait être vrai que s'il n'y avait

---

lui déniera toute référence, car une telle référence ferait défaut à la subordonnée. Celle-ci ne donnerait qu'apparemment une détermination de temps. Si au contraire il comprend notre phrase de la deuxième façon, alors il trouvera une pensée exprimée en elle, qu'il tiendrait pour fausse, à côté d'une partie qui, pour lui, serait dépourvue de référence.

pas un constituant qui indiquât de façon indéterminée[k]; mais alors il n'y aurait pas d'universalité non plus.

Quand il faut indiquer de façon indéterminée un point du temps dans la proposition conditionnelle et dans l'apodose, alors il n'est pas rare que cela soit fait au seul moyen du temps présent du verbe, qui, dans ce cas, ne connote pas le présent. Cette forme grammaticale est alors, dans la principale et dans la subordonnée, le constituant qui indique de façon indéterminée. « Si le soleil se trouve au Tropique du Cancer, nous avons sur l'hémisphère Nord le jour le plus long » en est un exemple. Ici aussi il est impossible d'exprimer le sens de la subordonnée dans une principale, car ce sens n'est pas une pensée complète; car, si nous disions : « le soleil se trouve au Tropique du Cancer », alors nous rapporterions cela à notre présent et par là nous modifierions le sens. Le sens de la principale est tout aussi peu une pensée; seul le tout constitué de la principale et de la subordonnée en contient une. Du reste ce sont aussi plusieurs constituants communs qui peuvent être indiqués de façon indéterminée dans la conditionnelle et l'apodose.

Il est évident que certaines propositions nominales avec « qui », « ce qui » et des propositions adverbiales avec « où », « quand », « partout où », « chaque fois que » doivent être conçues, selon leur sens, comme autant de propositions conditionnelles, par exemple : « qui touche la poix se salit ».

Des propositions déterminatives aussi peuvent représenter des conditionnelles. Ainsi pouvons-nous exprimer le sens de la phrase que nous avons donnée plus haut en exemple égale-

---

k. Parfois une indication verbale explicite fait défaut, et elle doit être empruntée à tout le contexte.

ment sous la forme : « le carré d'un nombre qui est inférieur à 1 et supérieur à 0, est inférieur à 1 et supérieur à 0 ».

Il en est tout autrement si le constituant commun de la principale et de la subordonnée est désigné par un nom propre. Dans la phrase :

> Napoléon, qui reconnut le danger pour son flanc droit, conduisit lui-même ses gardes contre la position ennemie

les deux pensées suivantes sont exprimées :

> 1. Napoléon reconnut le danger pour son flanc droit ;
> 2. Napoléon conduisit lui-même ses gardes contre la position ennemie.

Quand et où cela arriva, voilà qui ne peut certes être connu qu'à partir du contexte, mais qui doit être tenu pour ainsi déterminé. Lorsque nous énonçons toute notre phrase comme une assertion, alors nous assertons par là les deux propositions partielles. Si une des propositions partielles est fausse, alors par là même le tout est faux. Ici nous avons le cas où la subordonnée a pour elle-même comme sens une pensée complète (si nous la complétons par l'indication du temps et du lieu). La référence de la subordonnée est en conséquence une valeur de vérité. Nous pouvons donc attendre que, sans préjudice pour la vérité du tout, elle se laisse remplacer par une proposition de même valeur de vérité. C'est également le cas ; il faut juste prendre garde que son sujet doit être « Napoléon », pour une raison purement grammaticale, car elle ne peut être introduite alors que sous la forme d'une déterminative ayant « Napoléon » pour antécédent. Mais si on fait abstraction de l'exigence de voir la phrase sous la forme qu'elle a, et si on concède sa mise en forme conjonctive par « et », alors cette restriction tombe.

Dans les subordonnées avec « bien que » aussi des pensées
complètes sont exprimées. Cette conjonction n'a à proprement
parler aucun sens et ne modifie pas non plus le sens de la
phrase, mais l'éclaire seulement d'une façon spécifique[1].
Nous pourrions assurément remplacer sans préjudice pour la
vérité du tout la proposition concessive par une autre de même
valeur de vérité ; mais l'éclairage semblerait alors facilement
inapproprié, comme si on voulait chanter une chanson de
teneur triste sur un mode enjoué.

Dans les derniers cas, la vérité du tout impliquait la vérité
des propositions partielles. Il en est autrement lorsqu'une
proposition conditionnelle exprime une pensée complète en
contenant au lieu du constituant indicatif un nom propre ou
quelque chose qu'on doit tenir pour équivalent. Dans la phrase :

si maintenant le soleil est déjà levé, le ciel est très nuageux

le moment du temps est le présent, donc déterminé. Le lieu
aussi doit être tenu pour déterminé. Ici on peut dire qu'une
relation est posée entre les valeurs de vérité de la proposition
conditionnelle et de sa conséquence, à savoir celle que le cas
n'a pas lieu où la proposition conditionnelle réfère au vrai et
l'apodose au faux. D'après cela, notre phrase est vraie aussi
bien si le soleil n'est pas maintenant encore levé, que le ciel
soit très nuageux ou non, que si le soleil est déjà levé et le ciel
est très nuageux. Comme en la matière importent seules les
valeurs de vérité, on peut remplacer chacune des propositions
partielles par une autre de même valeur de vérité sans modifier
la valeur de vérité du tout. Sans doute, ici aussi, l'éclairage
deviendrait la plupart du temps inadéquat ; la pensée tournerait

1. Nous avons un phénomène similaire avec « mais » ou « pourtant ».

facilement à la platitude; mais cela n'a rien à voir avec sa valeur de vérité. Il faut, dans cette analyse, toujours prêter garde au fait que des pensées annexes [*Nebengedanken*] viennent consonner, qui ne sont pourtant pas à proprement parler exprimées et qu'on n'a donc pas le droit de compter dans le sens de la phrase, et dont la valeur de vérité ne peut donc pas importer[m].

Voici pour le traitement des cas simples. Récapitulons !

La subordonnée n'a la plupart du temps pour sens pas une pensée, mais seulement une partie de pensée et, en conséquence, comme référence, pas une valeur de vérité. Cela trouve sa raison soit dans le fait que, dans la subordonnée, les mots ont leur référence indirecte, si bien que c'est la référence, et non le sens de la subordonnée, qui est une pensée, soit dans le fait que la subordonnée, à cause d'un constituant qui n'y indique quelque chose que de façon indéterminée, est incomplète, si bien qu'elle n'exprime une pensée que réunie à la proposition principale. Des cas peuvent néanmoins aussi se produire où le sens de la subordonnée est une pensée complète, et alors elle peut être remplacée sans préjudice pour la vérité du tout par une autre de même valeur de vérité, tant qu'il n'y a pas d'obstacles grammaticaux.

Si, là-dessus, on considère toutes les subordonnées qui peuvent se présenter, on en trouvera bien vite qui ne veulent pas exactement entrer dans ces rubriques. La raison en résidera, pour autant que je puisse en juger, en ce que ces propositions

---

m. On pourrait exprimer la pensée de notre phrase également ainsi : « soit le soleil maintenant n'est pas encore levé, soit le ciel est très nuageux » – ce qui donne à voir comment ce genre de combinaison propositionnelle doit être entendu.

subordonnées n'ont pas un sens si simple. Presque toujours, semble-t-il, nous combinons à une pensée principale, que nous énonçons, des pensées annexes, que l'auditeur aussi, bien qu'elles ne soient pas exprimées, connecte avec nos paroles suivant des lois psychologiques. Et, comme elles paraissent ainsi liées d'elles-mêmes avec nos paroles, presque comme la pensée principale elle-même, nous voulons donc alors aussi exprimer en même temps une telle pensée annexe. Par là le sens de la proposition s'enrichit, et il peut bien arriver que nous ayons plus de pensées simples que de propositions. Dans la plupart des cas, la proposition doit être comprise ainsi, dans d'autres, il peut être douteux si la pensée annexe co-appartient au sens de la proposition ou l'accompagne seulement. Ainsi on pourrait peut-être trouver que, dans la phrase :

> Napoléon, qui reconnut le danger pour son flanc droit, conduisit lui-même ses gardes contre la position ennemie

ce ne sont pas seulement les deux pensées indiquées plus haut qui sont exprimées, mais également celle que la reconnaissance du danger fut la raison pour laquelle il conduisit les gardes contre la position ennemie. On peut en fait être dubitatif quant au fait de savoir si cette pensée est juste facilement éveillée par l'énoncé ou est réellement exprimée. Qu'on se pose donc la question de savoir si notre phrase serait fausse si la décision de Napoléon avait été prise déjà avant la perception du danger. Si notre phrase pouvait néanmoins être vraie, alors notre pensée annexe ne devrait pas être conçue comme une partie du sens de notre phrase. Probablement on se décidera dans ce sens. Dans l'autre cas, la situation serait vraiment embrouillée : nous aurions alors plus de pensées simples que de propositions. Si alors nous remplacions aussi la proposition :

> Napoléon reconnut le danger pour son flanc droit

par une autre de même valeur de vérité, par exemple par :

Napoléon avait déjà plus de 45 ans,

ce ne serait pas seulement notre première pensée, mais aussi notre troisième qui serait modifiée par là, et par là la valeur de vérité de celle-ci pourrait aussi devenir une autre – à savoir si son âge n'était pas la raison de la décision de conduire les gardes contre l'ennemi. On voit à partir de là pourquoi dans de tels cas des propositions de même valeur de vérité ne peuvent pas toujours être substituées l'une à l'autre. En effet la proposition ici exprime en vertu de sa combinaison avec une autre plus qu'elle ne le fait à elle seule.

Considérons donc des cas où une telle chose survient régulièrement. Dans la phrase :

Bebel s'imagine que par la restitution de l'Alsace-Lorraine la soif de vengeance de la France peut être apaisée

deux pensées sont exprimées, dont cependant il n'est pas vrai que l'une appartienne à la principale, l'autre à la subordonnée, à savoir :

1. Bebel croit que par la restitution de l'Alsace-Lorraine la soif de vengeance de la France peut être apaisée
2. par la restitution de l'Alsace-Lorraine la soif de vengeance de la France ne peut pas être apaisée.

Dans l'expression de la première pensée, les paroles de la subordonnée ont leur référence indirecte, tandis que les mêmes paroles dans l'expression de la deuxième pensée ont leur référence usuelle. Nous voyons à cela que la subordonnée, dans l'ajointement propositionnel initial, doit à proprement parler être prise de deux façons, avec des références différentes, dont l'une est une pensée, l'autre une valeur de vérité.

Or comme la valeur de vérité n'est pas toute la référence de la subordonnée, nous ne pouvons pas simplement remplacer celle-ci par une autre de même valeur de vérité. Nous avons quelque chose de similaire dans des expressions comme « savoir », « connaître », « il est connu ».

Avec une subordonnée explicative (*des Grundes*) et sa principale, nous exprimons plusieurs pensées, qui cependant ne correspondent pas terme à terme aux propositions. Dans la phrase :

> parce que la glace a une masse spécifique inférieure à l'eau, elle flotte sur l'eau

nous avons :

> 1. la glace a une masse spécifique inférieure à l'eau
> 2. si quelque chose a une masse spécifique inférieure à l'eau, alors cela flotte sur l'eau
> 3. la glace flotte sur l'eau.

Il n'était, quoi qu'il en soit, pas besoin d'introduire la troisième pensée explicitement puisqu'elle est contenue dans les deux premières. Au contraire ni la première et la troisième, ni la seconde et la troisième, ne constituent par leur réunion le sens de notre phrase. Or on voit que dans notre subordonnée :

> parce que la glace a une masse spécifique inférieure à l'eau

notre première pensée aussi bien qu'une partie de notre deuxième sont exprimées. D'où vient que nous ne pouvons pas simplement remplacer notre subordonnée par une autre de même valeur de vérité ; car par là notre deuxième pensée serait aussi modifiée, et sa valeur de vérité pourrait aussi facilement en être affectée.

La situation est similaire dans la phrase :

si le fer avait une masse spécifique inférieure à l'eau, alors il flotterait sur l'eau.

Nous avons ici les deux pensées que le fer n'a pas une masse spécifique inférieure à l'eau, et que quelque chose flotte sur l'eau s'il a une masse spécifique inférieure à l'eau. La subordonnée exprime de nouveau une pensée plus une partie de l'autre.

Si nous concevons la phrase examinée précédemment :

> après que le Schleswig-Holstein eut été arraché au Danemark, la Prusse et l'Autriche se divisèrent

d'une façon telle qu'y est exprimée la pensée que le Schleswig-Holstein ait été arraché une fois au Danemark, alors nous avons premièrement cette pensée, deuxièmement la pensée que, en un temps qui est déterminé plus précisément par la subordonnée, la Prusse et l'Autriche se divisèrent. Ici aussi la subordonnée n'exprime pas seulement une pensée, mais aussi une partie d'une autre. C'est pourquoi on n'a pas le droit de la remplacer universellement par une autre de même valeur de vérité.

Il est difficile d'épuiser toutes les possibilités données dans la langue ; mais j'espère cependant avoir mis en évidence l'essentiel des raisons pour lesquelles une subordonnée ne peut pas toujours être représentée (*vertreten*) par une autre de même valeur de vérité sans préjudice pour la vérité de tout l'ajointement propositionnel. Les voici :

> 1. la subordonnée ne réfère pas à une valeur de vérité là où elle exprime seulement une partie d'une pensée
> 2. la subordonnée réfère certes à une valeur de vérité, mais ne s'y restreint pas, là où son sens embrasse, outre une pensée, encore une partie d'une autre pensée.

Le premier cas intervient :

a) Là où les paroles ont une référence indirecte
b) Quand une partie de la proposition indique simplement de façon indéterminée, au lieu d'être un nom propre.

Dans le second cas, il est possible que la subordonnée doive être prise de deux façons, à savoir une fois dans sa référence usuelle, l'autre dans sa référence indirecte ; ou bien il est possible que le sens d'une partie de la subordonnée soit en même temps un constituant d'une autre pensée, qui, réunie avec celle qui est immédiatement exprimée dans la subordonnée, constitue le sens complet de la principale *et* de la subordonnée.

Il ressort de cela avec une probabilité suffisante que les cas où une subordonnée n'est pas remplaçable par une autre de même valeur de vérité ne prouvent rien contre notre vue suivant laquelle la valeur de vérité est la référence de la phrase dont le sens est une pensée.

Revenons donc à notre point de départ !

Lorsque nous trouvions la valeur cognitive de « a = a » et « a = b » en général différente, cela s'explique par le fait que, pour la valeur cognitive, le sens de la phrase, à savoir la pensée qui y est exprimée, n'entre pas moins en considération que sa référence, c'est-à-dire sa valeur de vérité. Or, s'il y a a = b, la référence de « b » est assurément la même que celle de « a », et la valeur de vérité de « a = b » est donc la même que celle de « a = a ». Pourtant le sens de « b » peut être différent du sens de « a », et par conséquent également la pensée exprimée dans « a = b » différente de celle qui l'est dans « a = a » ; alors ces deux phrases n'ont pas la même valeur cognitive. Si, comme ci-dessus, nous entendons par « jugement » le pas en avant de la pensée à sa valeur de vérité, alors nous dirons aussi que les jugements sont différents.

Gottlob Frege

LA PENSÉE
UNE RECHERCHE LOGIQUE

Présentation, par Jocelyn Benoist

« La pensée » est la première des trois *Recherches Logiques* [1] publiées par Frege dans ses dernières années. On y trouvera l'expression la plus achevée de sa philosophie. Dans cet essai, ce que Frege a découvert dans « Sens et référence » sous le nom de sens prend la consistance d'un « règne » : le « troisième règne », qui vient ici s'ajouter à ceux des choses physiques et des « représentations » au catalogue de ce qui est. Ce « platonisme » sémantique semble définitivement écarter la perspective frégéenne d'une philosophie du langage à proprement parler, Frege concevant la tâche du philosophe primairement comme un combat contre la langue afin d'accéder, au-delà de la surface représentée par celle-ci, aux « pensées », qu'il est impossible de faire correspondre uniformément aux phrases ou propositions grammaticales comme si elles consti-

---

1. Dont on trouvera la traduction intégrale par Cl. Imbert, dans G. Frege, *Écrits logiques et philosophiques*, Paris, Seuil, 1971.

tuaient leurs significations pures et simples. Cependant un tel travail de décryptage réclame de la part de l'analyste toujours plus d'attention aux formes linguistiques, à la diversité et la complexité des usages, et, sur ce terrain, Frege est conduit à toujours plus de découvertes, ayant trait aussi bien aux diverses formes de significations qu'à la dimension pragmatique, extra-sémantique, du langage. Le bénéfice théorique attendu de ce qui se déploie d'abord comme un approfondissement d'une théorie du sens à caractère essentiellement logique (il s'agit ici, au titre des « pensées », des *porteurs de vérité ou de fausseté*) et épistémique, il faut le rappeler, ne se situe toutefois pas, du point de vue de Frege, sur le terrain de la philosophie du langage, mais sur celui de la *philosophie de l'esprit*. L'analyse de la valeur logique des énoncés conduit à une théorie de l'esprit (*Geist*) radicalement dépsychologisée, qui fait de l'esprit un domaine objectif et une forme d'en-soi, transcendant à l'activité cognitive des agents pensants. Il est évident que le passage par des considérations relevant de la philosophie du langage, en la matière, joue un rôle de levier : il sert à arracher la pensée à la sphère de l'intériorité et à faire ressortir son statut d'objectivité partagée. Pour autant, cette objectivité n'est pas plus une objectivité linguistique qu'une objectivité psychologique. C'est sur une véritable métaphysique de l'esprit que débouche alors le déplacement mis en œuvre des problèmes logiques et gnoséologiques traditionnels sur le terrain de l'analyse linguistique. Frege réapplique les résultats obtenus ici à des problèmes qui paraissent éloignés du cadre linguistique de l'analyse initiale, comme celui de la perception, dont il propose un traitement original, mettant en évidence, contre une approche exclusivement naturaliste, ce qu'il y a de « pensée » en elle. Ici, les méthodes d'analyse de la philosophie du langage ont d'ores et déjà commencé à déborder sur l'ensemble des domaines de la philosophie et à y produire leurs effets propres, comme un prisme extrêmement puissant pour y opérer des distinctions nécessaires – ce qui, chez Frege, ne veut certainement pas dire que ces domaines soient traités en quoi que ce soit comme « linguistiques » : rien de plus éloigné de Frege, par exemple, que de penser que « parler » et « percevoir » puissent en aucune façon être identiques. Suivant un geste fondateur, c'est ici l'exposition fondamentale du langage à ce qui n'est pas lui (le fait qu'il soit encore notre moins mauvaise voie d'accès à « l'esprit ») qui en fait l'objet de l'attention renouvelée de la philosophie, avec un degré de finesse et de précision jusque-là inégalé. Certainement, la définition de « l'esprit » connaîtra, dans cette tradition même, par après bien des fluctuations, au-delà du platonisme frégéen ; mais, sur le principe, tout un pan de la philosophie du XXe siècle, dans le choix qu'elle fera d'une méthode dans laquelle l'analyse linguistique est au moins « le premier mot », suivra Frege dans cette intuition selon laquelle, premièrement, parler du langage d'une certaine façon, c'est parler aussi et d'abord d'autres choses que du langage (c'est-à-dire d'abord des différentes façons que nous avons d'accéder au monde), et, deuxièmement, cela peut être le meilleur moyen, parce que le plus discriminant, de parler de ces autres choses.

LA PENSÉE
UNE RECHERCHE LOGIQUE *

Comme le mot « beau » donne son orientation à l'esthétique et le mot « bon » à l'éthique, le mot « vrai » le fait à

* « Der Gedanke », *Beiträge zur Philosophie des deutschen Idealismus*, 2, 1918-1919, p. 58-77, traduction J. Benoist.

la logique. Certes toutes les sciences ont la vérité pour but ;
mais la logique s'occupe d'elle encore d'une tout autre façon.
Elle se comporte à l'égard de la vérité comme la physique à
l'égard de la pesanteur ou de la chaleur. Découvrir des vérités,
c'est la tâche de toutes les sciences : il revient à la logique de
connaître les lois de l'être-vrai. On emploie le mot « loi »
en deux sens. Lorsque nous parlons de lois morales ou de lois
politiques, nous entendons des prescriptions qui doivent être
suivies, avec lesquelles l'événement n'est pas toujours en
harmonie. Les lois de la nature, elles, constituent l'universel
de l'événement naturel auquel celui-ci est toujours conforme.
C'est plutôt dans ce sens que je parle de lois de l'être-vrai. Sans
doute, dans ce cas, il ne s'agit pas d'un événement, mais d'un
être. Or, des lois de l'être-vrai, il résulte des prescriptions pour
le tenir-pour-vrai, le penser, le juger, l'inférer. Et c'est aussi
de cette façon qu'on parle de lois de la pensée. Mais ici
nous guette le danger de confondre des choses différentes. On
comprend peut-être l'expression « loi de la pensée » d'une
façon similaire à « loi de la nature », et on entend par là
l'universel dans l'événement mental du penser. Une loi de la
pensée, en ce sens, serait une loi psychologique. Et ainsi,
on peut en arriver à l'opinion que, en logique, il s'agirait du
processus mental du penser, et des lois psychologiques selon
lesquelles celui-ci se produit. Mais par là on méconnaîtrait la
tâche de la logique ; car, dans cette perspective, il n'échoit pas
à la vérité la place qui lui revient. L'erreur, la superstition a
aussi bien ses causes que la connaissance exacte. Le tenir-
pour-vrai du faux et le tenir-pour-vrai du vrai viennent au jour
l'un et l'autre selon des lois psychologiques. Une dérivation à
partir de celles-ci et une explication du processus mental qui
débouche sur un tenir-pour-vrai ne peuvent jamais remplacer
une preuve de ce à quoi ce tenir-pour-vrai se rapporte. Des lois

logiques ne peuvent-elles pas aussi être impliquées dans ce processus mental ? Je ne vais pas le contester ; mais, lorsqu'il s'agit de vérité, la possibilité ne peut pas suffire. Possible aussi que quelque chose de non-logique ait été impliqué dans le processus et nous ait fait dévier de la vérité ! Ce n'est qu'après que les lois de l'être-vrai ont été reconnues que nous pouvons décider cela ; mais alors nous pourrons probablement nous passer de la dérivation depuis le processus mental et de son explication, si ce qui importe pour nous est de décider si le tenir-pour-vrai sur lequel il débouche est justifié. Pour exclure toute mésinterprétation et ne pas laisser effacer la frontière entre psychologie et logique, j'impartis à la logique la tâche de trouver les lois de l'être-vrai, et non pas celles du tenir-pour-vrai ou du penser. Dans les lois de l'être-vrai, c'est la référence du mot « vrai » qui se voit développée.

Je vais cependant d'abord tenter d'esquisser tout à fait grossièrement les contours de ce que, dans ce contexte, j'appelle vrai. Ainsi on pourra congédier les usages de ce mot qui se tiennent hors de notre propos. Le mot ne sera pas employé ici au sens de « véridique » (*wahrhaft*) ou « aimant la vérité », ni non plus, comme cela arrive parfois dans le traitement des questions artistiques, quand par exemple il est question de la vérité dans l'art, quand la vérité est assignée comme but à l'art, quand on parle de la vérité d'une œuvre d'art ou d'une émotion vraie. On fait également précéder un autre mot du mot « vrai » afin de dire qu'on veut savoir ce mot entendu dans son sens authentique, non falsifié. Cet usage non plus ne relève pas de la piste qui sera suivie ici ; mais c'est la vérité dont la connaissance est posée comme but à la science qui est visée.

Le mot « vrai » se présente linguistiquement comme un adjectif. Cela fait naître le souhait de délimiter plus étroitement le domaine de ce dont on peut énoncer la vérité, le domaine où la vérité en général peut venir en question. On trouve la vérité énoncée d'images, de représentations, de phrases et de pensées. Il saute aux yeux qu'on rencontre ici des choses [*Dinge*] visibles et audibles réunies avec des entités [*Sachen*] qui ne peuvent pas être perçues par les sens. Cela indique qu'il y a eu des déplacements de sens. Et en effet ! Une image en tant que simple chose visible, tangible est-elle donc à proprement parler quelque chose de vrai ? et une pierre, une feuille n'est pas vraie ? Manifestement on n'appellerait pas l'image vraie s'il n'y avait pas avec elle une intention. L'image doit présenter [*darstellen*] quelque chose. La représentation [*Vorstellung*] non plus n'est pas appelée vraie en elle-même, mais seulement eu égard à une intention qu'elle soit en accord [*übereinstimmen*[1]] avec quelque chose. D'après cela, on peut présumer que la vérité consiste dans l'accord d'une image avec ce qu'elle figure. Un accord est une relation. L'usage du mot « vrai » y contredit pourtant, qui n'est pas un terme de relation, ne contient aucun renvoi à quelque chose d'autre avec quoi quelque chose devrait être en accord. Si je ne sais pas qu'une image est censée présenter la cathédrale de Cologne, je ne sais pas avec quoi je dois comparer l'image pour décider de sa vérité. Il est également ment vrai qu'un accord ne peut être parfait que si les choses qui sont en accord coïncident complètement, donc ne sont bel et bien plus des choses différentes. Pour vérifier l'authenticité d'un billet de banque, on doit chercher à le mettre en état de

---

1. Il faut rappeler que *Uebereinstimmung* est le terme consacré, en allemand philosophique, pour caractériser la vérité comme « correspondance ». Comme Frege utilise au maximum les ressources du lexique de « l'accord », auquel le terme allemand renvoie, nous n'avons pu maintenir ici « correspondance ». Mais c'est bien ce dont il s'agit : d'une certaine critique de la théorie de la vérité-correspondance.

recouvrement stéréoscopique avec un vrai. Mais la tentative de mettre une pièce d'or en état de recouvrement stéréoscopique avec un billet de vingt mark serait ridicule. Faire se recouvrir une représentation et une chose ne serait possible que si la chose était une représentation. Et si alors l'une est parfaitement en accord avec l'autre, elles coïncident purement et simplement. Mais c'est précisément ce qu'on ne veut pas, lorsqu'on détermine la vérité comme accord d'une représentation avec quelque chose de réel [*wirklich*]. Il est alors précisément essentiel que le réel soit différent de la représentation. Mais alors, il n'y a pas d'accord parfait, pas de vérité parfaite. Alors rien du tout ne serait vrai; car ce qui n'est qu'à moitié vrai est non-vrai. La vérité ne souffre ni plus ni moins. Ou quand même? Ne peut-on pas stipuler qu'il y a vérité lorsque l'accord se produit bien sous un certain point de vue? Mais lequel? Que devrions-nous faire alors pour décider si quelque chose est vrai? Il nous faudrait examiner s'il est vrai que, par exemple, une représentation et un réel sont en accord du point de vue qui a été stipulé. Et ainsi, nous nous retrouverions devant une question du même genre, et le jeu repartirait de plus belle. Ainsi échoue cette tentative d'expliquer la vérité comme accord. Mais ainsi échoue également toute autre tentative de définir l'être-vrai. Car, dans une définition, on indiquerait certains caractères. Et au moment de l'appliquer à un cas particulier, tout dépendrait toujours de savoir s'il serait vrai que ces caractères sont vérifiés. On se trouverait alors dans un cercle. Il en résulte qu'il est probable que le contenu du mot « vrai » est tout à fait spécifique et indéfinissable.

Là où on énonce la vérité d'une image, on ne veut à proprement parler énoncer aucune propriété qui échoirait à cette image tout à fait séparément des autres choses, mais on a alors toujours en vue quelque entité tout à fait autre que l'image, et on veut dire que cette image est en quelque façon en accord avec cette entité. « Ma représentation est en accord avec la cathédrale de Cologne » est une phrase et il s'agit maintenant de la vérité de cette phrase. Ainsi, ce qu'on appelait par abus de langage vérité des images et des représentations est reconduit à la vérité des phrases. Qu'appelle-t-on phrase ? Une suite de sons ; mais seulement si elle a un sens, ce qui ne veut pas dire que toute suite de sons pourvue de sens est une phrase. Et lorsque nous appelons une phrase vraie, nous visons par cela à proprement parler son sens. Il en résulte que ce à propos de quoi l'être-vrai en général peut venir en question, c'est le sens d'une phrase. Or le sens d'une phrase, est-ce une représentation ? Quoi qu'il en soit, l'être-vrai ne consiste pas dans l'accord de ce sens avec quelque chose d'autre ; car sinon la question sur l'être-vrai se répéterait à l'infini.

Sans vouloir donner par là une définition, j'appelle pensée quelque chose à propos de quoi en général la vérité peut venir en question. Ce qui est faux, je le mets donc au compte des pensées tout autant que ce qui est vrai[a]. En conséquence, je peux dire : la pensée est le sens d'une phrase, sans vouloir affirmer par là que le sens de toute phrase est une pensée. La pensée, en elle-même non-sensible, revêt le vêtement sensible

a. D'une façon similaire, on a dit en substance : « Un jugement est quelque chose qui est soit vrai soit faux ». En fait j'utilise le mot « pensée » à peu près au sens qu'a « jugement » dans les écrits des logiciens. Pourquoi je préfère « pensée », c'est, j'espère, ce qui deviendra assez clair dans ce qui suit. On a blâmé une telle explication du jugement car une division des jugements en vrais et faux y serait donnée, qui, de toutes les divisions possibles des jugements, serait peut-être la moins significative. Qu'avec cette explication une division soit donnée, c'est ce en quoi je ne peux reconnaître un défaut logique. En ce qui concerne son caractère significatif, on n'aura certes pas le droit de le sous-évaluer, si le mot « vrai », comme je l'ai dit, donne son orientation à la logique.

de la phrase et par là devient plus saisissable pour nous. Nous disons que la phrase exprime une pensée.

La pensée est quelque chose de non-sensible, et toutes les choses perceptibles par les sens doivent être exclues du domaine de ce à propos de quoi peut, en général, être posée la question de la vérité. La vérité n'est pas une propriété qui correspond à un genre particulier d'impressions des sens. Ainsi se distingue-t-elle nettement des propriétés que nous dénommons avec les mots «rouge», «amer», «sentant le lilas». Mais ne voyons-nous pas que le soleil s'est levé? et ne voyons-nous pas par là aussi que cela est vrai? Que le soleil se soit levé n'est pas un objet qui envoie des rayons qui arrivent dans mon œil, n'est pas une chose visible comme le soleil lui-même. Que le soleil se soit levé est connu comme vrai sur la base d'impressions des sens. Pourtant, l'être-vrai n'est pas une propriété perceptible par les sens. On connaît aussi, inhérent à une chose, son être-magnétique sur la base des impressions des sens, bien qu'à cette propriété corresponde aussi peu qu'à la vérité un genre particulier d'impressions des sens. En cela ces propriétés s'accordent. Mais pour connaître un corps pour magnétique, nous avons besoin d'impressions des sens. Si en revanche je trouve vrai que, en ce moment, je ne sens rien olfactivement, alors je ne le fais pas sur la base d'impressions des sens.

Cela donne toutefois à penser que nous ne pouvons connaître une propriété dans son inhérence à une chose sans par là même en même temps trouver vrai que cette chose a cette propriété. Ainsi à toute propriété d'une chose est connectée une propriété d'une pensée, à savoir celle de vérité. Il faut aussi remarquer que la phrase «je sens un parfum de lilas» a pourtant bien le même contenu que la phrase «il est vrai que je sens un parfum de lilas». Ainsi il ne semble pas que rien soit

ajouté à la pensée par le fait que je lui attribue la propriété de
vérité. Et pourtant! n'est-ce pas un grand succès, lorsque,
après une longue hésitation et de patientes investigations, le
chercheur peut enfin dire « ce que j'ai conjecturé est vrai » ? La
référence du mot « vrai » semble être tout à fait spécifique. Ne
serait-ce pas qu'ici nous aurions affaire à quelque chose qui, au
sens du terme en vigueur par ailleurs, ne peut pas être appelé
propriété ? Malgré ce doute, je vais, en un premier temps,
suivant encore l'usage, m'exprimer comme si la vérité était
une propriété, jusqu'à ce qu'on ait trouvé quelque chose de
plus adéquat.

Pour faire se détacher plus nettement ce que je vais appeler
pensée, je distingue des genres de propositions[b]. On ne contes-
tera pas qu'une proposition impérative [*Befehlsatz*] ait un
sens ; mais ce sens n'est pas d'un genre tel que la vérité puisse
dans son cas venir en question. C'est pourquoi je n'appellerai
pas le sens d'une proposition impérative pensée. De même il
faut exclure les propositions de souhait et de prière [*Wunsch-
sätze, Bittesätze*]. Peuvent être prises en considération les
propositions dans lesquelles nous communiquons ou assertons
quelque chose. Mais les exclamations dans lesquelles on lâche
la bonde à ses sentiments, les gémissements, les soupirs, les
rires, je ne les verse pas à ce compte, sauf à ce que, par convention spéciale, ils soient destinés à communiquer quelque
chose. Mais qu'en est-il des propositions interrogatives ? Dans

---

b. J'utilise le mot « proposition » [*Satz*] ici pas tout à fait au sens de la
grammaire, qui connaît aussi des propositions subordonnées [*Nebensätze*]. Une
subordonnée détachée de sa principale n'a pas toujours un sens pour lequel la
vérité puisse venir en question, tandis que l'ajointement propositionnel auquel
elle appartient a un tel sens.

une question portée par un terme [*Wortfrage*[1]], nous n'émettons qu'une proposition incomplète, qui ne prendra un sens vrai qu'une fois complétée comme la question le sollicite. Les questions portées par des seuls termes restent par conséquent en dehors de notre champ d'étude. Il en est autrement avec les questions propositionnelles [*Satzfragen*]. Nous nous attendons à entendre « oui » ou « non ». La réponse « oui » dit [*besagt*] la même chose qu'une proposition assertive ; car par elle est donnée pour vraie la pensée qui est déjà contenue à l'état complet dans la proposition interrogative. Ainsi on peut, de façon correspondante à chaque proposition assertive, former une proposition interrogative. On ne doit pas tenir une exclamation pour une communication informative précisément parce qu'on ne peut former aucune proposition interrogative correspondante. La proposition interrogative et la proposition assertive contiennent la même pensée ; mais la proposition assertive contient encore quelque chose en plus, à savoir précisément l'assertion. La proposition interrogative aussi contient quelque chose en plus, à savoir la sollicitation d'une réponse. Dans une proposition assertive, il faut donc distinguer deux choses : le contenu, que celle-ci a en commun avec la propo-

1. Frege joue sur une distinction grammaticale entre deux types de questions dans son format spécifiquement allemand, dont on retrouverait cependant des équivalents dans de nombreuses langues : celle entre « Wortfrage », introduite par un pronom ou un adverbe interrogatif, et qui appelle, en fonction de ce terme, un complément d'information dans la réponse (elle est aussi, de ce fait, appelée *Ergänzungsfrage* : question à compléter, par les grammairiens germanophones) et « Satzfrage », dont l'information est en elle-même complète, et qui réclame comme seule réponse un choix, une infirmation ou confirmation. Dans le second cas, les grammairiens allemands parleraient aussi d'« Entscheidungsfrage », question à décider, et la grammaire anglophone tout simplement de *yes/no question*.

sition interrogative correspondante, et l'assertion. Ce contenu est la pensée ou contient du moins la pensée. Il est aussi possible d'exprimer une pensée sans la donner pour vraie. Dans une proposition assertive, les deux choses sont si liées que leur dissociabilité nous échappe facilement. Nous distinguons en conséquence :

    1. la saisie de la pensée – le penser,
    2. la reconnaissance de la vérité d'une pensée – le juger[c],
    3. l'intimation [*Kundgebung*] de ce jugement – l'assertion.

En formant une question propositionnelle, nous avons déjà accompli le premier acte [*Tat*]. Un progrès dans la science se produit d'habitude de la façon suivante : d'abord une pensée est saisie, telle qu'elle peut par exemple être exprimée dans une question propositionnelle, ce sur quoi, ensuite, après les recherches de rigueur, cette pensée est enfin connue [*erkannt*] comme vraie. À travers la forme de la proposition assertive, nous extériorisons linguistiquement [*aussprechen*] la reconnaissance [*Anerkennung*] de la vérité. Pour cela, nous n'avons pas besoin du mot « vrai ». Et, même lorsque nous l'utilisons, la force proprement assertive ne réside pas en lui, mais dans la forme de la proposition assertive, et là où celle-ci perd sa force assertive, le mot « vrai » ne peut pas non plus la restaurer. C'est

c. Il me semble qu'on n'a pas assez distingué jusqu'ici entre la pensée et le jugement. Peut-être est-ce la langue qui nous égare en cela. Dans la proposition assertive, nous n'avons aucune partie particulière de la proposition qui corresponde à l'asserter, mais bien plutôt qu'on asserte réside dans la forme de la proposition assertive. En allemand, nous avons l'avantage que principale et subordonnée sont distinguées par l'ordre des mots. Mais, dans l'analyse, il faut prendre garde qu'une subordonnée aussi peut contenir une assertion et que souvent ni la principale à elle seule ni la subordonnée à elle seule, mais seulement l'ajointement propositionnel exprime une pensée complète.

ce qui arrive quand nous ne parlons pas sérieusement. Comme le tonnerre de théâtre est juste un simulacre de tonnerre, le combat de théâtre, un simulacre de combat, l'assertion de théâtre est également juste un simulacre d'assertion. C'est juste un jeu, juste de la fiction. L'acteur dans son rôle n'asserte rien, il ne ment pas non plus, même quand il dit une chose de la fausseté de laquelle il est convaincu. Dans la fiction, nous avons le cas où des pensées sont exprimées sans que, malgré la forme de la proposition assertive, elles soient réellement données pour vraies, bien qu'il puisse être suggéré à l'auditeur de porter lui-même un jugement d'approbation. Donc même en ce qui concerne ce qui se présente, selon la forme, comme une proposition assertive, il faut toujours encore se demander si cela contient vraiment une assertion. Et il faut apporter une réponse négative à cette question là où le sérieux nécessaire pour cela fait défaut. La question de savoir s'il faut alors employer le mot « vrai » est sans conséquence. Ainsi s'explique qu'à la pensée rien ne soit ajouté par le fait qu'on lui attribue la propriété de vérité.

Une proposition assertive contient, outre une pensée et l'assertion, souvent encore un troisième élément, auquel l'assertion ne s'étend pas. Il n'est pas rare que cet élément doive agir sur le sentiment, l'humeur de l'auditeur, ou mettre en branle son imagination. Des mots comme « malheureusement », « heureusement » sont de ce genre. De tels constituants de la proposition occupent plus le devant de la scène en poésie, mais il est aussi rare qu'ils fassent complètement défaut dans la prose. Dans les exposés mathématiques, physiques, chimiques, ils seront plus rares que dans les historiques. Ce qu'on nomme les sciences de l'esprit est plus proche de la poésie, mais est aussi par là même moins scientifique que les sciences rigoureuses, qui, plus elles sont sèches, plus elles sont rigoureuses; car la science rigoureuse est orientée vers la vérité et seulement vers la vérité. Tous les constituants de la proposition auxquels la force assertive ne s'étend pas n'appartiennent donc pas à l'exposition scientifique, bien qu'ils soient parfois difficiles à éviter même pour qui voit le danger qui y est lié. Là où ce qui importe, c'est d'approcher sur le mode du pressentiment [*Ahnung*] ce qui n'est pas saisissable sous la forme d'une pensée [*gedanklich*], ces constituants ont leur pleine légitimité. Plus un exposé est rigoureusement scientifique, moins l'appartenance nationale de son auteur se fera remarquer, plus facilement il se laissera traduire. Au contraire, les constituants de la langue sur lesquels je voudrais ici attirer l'attention compliquent beaucoup la traduction des poésies, jusqu'à en rendre une traduction parfaite presque toujours impossible; car c'est précisément en eux, sur lesquels la valeur poétique repose en grande part, que les langues se distinguent le plus.

Que j'utilise le mot « cheval » ou « cavale », ou « canasson », ou « haridelle », cela ne fait aucune différence dans la pensée. La force assertive ne s'étend pas à ce par quoi précisément ces mots se distinguent les uns des autres. Ce qu'on peut nommer tonalité [*Stimmung*], parfum, éclairage dans une poésie, ce que peignent l'accentuation et le rythme, n'appartient pas à la pensée.

Beaucoup de choses dans la langue servent à faciliter la compréhension de l'auditeur, par exemple le soulignement d'un membre de phrase par l'intonation ou l'ordre des mots. Que l'on pense aussi à des mots comme « encore » et « déjà ». Au moyen de la phrase « Alfred n'est pas encore venu », on dit à proprement parler « Alfred n'est pas venu » et indique en même temps qu'on attend sa venue; mais précisément, on ne fait que l'indiquer. Le mot « mais » se distingue de « et » par cela que, par lui, on indique que ce qui suit est dans un rapport d'opposition à ce qu'on pouvait attendre compte tenu de ce qui précède. De tels signaux [*Winke*] dans le discours [*Rede*] ne font aucune différence dans la pensée. On peut restructurer une phrase en faisant basculer son verbe de l'actif au passif et en faisant simultanément de l'objet à l'accusatif un sujet. De la même façon, on peut transformer le datif en nominatif et simultanément remplacer « donner » par « recevoir ». Certes de telles restructurations ne sont pas à tout point de vue indifférentes ; mais elles n'affectent pas la pensée, n'affectent pas ce qui est vrai ou faux. Si en général on tenait de telles restructurations pour inadmissibles, alors par là toute recherche logique plus approfondie serait empêchée. Il est aussi important de laisser de côté les distinctions qui ne touchent pas le cœur des choses, que de faire les distinctions qui concernent l'essentiel. Mais, quant à ce qui est essentiel, voilà ce qui dépend de la fin recherchée. À l'esprit qui recherche la beauté dans la langue peut précisément sembler important ce qui est indifférent au logicien.

Ainsi il n'est pas rare que le contenu d'une phrase déborde la pensée qui est exprimée en elle. Mais l'inverse se produit aussi souvent, à savoir que la simple lettre [*Wortlaut*], qui peut être fixée par l'écriture ou le phonographe, ne suffit pas à l'expression de la pensée. Le *temps présent* est utilisé de deux façons : premièrement, pour donner une indication de temps, deuxièmement, pour lever toute restriction temporelle, au cas où l'atemporalité ou l'éternité est constituant de la pensée. Que l'on pense, par exemple, aux lois de la mathématique. Dans lequel des deux cas on se trouve, voilà qui n'est pas exprimé, mais qui doit être deviné. Si, par le présent c'est une indication de temps qui doit être faite, il faut que l'on sache quand la phrase a été proférée afin d'appréhender la pensée correctement. Donc alors le temps de la parole elle-même [*des*

Sprechens] est une partie de l'expression de la pensée. Si quelqu'un veut dire aujourd'hui la même chose que ce qu'il a exprimé hier en utilisant le mot « aujourd'hui », alors il remplacera ce mot par « hier ». Bien que la pensée soit la même, il faut ici que l'expression verbale soit différente, afin de compenser l'altération du sens qui sinon résulterait des temps différents des deux actes de parole. Il en est de même avec les mots comme « ici », « là ». Dans tous les cas de ce genre, la simple lettre, telle qu'elle peut être fixée par écrit, n'est pas l'expression complète de la pensée, mais on a besoin, pour appréhender correctement celle-ci, encore de la connaissance de certaines circonstances qui accompagnent la parole, et qui, dans ces cas, sont employées comme des moyens de l'expression de la pensée. De cette problématique peuvent aussi relever le fait de montrer du doigt, des mouvements des mains, des regards. La même séquence littérale qui comprend le mot « je » exprimera dans la bouche de personnes différentes des pensées différentes, dont certaines peuvent être vraies, d'autres fausses.

L'apparition du mot « je » dans une phrase donne encore lieu à quelques autres questions.

Soit le cas suivant. Le docteur Gustav Lauben dit : « J'ai été blessé ». Leo Peter entend cela et raconte quelques jours après : « le docteur Gustav Lauben a été blessé ». Cette phrase exprime-t-elle la même pensée que le docteur Lauben lui-même a extériorisée ? Supposons que Rudolf Lingens ait été présent quand le docteur Lauben a parlé, et entende maintenant ce que raconte Leo Peter. Si la même pensée a été extériorisée par le docteur Lauben et Leo Peter, alors Rudolf Lingens, qui maîtrise parfaitement la langue allemande et se souvient de ce que le docteur Lauben a dit dans ce qui était son présent, doit maintenant savoir immédiatement au récit de Leo Peter que c'est de la même affaire qu'il est question. Mais, eu égard à la connaissance de l'allemand, le problème est particulier lorsqu'il s'agit des noms propres. Il peut aisément se faire que seules quelques personnes associent à la phrase « le docteur Lauben a été blessé » une pensée déterminée. La pleine compréhension requiert dans ce cas la connaissance du vocable « docteur Gustave Lauben ». Maintenant si tous deux, Leo Peter et Rudolf Lingens, entendent par « docteur Gustav Lauben » le médecin qui est le seul médecin qui habite dans une maison connue d'eux deux, alors ils comprennent la phrase « le docteur Gustav Lauben a été blessé » tous deux de la même façon, ils y lient la même pensée. Mais il est aussi possible, dans un tel cas, que Rudolf Lingens ne connaisse pas personnellement le docteur Lauben et ne sache pas que c'était justement le docteur Lauben qui récemment disait : « j'ai été blessé ». Dans ce cas, Rudolf Lingens ne peut pas savoir qu'il s'agit de la même affaire. C'est pourquoi je dis, dans ce cas : la pensée que Leo Peter fait connaître [*kundgibt*] n'est pas la même que celle que le docteur Lauben a extériorisée.

Qu'on suppose encore que Herbert Garner sache que le docteur Gustav Lauben est né à N. N. le 13 septembre 1875 et que ceci ne soit exact de personne d'autre ; mais qu'en revanche il ne sache pas où le docteur Lauben habite maintenant, ni quoi que ce soit d'autre de lui. Supposons que, d'un autre côté, Leo Peter ne sache pas que le docteur Gustav Lauben est né le 13 septembre 1875 à N. N. Alors, Herbert Garner et Leo Peter ne parlent pas la même langue pour autant qu'on considère le nom propre « docteur Gustav Lauben », bien que, en fait, ils désignent le même homme par ce nom ; car qu'ils font cela, c'est ce qu'ils ne savent pas. Herbert Garner n'associe pas à la phrase « le docteur Gustav Lauben a été blessé » la même pensée que celle que Leo Peter veut exprimer par là. Afin d'éviter l'embarras qui résulterait de ce que Herbert Garner et Leo Peter ne parlent pas la même langue, je suppose que Leo Peter utilise le nom propre « docteur Lauben », Herbert Garner en revanche le nom propre « Gustav Lauben ». Maintenant, il est possible que Herbert Garner tienne pour vrai le sens de la phrase « le docteur Lauben a été blessé », tandis que, égaré par des informations fausses, il tienne le sens de la phrase « Gustav Lauben a été blessé » pour faux. Sous les suppositions que nous avons faites, ces pensées sont donc différentes.

En conséquence, eu égard à un nom propre, ce qui importe, c'est comment celui, ou celle, ou ce qui est désigné par lui est donné. Cela peut se produire de différentes façons et à chacune de ces façons correspond un sens particulier d'une phrase qui contient le nom propre. Les différentes pensées qui résultent ainsi de cette même phrase, concordent sans doute dans leur valeur de vérité, c'est-à-dire que si l'une d'entre elles est vraie, elles sont toutes vraies, et si l'une d'entre elles est fausse, elles sont toutes fausses. Pourtant leur différence doit être reconnue. Il faut donc proprement exiger qu'à chaque nom propre soit connectée une façon unique pour celui, ou celle, ou ce qui est désigné par lui d'être donné. Que cette exigence soit satisfaite est souvent sans conséquence, mais pas toujours.

Or chacun est donné à lui-même d'une façon particulière et originaire, comme il n'est donné à aucun autre. Si, maintenant, le docteur Lauben pense qu'il a été blessé, il fondera alors probablement cela sur cette modalité originaire qu'il a d'être donné à lui-même. Et la pensée déterminée ainsi, seul le docteur Lauben peut la saisir. Mais, maintenant, il voulait faire une communication aux autres. Une pensée que seul lui peut saisir, il ne peut pas la communiquer. Si donc il dit : « j'ai été blessé », il faut qu'il utilise le « je » dans un sens qui est aussi saisissable par les autres, par exemple au sens de «celui qui vous parle en ce moment», ce en quoi il met les circonstances qui accompagnent son acte de parole au service de l'expression de pensée[d].

Pourtant ici naît un doute. Est-ce vraiment la même pensée qu'extériorise d'abord cet homme, et maintenant cet autre ?

L'être humain vierge philosophiquement connaît en premier lieu des choses qu'il peut voir, toucher, en un mot : percevoir par les sens, comme les arbres, les pierres, les maisons, et il est convaincu qu'un autre voit le même arbre, la même pierre que lui-même voit et touche, ou peut voir et toucher. Une pensée ne fait manifestement pas partie de ces choses. Peut-elle néanmoins faire face aux êtres humains comme une seule et même comme le fait un arbre ?

L'être humain non philosophe se voit également bientôt contraint de reconnaître un monde intérieur différent du monde extérieur, un monde des impressions des sens, des créations de son imagination, des sensations, des sentiments et des humeurs, un monde des penchants, des souhaits et des décisions. Par souci de brièveté, je vais regrouper tout cela, à l'exception des décisions, sous le terme « représentation ».

---

d. Je ne suis pas ici dans la position fortunée d'un minéralogiste qui montre à ses auditeurs un cristal de roche. Je ne peux pas mettre dans les mains de mes lecteurs une pensée en les priant de bien la regarder de tous les côtés. Il me faut me contenter de présenter au lecteur la pensée, en elle-même non-sensible, recouverte du voile de la forme linguistique sensible. Dans l'affaire, le caractère imagé de la langue fait problème. Le sensible se réimpose toujours et rend l'expression imagée et par là impropre. Il en résulte un combat avec la langue, et je suis forcé de m'occuper encore de la langue, bien que ce ne soit pas ici ma tâche propre. J'espère que je suis parvenu à rendre clair pour mes lecteurs ce que je veux appeler pensée.

Or, les pensées appartiennent-elles à ce monde intérieur? Sont-elles des représentations? Manifestement, ce ne sont pas des décisions.

Par quoi les représentations se distinguent-elles des choses du monde extérieur? D'abord :

> Les représentations ne peuvent pas être vues ni touchées, ni senties, ni goûtées, ni entendues.

Je fais une promenade avec un compagnon. Je vois un pré vert; j'ai à cette occasion l'impression visuelle du vert. Je l'ai, mais je ne la vois pas.

> Deuxièmement : les représentations sont eues. On a des sensations, des sentiments, des humeurs, des penchants, des souhaits. Une représentation que quelqu'un a appartient au contenu de sa conscience.

Le pré et les grenouilles qu'on y trouve, le soleil qui l'éclaire sont tout uniment là que je les regarde ou non; mais l'impression visuelle du vert que j'ai n'existe que par moi; je suis son porteur. Il nous semble absurde qu'une douleur, une humeur, un souhait aillent se promener de façon autonome dans le monde sans un porteur. Une sensation n'est pas possible sans un sentant. Le monde intérieur a pour présupposé quelqu'un dont c'est le monde intérieur.

> Troisièmement : les représentations ont besoin d'un porteur. Les choses du monde extérieur sont, en comparaison, autonomes.

Mon compagnon et moi, nous sommes convaincus que tous les deux nous voyons le même pré; mais chacun de nous a une impression sensorielle particulière du vert. J'aperçois une fraise entre les feuilles vertes du fraisier. Mon compagnon ne la trouve pas ; il est daltonien. L'impression colorée qu'il retire de la fraise ne se distingue pas de façon notable de celle qu'il retire de la feuille. Mon compagnon voit-il donc le feuille verte rouge, ou voit-il la fraise rouge verte ? ou bien voit-il les deux dans une couleur que je ne connais pas ? Ce sont là des questions auxquelles il n'y a pas de réponse, et même à proprement parler des questions absurdes [*unsinnig*]. Car le mot « rouge », s'il ne doit pas indiquer une propriété de choses, mais caractériser des impressions sensorielles appartenant à ma conscience, n'est applicable que dans le domaine de ma conscience ; car il est impossible de comparer mon impression sensorielle avec celle d'un autre. Pour cela, il serait requis de réunir dans une conscience une impression sensorielle qui appartient à une conscience et une impression sensorielle qui appartient à une autre. Quand bien même il serait possible de faire disparaître une représentation d'une conscience et simultanément de faire surgir une représentation dans une autre conscience, demeurerait alors sans réponse la question de savoir si ce serait là la même représentation. Etre un contenu de ma conscience, voilà donc ce qui appartient à l'essence de chacune de mes représentations au point que chaque représentation d'un autre est précisément en tant que telle différente de la mienne. Mais ne serait-il pas possible que mes représentations, tout mon contenu de conscience, soient en même temps contenu d'une conscience plus englobante, par exemple divine ? À la seule condition, toutefois, que moi-même je fusse partie de l'être divin. Mais alors, seraient-ce donc à proprement parler mes représentations ? serais-je leur porteur ? Cela dépasse toutefois tant les limites de la connaissance humaine qu'il s'impose de ne pas prendre cette possibilité en considération. Quoi qu'il en soit, il est impossible, pour nous, hommes, de comparer les représentations des autres avec les nôtres

propres. Je cueille la fraise; je la tiens entre mes doigts. Maintenant, mon compagnon aussi la voit, la même fraise; mais
chacun de nous a sa propre représentation. Aucun autre n'a ma
représentation; mais beaucoup peuvent voir la même chose.
Aucun autre n'a m'a douleur. Quelqu'un peut avoir pitié de
moi; mais alors ma douleur m'appartient pourtant toujours et
sa pitié lui appartient à lui. Il n'a pas ma douleur, et je n'ai pas
sa pitié.

> Quatrièmement : toute représentation a seulement un porteur;
> il n'y a pas deux êtres humains qui aient la même représentation.

Sinon, elle existerait indépendamment de l'un comme de
l'autre. Ce tilleul est-il ma représentation? Par le simple fait
d'utiliser dans cette question l'expression «ce tilleul», j'ai
déjà anticipé la réponse; car, par cette expression, je veux
désigner ce que je vois et ce que d'autres aussi peuvent
regarder et toucher. Or de deux choses l'une. Si mon intention
est couronnée de succès, si je désigne quelque chose par
l'expression «ce tilleul», alors la pensée exprimée dans la
phrase «ce tilleul est ma représentation» doit manifestement
faire l'objet d'une négation. Si en revanche mon intention
manque sa cible, si je prétends seulement voir sans réellement
voir, si par conséquent la désignation «ce tilleul» est vide,
alors, sans le savoir ni le vouloir, je me suis égaré dans le
domaine de la fiction. Alors ni le contenu de la phrase «ce
tilleul est ma représentation», ni le contenu de la phrase «ce
tilleul n'est pas ma représentation» ne sont vrais; car dans
les deux cas j'ai un énoncé auquel l'objet fait défaut. Toute
réponse à la question ne peut alors qu'être rejetée au motif que
le contenu de la phrase «ce tilleul est ma représentation» serait
de la fiction. Sans doute j'ai bien alors une représentation;
mais ce n'est pas celle-ci que je vise par les mots «ce tilleul».

Maintenant quelqu'un pourrait vraiment vouloir désigner par les mots « ce tilleul » l'une de ses représentations ; alors il serait lui-même le porteur de ce qu'il voudrait désigner par ces mots ; mais alors il ne verrait pas ce tilleul-là, et aucun autre être humain ne le verrait non plus et ne serait son porteur.

Je reviens maintenant à la question : la pensée est-elle une représentation ? Si la pensée que j'extériorise verbalement dans le théorème [*Lehrsatz*] de Pythagore peut être reconnue comme vraie autant par d'autres que par moi, alors elle n'appartient pas au contenu de ma conscience, alors je ne suis pas son porteur, et je peux pourtant la reconnaître pour vraie. Mais si ce n'est pas la même pensée, celle qui est tenue par moi et celle qui est tenue par lui pour le contenu du théorème de Pythagore, alors on n'aurait proprement pas le droit de dire « le théorème de Pythagore », mais « mon théorème de Pythagore », « son théorème de Pythagore », et ceux-ci seraient différents ; car le sens appartient nécessairement au théorème [*Satz*]. Alors, ma pensée peut être contenu de ma conscience, sa pensée contenu de la conscience de l'autre. Le sens de mon théorème de Pythagore pourrait-il alors être vrai, celui du sien faux ? J'ai dit que le mot « rouge » serait applicable dans le seul domaine de ma conscience, s'il ne devait pas indiquer une propriété des choses, mais caractériser quelques-unes de mes impressions sensorielles. Ainsi les mots « vrai » et « faux » tels que je les comprends pourraient-ils être applicables dans le seul domaine de ma conscience, s'ils ne devaient pas concerner quelque chose dont je ne suis pas le porteur, mais étaient destinés à caractériser en quelque façon des contenus de ma conscience. Alors la vérité se verrait restreinte au contenu de ma conscience, et il demeurerait douteux si dans la conscience des autres quoi que ce soit de similaire se produit.

Si toute pensée a besoin d'un porteur au contenu de conscience duquel elle appartient, alors elle est pensée de ce seul porteur, et il n'y a pas de science qui soit commune à beaucoup, à laquelle beaucoup puissent travailler ; mais j'ai peut-être ma science, à savoir un tout de pensées dont je suis porteur, tandis qu'un autre a sa science. Chacun de nous s'occupe des contenus de sa conscience. Une contradiction entre les deux sciences n'est alors pas possible ; et il est proprement vain de se disputer à propos de la vérité, tout aussi vain, voire presque ridicule, que si deux personnes se disputaient pour savoir si un billet de cent mark est authentique, alors que chacune d'entre elles viserait [*meinte*] celui qu'elle a elle-même dans sa poche et entendrait le mot « authentique » dans un sens qui lui serait particulier à elle. Si quelqu'un tient les pensées pour des représentations, alors ce qu'il reconnaît par là pour vrai est, selon sa propre opinion [*Meinung*], contenu de sa conscience et ne regarde à proprement parler pas autrui. Et s'il entendait de ma part l'opinion selon laquelle la pensée ne serait pas une représentation, alors il ne pourrait pas contester cela ; car, une fois de plus, cela ne le regarderait pas.

Ainsi, il semble résulter : les pensées ne sont ni des choses du monde extérieur, ni des représentations.

Il faut reconnaître un troisième règne. Ce qui y appartient concorde avec les représentations en ce que cela ne peut être perçu par les sens, mais avec les choses en ce que cela n'a besoin d'aucun porteur au contenu de conscience duquel cela appartienne. Ainsi, par exemple, la pensée que nous extériorisons verbalement dans le théorème de Pythagore est intemporellement vraie, vraie indépendamment de savoir si qui que ce soit la tient pour vraie. Elle n'a besoin d'aucun porteur. Ce n'est pas seulement depuis qu'elle a été découverte qu'elle est vraie, tout comme une planète a déjà été en action réciproque avec d'autres planètes avant que quelqu'un ne l'ait vue[e].

Mais je crois entendre une étrange objection. J'ai supposé à plusieurs reprises que cette même chose que je vois pourrait aussi être regardée par quelqu'un d'autre. Mais qu'en serait-il si tout n'était que rêve? Si je rêvais seulement ma promenade en compagnie d'un autre, si je rêvais seulement que mon compagnon comme moi voyait le pré vert, si tout cela n'était qu'un spectacle joué sur la scène de ma conscience, alors il serait douteux qu'il y ait aucunement des choses du monde extérieur. Peut-être le règne des choses est-il vide et ne vois-je aucune chose, ni aucun être humain, mais ai-je seulement des représentations dont je suis moi-même le porteur. En tant que quelque chose qui peut exister indépendamment de moi aussi peu que ne le peut mon sentiment de fatigue, une représentation ne peut pas être un être humain, ne peut pas regarder avec moi le même pré, ne peut pas voir la fraise que je tiens. Qu'en lieu et place de tout ce monde ambiant dans lequel j'ai cru me mouvoir, faire des choses, je n'aie à proprement parler que mon monde intérieur, voilà qui est tout à fait incroyable. Et pourtant c'est une conséquence inévitable de la thèse [*Satz*] selon laquelle seul peut être objet de mon regard ce qui est ma représentation. Que s'ensuivrait-il de cette thèse, si elle était vraie? Y aurait-il d'autres êtres humains? Cela serait certainement possible; mais je ne saurais rien d'eux : car un être humain ne peut pas être ma représentation, par conséquent,

e. On voit une chose, on a une représentation, on saisit ou pense une pensée. Quand on saisit ou pense une pensée, alors on ne la crée pas, mais on entre seulement dans une certaine relation à elle qui existait déjà auparavant, une relation qui est différente de celle qui consiste à voir une chose ou celle qui consiste à avoir une représentation.

si notre proposition était vraie, pas non plus l'objet de mon regard. Et par là toute base serait aussi retirée aux considérations théoriques dans lesquelles j'ai supposé que quelque chose pourrait être objet pour autrui aussi bien que pour moi; car quand bien même cela se produirait, je n'en saurais rien. Distinguer ce dont je suis le porteur de ce dont je ne suis pas le porteur me serait impossible. Lorsque je jugerais que quelque chose ne serait pas ma représentation, j'en ferais un objet de mon acte de penser et par là j'en ferais ma représentation. Y a-t-il, dans une telle conception, place pour un pré vert? Peut-être mais il ne me serait alors pas visible. Si un pré n'est pas ma représentation, alors, d'après notre thèse, il ne peut pas être objet de mon regard. Mais s'il est ma représentation, alors il est invisible; car les représentations ne sont pas visibles. Je peux certes avoir la représentation d'un pré vert; mais celle-ci n'est pas verte; car il n'y a pas de représentations vertes. Y a-t-il, dans un tel point de vue, un projectile pesant 100 kg? Peut-être; mais je ne pourrais rien savoir de lui. Si un projectile n'est pas ma représentation, alors il ne peut, d'après notre thèse, pas être objet de mon regard, de ma pensée [*Denken*]. Mais si un projectile était ma représentation, alors il n'aurait pas de poids. Je peux avoir une représentation d'un projectile lourd. Celle-ci contient alors en tant que représentation partielle celle du caractère pesant. Mais cette représentation partielle n'est pas une propriété de la représentation globale, aussi peu que l'Allemagne n'est une propriété de l'Europe. Il en résulte:

Soit la thèse selon laquelle seul je ne peux considérer [*Betrachtung*] que ce qui est ma représentation est fausse; soit tout mon savoir et mon connaître se bornent au domaine de mes représentations, à la scène de ma conscience. Dans ce cas, j'aurais seulement un monde intérieur, et je ne saurais rien des autres êtres humains.

Le point auquel, dans de telles réflexions, les contraires se renversent l'un en l'autre est réellement étonnant. Soit, par exemple, un spécialiste de la physiologie des sens. Comme il convient à un chercheur naturaliste scientifique, il est d'abord bien loin de tenir pour ses propres représentations les choses qu'il est convaincu de voir et de toucher. Il croit au contraire avoir dans les impressions des sens les plus sûrs témoins de choses qui existent tout à fait indépendamment de son activité de sentir, de représenter, de penser, et qui n'ont pas besoin de sa conscience à lui. Les fibres nerveuses, les cellules ganglionnaires, il les tient d'autant moins pour un contenu de sa conscience qu'il est plutôt enclin à considérer au contraire sa conscience comme dépendante des fibres nerveuses et des cellules ganglionnaires. Il constate que les rayons lumineux, se brisant dans l'œil, viennent rencontrer les terminaisons du nerf optique et produisent là une altération, une excitation. Quelque chose en est transporté par les fibres nerveuses jusqu'aux cellules ganglionnaires. Peut-être viennent se greffer là-dessus d'autres processus dans le système nerveux et des sensations de couleur prennent naissance, et celles-ci se lient à ce que nous appelons peut-être représentation d'un arbre. Entre l'arbre et ma représentation s'intercalent des processus physiques, chimiques, physiologiques. Mais seuls sont en liaison directe avec ma conscience, à ce qu'il semble, des processus dans mon système nerveux ; et tout observateur de l'arbre a ses processus particuliers dans son système nerveux particulier. Or les rayons lumineux peuvent, avant de pénétrer dans mon œil, avoir été réfléchis par la surface d'un miroir et ne se diffuser donc que comme s'ils étaient partis d'un point derrière le miroir. Les effets sur les nerfs optiques et tout ce qui s'ensuit se dérouleraient alors comme cela se déroulerait si les rayons lumineux étaient partis d'un arbre derrière le miroir et s'étaient propagés sans perturbation jusqu'à l'œil. Ainsi, en définitive, une représentation d'un arbre viendra donc au jour même s'il n'y a pas un tel arbre. Par diffraction de la lumière aussi peut, par la médiation de l'œil et du système nerveux, naître une représentation à laquelle pourtant rien ne correspond. Mais l'excitation du nerf optique n'a même pas besoin de résulter de la lumière. Lorsqu'un éclair tombe près de nous, nous croyons voir des flammes, même si nous ne pouvons pas voir l'éclair lui-même. Le nerf optique est alors excité par exemple par des courants électriques qui naissent dans notre corps comme une suite de l'impact de l'éclair. Si le nerf optique est excité par là exactement de la même façon qu'il le serait par des rayons lumineux qui viendraient de flammes, alors nous croyons voir des flammes. Cela dépend précisément de la seule excitation du nerf optique; comment celle-ci vient-elle au jour, c'est alors indifférent.

On peut encore faire un pas de plus. À proprement parler, cette excitation du nerf optique n'est pas donnée immédiatement, mais n'est qu'une supposition. Nous croyons qu'une chose indépendante de nous excite un nerf et par là produit une impression sensorielle; mais, à strictement parler, nous n'avons l'expérience [*erleben*] que de la fin de ce processus qui fait irruption dans notre conscience. Cette impression sensorielle, cette sensation que nous reconduisons à une excitation du nerf, ne pourrait-elle pas avoir aussi d'autres causes, tout comme cette même excitation du nerf peut se produire de différentes façons? Si nous appelons ce qui survient dans notre conscience représentation, alors nous n'avons à proprement parler l'expérience que des représentations, mais non de leurs causes. Et si le chercheur veut éviter tout ce qui n'est que simple supposition, alors ne lui restent que les représentations;

tout se résout pour lui en représentations, y compris les rayons lumineux, les fibres nerveuses et les cellules ganglionnaires dont il est parti. Ainsi sape-t-il, en définitive, les fondations de sa propre construction. Tout est-il représentation? Tout requiert-il un porteur, sans lequel il n'a pas d'existence? Je me suis tenu pour le porteur de mes représentations; mais ne suis-je pas, moi-même, une représentation? Il me semble que je suis sur une chaise longue, que je vois une paire de bottines cirées, le devant d'un pantalon, un gilet, des boutons, des parties d'un veston, en particulier des manches, deux mains, quelques poils de barbe, les contours confus d'un nez. Et toute cette union d'impressions visuelles, cette représentation globale, je la suis moi-même? Il me semble aussi que je vois là-bas une chaise. C'est une représentation. À proprement parler je ne me distingue pas tant que cela de celle-ci; car ne suis-je pas moi-même également une union d'impressions sensorielles, une représentation? Mais où est donc le porteur de ces représentations? Comment est-ce que je parviens à détacher l'une de ces représentations et à la donner pour porteuse des autres? Pourquoi cela doit-il être la représentation que je me plais à appeler *moi* [*ich*]? Ne pourrais-je pas tout aussi bien choisir celles que je suis tenté d'appeler une chaise? À quoi sert pourtant un porteur pour les représentations? Un tel porteur serait pourtant toujours quelque chose d'essentiellement différent des représentations qui ne font qu'être portées, quelque chose d'autonome qui ne requerrait aucun autre porteur que lui-même. Si tout est représentation, alors il n'y a pas de porteur des représentations. Et ainsi je fais donc de nouveau l'expérience d'un retournement d'une position en son contraire. S'il n'y a pas de porteur des représentations, alors il n'y a pas non plus de représentations; car les représentations ont besoin d'un porteur, sans lequel elles ne peuvent pas exister. Là où il n'y a pas de chef, il n'y a pas non plus de subordonnés. La dépendance que je me trouvais enclin à reconnaître à la sensation par rapport au sentant tombe s'il n'y a plus de porteur. Ce que j'ai nommé représentations sont alors des objets autonomes. Tout fondement fait alors défaut à la concession d'un statut particulier à l'objet que je nomme *moi*.

Mais est-ce donc possible? Peut-il y avoir une expérience [*ein Erleben*] sans quelqu'un qui fait l'expérience? Que serait tout ce spectacle sans un spectateur? Peut-il y avoir une douleur sans quelqu'un qui l'a? L'être-ressenti appartient nécessairement à la douleur, et à l'être-ressenti appartient de nouveau quelqu'un qui sent. Mais alors il y a quelque chose qui n'est pas ma représentation et qui peut pourtant être objet de ma considération [*Betrachtung*], de ma pensée [*Denken*], et je suis de ce genre. Ou bien puis-je être une partie du contenu de ma conscience, tandis qu'une autre partie est peut-être une représentation de la lune? Est-ce que par hasard ce serait ce qui a lieu quand je juge que je regarde la lune? Mais alors cette «première partie» aurait une conscience, et une partie du contenu de cette conscience serait à son tour moi. Et ainsi de suite. Que je sois ainsi emboîté en moi-même à l'infini est pourtant vraiment impensable; car alors il n'y aurait pas seulement un moi, mais une infinité de moi. Je ne suis pas ma propre représentation, et quand j'asserte quelque chose à mon propos, par exemple que, en ce moment, je ne ressens pas de douleur, alors mon jugement concerne quelque chose qui n'est pas un contenu de ma conscience, qui n'est pas ma représentation, à savoir moi-même. Mais, objectera-t-on peut-être, quand je pense que, en ce moment, je n'ai pas de douleur, quelque chose dans le contenu de ma conscience ne correspond-il pas pourtant au mot « je » [*ich*[1]]? et n'est-ce pas là une représentation? Il peut bien en être ainsi. Il est possible qu'à la représentation du mot « je » soit liée dans ma conscience une certaine représentation. Mais alors c'est une représentation à côté des autres, et je suis son porteur comme celui des autres représentations. J'ai une représentation de moi, mais je ne suis pas cette représentation. Il faut distinguer nettement entre ce qui est contenu de ma conscience, de ma représentation, et ce qui est objet de ma pensée [*Denken*]. Donc la thèse est fausse selon laquelle seul peut être objet de considération pour moi, de ma pensée, ce qui appartient au contenu de ma conscience.

Maintenant la voie est libre pour que je puisse reconnaître aussi un autre être humain en tant que porteur autonome de représentations. J'ai une représentation de lui; mais je ne la confonds pas avec lui-même. Et quand j'énonce quelque chose à propos de mon frère, alors je ne l'énonce pas de la représentation que j'ai de mon frère.

Le malade qui a une douleur est porteur de cette douleur; mais le médecin qui le traite, qui réfléchit sur la cause de cette douleur, n'est pas porteur de la douleur. Il ne se figure pas pouvoir apaiser la douleur du malade en s'anesthésiant lui-même. Certes il est possible qu'à la douleur du malade corresponde une représentation dans la conscience du médecin; mais celle-ci n'est pas la douleur et pas ce que le médecin s'est efforcé de supprimer. Admettons que le médecin consulte un autre médecin. Alors il faut distinguer: premièrement la douleur dont le porteur est le malade, deuxièmement la représentation que le premier médecin a de cette douleur, troisiè-

1. La grammaire française nous oblige à appeler « je » ce que nous appelions tout à l'heure « moi ».

mement la représentation que le second médecin a de cette douleur. Cette représentation appartient certes au contenu de la conscience du second médecin, mais n'est pas objet de sa réflexion, mais peut-être moyen auxiliaire de cette réflexion, tout comme par exemple un dessin peut être un tel moyen auxiliaire. Les deux médecins ont comme objet commun la douleur du malade dont ils ne sont pas les porteurs. On peut voir d'après cela que non seulement une chose, mais encore une représentation, peut être l'objet commun de la pensée [*des Denkens*] d'êtres humains qui n'ont pas cette représentation.

Ainsi, me semble-t-il, l'affaire devient intelligible. Si l'être humain ne pouvait pas penser et prendre pour objet de sa pensée [*seines Denkens*] quelque chose dont il n'est pas le porteur, il aurait bien un monde intérieur, mais pas de monde environnant. Mais ne se peut-il pas que cela repose sur une erreur? Je suis convaincu que, à la représentation que j'associe aux mots « mon frère », quelque chose correspond, qui n'est pas ma représentation, et dont je peux énoncer quelque chose. Mais ne puis-je pas me tromper en cela? De telles erreurs se produisent. Nous retombons alors contre notre intention dans la fiction. Sans nul doute! Avec le pas par lequel je conquiers un monde environnant, je prends moi-même le risque de me tromper. Et ici, je me heurte à une différence de plus entre mon monde intérieur et le monde extérieur. Que j'aie l'impression visuelle de vert, voilà qui ne peut être douteux pour moi; mais que je voie une feuille de tilleul, ce n'est pas si sûr. Ainsi trouvons-nous, contrairement à des opinions largement répandues, la sûreté dans le monde intérieur, tandis que, dans nos excursions dans le monde extérieur, le doute ne nous quitte jamais entièrement. Pourtant, il est aussi vrai qu'en cela il est difficile, dans de nombreux cas, de distinguer entre la probabilité et la certitude, si bien que nous pouvons oser juger sur les choses du monde extérieur. Et il nous faut même oser cela au risque de l'erreur, si nous ne voulons pas succomber à de bien plus grands dangers.

En résultat de mes dernières considérations, voici ce que je constate : il n'est pas vrai que tout ce qui peut être objet de mon connaître soit représentation. Je ne suis moi-même, en tant que porteur des représentations, pas une représentation. Il n'y a, alors, aucun obstacle à reconnaître aussi les autres êtres humains comme porteurs de représentations, d'une façon similaire à moi-même. Et, une fois que la possibilité est donnée, alors la probabilité est très grande, si grande qu'elle ne se distingue plus, à mon sens, de la certitude. Y aurait-il, sinon, une science historique ? Alors, toute doctrine morale, tout droit ne seraient-ils pas caducs ? Que resterait-il de la religion ? Même aux sciences de la nature, on ne pourrait accorder que la valeur de fictions, comme à l'astrologie et l'alchimie. Les réflexions auxquelles je me suis livré en présupposant qu'il y avait en dehors de moi des êtres humains qui pouvaient faire de la même chose que moi un objet de considération pour eux-mêmes, l'objet de leur pensée [*Denken*], conservent pour l'essentiel toute leur force.

Tout n'est pas représentation. Ainsi je peux donc reconnaître pour indépendante de moi également la pensée [*Gedanke*] que d'autres êtres humains aussi peuvent saisir tout comme moi. Je peux reconnaître une science à laquelle beaucoup peuvent contribuer par leur activité de recherche. Nous ne sommes pas les porteurs des pensées comme nous sommes les porteurs de nos représentations. Nous n'avons pas une pensée comme nous avons par exemple une impression sensorielle ; mais nous ne voyons pas non plus une pensée comme nous voyons une étoile. C'est pourquoi il est recommandable de choisir ici une expression particulière, et, comme tel, le mot « saisir » [*fassen*] s'offre à nous. À la saisie[f] des pensées, il faut qu'une faculté particulière de l'esprit, la capacité de penser [*Denkkraft*] corresponde. Dans l'acte de pensée [*Denken*], nous ne produisons pas les pensées [*Gedanken*], mais nous les saisissons. Car ce que j'ai appelé pensée est assurément dans le rapport le plus étroit à la vérité. Ce que je reconnais pour vrai, j'en juge que c'est vrai tout à fait indépendamment de l'acte par lequel je reconnais sa vérité, et même indépendamment de ce que j'y pense ou non. De l'être-vraie d'une pensée ne fait pas partie qu'elle soit pensée. « Les faits ! les faits ! les faits ! » s'écrie le naturaliste lorsqu'il veut bien nous faire entrer dans la tête la nécessité d'une fondation sûre de la science. Qu'est-ce qu'un fait ? Un fait est une pensée qui est vraie. Mais comme fondement sûr de la science, le naturaliste ne reconnaîtra sûrement pas ce qui dépend des états de conscience changeants des êtres humains. Le travail de la science ne consiste pas dans une création, mais dans une découverte des pensées vraies. L'astronome peut appliquer une vérité mathématique dans l'examen scientifique d'événements depuis longtemps passés, qui eurent lieu quand, sur la terre au moins, personne n'avait encore connu cette vérité. Il le peut parce que l'être-vraie d'une pensée est atemporel. Ainsi cette vérité peut n'être pas seulement née avec sa découverte.

Tout n'est pas représentation. Sinon la psychologie contiendrait en soi toutes les sciences ou du moins serait le

---

f. L'expression « saisie » est tout autant de l'ordre de l'image que « contenu de conscience ». L'essence de la langue ne permet pas qu'il en soit autrement. Ce que je tiens dans ma main peut certes être considéré comme contenu de ma main, mais est contenu de la main d'une tout autre façon, et lui est beaucoup plus étranger que les os, les muscles dont elle est constituée, et leurs contractions.

juge suprême de toutes les sciences. Sinon la psychologie exer-
cerait aussi son empire sur la logique et la mathématique. Mais
rien ne pourrait plus s'appeler méconnaître la mathématique
que la subordonner à la psychologie. Ni la logique ni la mathématique n'a pour tâche d'explorer scientifiquement les âmes
[*Seelen*] et le contenu de conscience dont le porteur est l'individu. On pourrait plutôt peut-être donner pour leur tâche
l'exploration scientifique de l'esprit [*Geist*] : de l'esprit, pas
des esprits.

La pensée n'appartient ni, comme si elle était une
représentation, à mon monde intérieur, ni non plus au monde
extérieur, au monde des choses perceptibles par les sens.

Ce résultat, tel qu'il peut résulter de façon contraignante
de ce qui a été exposé, ne sera pourtant peut-être pas accepté
sans résistance. Il semblera, je pense, impossible à plus d'un
d'obtenir la moindre information sur ce qui n'appartient pas à
son monde intérieur, si ce n'est par la perception sensible. En
fait, la perception sensible est souvent tenue pour la source
de connaissance la plus sûre, voire pour la seule, en ce qui
concerne tout ce qui n'appartient pas au monde intérieur. Mais
avec quel droit ? À la perception sensible appartient pourtant
bien comme constituant nécessaire l'impression sensorielle, et
celle-ci est une partie du monde intérieur. En tout cas il n'y a
pas deux êtres humains qui aient la même, même s'ils peuvent
avoir des impressions sensorielles similaires. Celles-ci ne
nous ouvrent pas, à elles seules, le monde extérieur. Peut-être y
a-t-il un être qui a seulement des impressions sensorielles, sans
voir ni toucher de choses. Avoir des impressions visuelles, ce
n'est pas encore voir des choses. Comment se fait-il que je voie
l'arbre précisément là-bas, où je le vois ? Manifestement cela
dépend des impressions visuelles que j'ai, et du genre particulier des impressions telles qu'elles viennent au jour du fait

que je vois avec deux yeux. Sur chacune des deux rétines prend naissance, du point de vue physique, une image particulière. Un autre que moi voit l'arbre à la même place. Lui aussi a deux rétines, dont néanmoins la conformation s'écarte un peu de celle des miennes. Nous devons admettre que ces rétines sont déterminantes pour nos impressions. En conséquence, nous n'avons pas seulement les mêmes impressions visuelles, mais des impressions visuelles qui s'écartent sensiblement les unes des autres. Et pourtant, nous nous mouvons dans le même monde extérieur. La possession d'impressions visuelles est assurément nécessaire à la vision des choses, mais pas suffisante. Ce qui doit encore venir s'ajouter n'est rien de sensible. Et cette chose est pourtant précisément ce qui nous ouvre le monde extérieur; car, sans cet élément non-sensible, chacun resterait enfermé dans son monde intérieur. Comme la décision réside donc dans le non-sensible, un non-sensible pourrait aussi, là où aucune impression sensorielle n'agit simultanément, nous faire sortir du monde intérieur et nous faire saisir la pensée. En dehors de son propre monde intérieur, il faudrait distinguer le monde extérieur à proprement parler des choses perceptibles par les sens et le règne de ce qui n'est pas perceptible par les sens. Pour la reconnaissance des deux règnes, nous aurions besoin d'un non-sensible; mais, dans la perception sensible des choses, des impressions sensorielles nous seraient en outre nécessaires, et celles-ci appartiennent certes complètement au monde intérieur. Ainsi, ce sur quoi repose principalement la différence entre l'être-donnée d'une chose et celui d'une pensée est quelque chose qui n'est à verser au compte d'aucun des deux règnes, mais du monde intérieur. Je ne peux, dès lors, trouver cette différence si grande que l'être-donnée d'une pensée, qui n'appartient pas au monde intérieur, puisse en être rendu impossible.

Certainement la pensée n'est pas quelque chose qu'on est accoutumé à nommer réel [*wirklich*]. Le monde du réel est un monde dans lequel ceci a des effets [*wirkt*] sur cela, l'altère et subit lui-même des contre-effets [*Gegenwirkungen*] et est altéré par là. Tout cela est un événement situé dans le temps. Ce qui est atemporel et inaltérable, il nous sera difficile de le reconnaître pour réel. La pensée est-elle altérable, ou est-elle atemporelle? La pensée que nous extériorisons verbalement dans le théorème de Pythagore est certes bien atemporelle, éternelle, inaltérable. Mais n'y a-t-il pas d'autres pensées qui sont aujourd'hui vraies, et fausses un semestre plus tard? Par exemple la pensée que l'arbre a un feuillage vert n'est-elle pas bien fausse un semestre plus tard? Non; car ce n'est pas la même pensée. La lettre de l'énoncé « cet arbre a un feuillage vert » ne suffit pas à elle seule à remplir la fonction d'expression, car le temps auquel la parole est proférée [*des Sprechens*] en fait partie aussi. Sans la détermination temporelle qui est donnée par là, nous n'avons pas de pensée complète, c'est-à-dire pas de pensée du tout. Seule la phrase complétée par la détermination de temps et complète à tout point de vue exprime une pensée. Mais celle-ci, si elle est vraie, n'est pas seulement aujourd'hui ou demain, mais atemporellement vraie. Le temps présent [*Praesens*], dans « est vrai », ne renvoie donc pas au présent [*Gegenwart*] du locuteur, mais est, si vous me passez l'expression, un temps grammatical [*Tempus*] de l'intemporalité. Si nous employons la simple forme de la phrase assertive, en évitant le mot « vrai », il faut vraiment distinguer deux genres de choses : l'expression de la pensée et l'assertion. La détermination temporelle qui peut être contenue dans la phrase appartient à la seule expression de la pensée, tandis que la vérité, dont la reconnaissance réside dans la forme de la phrase assertive, est atemporelle. Certes la même séquence littérale peut prendre un autre sens avec le temps du fait de la variabilité de la langue : mais l'altération concerne alors le seul niveau linguistique.

Et pourtant! Quelle valeur pourrait avoir pour nous l'éternellement inaltérable qui ne pourrait ni subir d'effets, ni en avoir sur nous ? Quelque chose de tout à fait et à tout point de vue non efficient [*Unwirksames*] serait aussi tout à fait irréel [*unwirklich*] et, pour nous, n'existerait pas. Même l'atemporel doit bien en quelque façon être entrelacé avec la temporalité, si cela doit être quelque chose pour nous. Que serait pour moi une pensée qui ne serait jamais saisie par moi ? Par cela que je saisis une pensée, j'entre pourtant avec elle dans une relation et elle entre dans une relation avec moi. Il est possible que la même pensée qui est pensée aujourd'hui par moi n'ait pas été pensée par moi hier. Par là la stricte intemporalité de la pensée est certainement annulée. Mais on sera enclin à distinguer entre les propriétés essentielles et inessentielles et à reconnaître quelque chose pour atemporel si les altérations qu'il subit ne concernent que ses propriétés inessentielles. On nommera inessentielle une propriété d'une pensée qui consiste en ce que et suit de ce qu'elle est saisie par quelqu'un qui pense.

Comment une pensée a-t-elle des effets ? Par cela qu'elle est saisie et tenue pour vraie. C'est un processus dans le monde intérieur d'un être pensant qui peut avoir des conséquences ultérieures dans ce monde intérieur, conséquences qui, gagnant le domaine de la volonté, se font remarquer y compris dans le monde extérieur. Si, par exemple, je saisis la pensée que nous extériorisons verbalement dans le théorème de Pythagore, alors la conséquence peut être que je la reconnais pour vraie, puis que je l'applique, prenant une décision qui a pour effet l'accélération de masses. Ainsi, nos actions sont habituelle-ment préparées par l'activité de penser et de juger [*Denken und*

Urteilen]. Et ainsi des pensées peuvent avoir, indirectement, une influence sur le mouvement de masses physiques. Les effets exercés par l'être humain sur l'être humain sont la plupart du temps médiatisés par la pensée [*Gedanke*]. On communique une pensée. Comment est-ce que cela se passe? On provoque des altérations dans le monde extérieur commun, qui, perçues par autrui, doivent le mettre en situation de saisir une pensée et de la tenir pour vraie. Les grands événements de l'histoire mondiale purent-ils avoir lieu autrement qu'en vertu de la communication de pensées? Et pourtant, nous sommes enclins à tenir les pensées pour irréelles parce qu'elles se découvrent inactives dans les processus eux-mêmes, tandis que le penser [*das Denken*], le juger, l'extérioriser par la parole [*Aussprechen*], le comprendre, tout faire [*Tun*] sont, là-dedans, l'affaire des êtres humains. Combien un marteau se découvre-t-il autrement réel qu'une pensée! Combien différent est le processus lorsqu'on tend un marteau que lorsqu'on communique une pensée! Le marteau passe du contrôle de l'un à celui de l'autre, il est pris en main, il subit alors une pression, par là sa densité, la position de ses parties sont localement altérées. Dans le cas de la pensée, on n'a à proprement parler rien de tout cela. La pensée ne quitte pas avec sa communication la sphère du contrôle de celui qui la communique; car au fond l'être humain n'a aucun pouvoir sur elle. Lorsque la pensée est saisie, elle n'a pour effet des altérations d'abord que dans le monde intérieur de celui qui la saisit; pourtant elle reste elle-même dans le noyau de son essence non affecté par cela, car les altérations qu'elle subit ne concernent que des propriétés inessentielles. Ici fait défaut ce que nous connaissons partout dans les événements naturels : l'action réciproque [*Wechsel-wirkung*]. Les pensées ne sont pas complètement irréelles, mais leur réalité est d'un tout autre genre que celle des choses.

Et leur action [*Wirken*] est déclenchée par un faire de celui qui pense, faire sans lequel elles seraient sans effet, du moins pour autant que nous puissions le voir. Et pourtant, celui qui pense ne les crée pas, mais il faut qu'il les prenne comme elles sont. Elles peuvent être vraies sans être saisies par quelqu'un qui pense, et ne sont pas alors non plus complètement irréelles, du moins si elles peuvent être saisies et par là être rendues efficientes.

BERTRAND RUSSELL

LES NOMS PROPRES

Présentation, par Christophe Alsaleh

Quel est le problème posé par les noms propres? D'après le point de vue de l'ancienne logique héritée d'Aristote, un jugement comme «Martine joue au poker» est un jugement universel affirmatif. Autrement dit, le terme «Martine», quoiqu'il désigne un terme qui n'est pas commun, est nécessairement pris dans toute son étendue. C'est ainsi que la logique classique règle le problème des noms propres. Cependant, le cadre de la nouvelle logique développée par Frege, puis par Russell et Whitehead, impose une révision drastique de cette conception du nom propre, le problème n'étant plus de savoir si le sujet désigné par un terme de ce genre doit être pris universellement ou particulièrement, mais plutôt de savoir comment le nom propre contribue à la détermination du sens de la proposition et à l'établissement de ses conditions de vérité.

Si l'on se tient à la distinction entre sens et référence (distinction qui joue à deux niveaux au moins, au niveau de la proposition, et au niveau du nom), il existe deux solutions. Soit

le nom propre a un sens parce qu'il a une référence, c'est-
à-dire qu'il correspond à un individu identifiable donnant un
sens au nom; et c'est dans cette mesure qu'il contribue à la
détermination du sens et des conditions de vérité de la proposition dans laquelle il se trouve pris. Soit le nom propre a une
référence parce qu'il a un sens permettant de l'identifier, et
c'est dans cette mesure qu'il contribue à la détermination du
sens et des conditions de vérité de la proposition dans laquelle
il se trouve pris. La première solution est celle de Frege. La
deuxième solution est celle de Russell, c'est-à-dire la théorie
des descriptions définies, qui entend identifier un individu en
spécifiant les qualités qu'il doit (seul) posséder. Prenons un
exemple. Soit l'énoncé « Martine joue au poker », qui exprime
une certaine proposition. D'après la première solution,
l'énoncé a un sens si « Martine » a une référence, c'est-à-dire
s'il y a bien quelqu'un qui porte ce nom. Il s'agit alors de savoir
si l'objet en question fait partie du parcours de valeurs de la
fonction « —— joue au poker ». Le problème de cette solution
est qu'elle fait de Martine un constituant de la proposition. Or
Martine n'est pas un objet simple, susceptible de devenir le
constituant authentique d'une proposition. C'est ce qui gêne
Russell, et c'est pour cela qu'il va préférer la deuxième solution. En réalité « Martine » ne fonctionne pas comme un
authentique nom propre, mais comme une description dégui-
sée, ayant pour visée de correspondre à un seul individu (c'est
pour cela que l'on parle de « description *définie* »). Ainsi,
« Martine joue au poker » est équivalent à la conjonction des
trois énoncés suivants :

1) Il y a au moins une personne correspondant à la
description D.

2) Il y a au plus une personne correspondant à la
description D.

3) Toute personne correspondant à la description D joue au poker.

Dans ce cas, on voit que le nom propre a une référence parce qu'il a un sens, c'est-à-dire une description définie qui identifie bien la personne portant ce nom propre, et seulement elle. À terme, cette solution élégante a toutefois pour conséquence de rejeter les noms propres du langage ordinaire parce qu'ils ne fonctionnent pas, selon Russell, comme de vrais noms propres au sens logique du terme, puisqu'ils ne sont pas absolument simples et qu'il restent donc ré-identifiables.

Les critiques viendront de la part de Strawson ou Donnellan, qui souligneront que la fonction de désignation unique n'est pas à chercher dans la sémantique ou la syntaxe de l'énoncé, mais dans sa pragmatique ; puis de Kripke, et des partisans de la théorie de la référence directe, qui, revenant aux intuitions de Frege, souligneront qu'un nom propre est avant tout un « désignateur rigide », et que c'est uniquement pour cette raison qu'il désigne de manière unique.

LES NOMS PROPRES*

Il y a une distinction traditionnelle entre les noms « propres » et les noms de « classe », qui tient à ce qu'un nom propre s'applique, essentiellement, à un seul objet, tandis qu'un nom de classe s'applique à tous les objets d'un certain type, quel qu'en soit le nombre. Ainsi « Napoléon » est un nom

* B. Russell, *Human Knowledge*, London, Allen and Unwin, 1948, Part. II, chap. 3 ; trad. fr. N. Lavand, *La connaissance humaine*, Paris, Vrin, 2002.

propre, tandis que « homme » est un nom de classe. On observera qu'un nom propre n'a pas de signification à moins qu'il y ait un objet dont il est le nom, alors qu'un nom de classe n'est sujet à aucune limitation de ce type. « Les hommes dont les têtes poussent en dessous des épaules » est un nom de classe parfaitement valable, bien qu'il ne se présente aucune instance de ce genre d'hommes. De plus, il peut se faire qu'il n'y ait qu'une seule instance pour un nom de classe, par exemple, « satellite de la Terre ». Dans un tel cas, il se peut que le membre unique de la classe ait un nom propre (« la Lune »); mais le nom propre n'a pas la même signification que le nom de classe, et a des fonctions syntaxiques différentes. Par exemple, nous pouvons dire « "satellite de la Terre" est une classe à un seul membre », mais nous ne pouvons pas dire « La Lune est une classe à un seul membre », car elle n'est pas une classe, ou en tout cas pas une classe du même type logique que « satellite de la Terre », et si elle est prise comme une classe (par exemple, de molécules), elle est une classe à plusieurs membres et non un seul.

Beaucoup de questions difficiles se posent en relation avec les noms propres. Parmi elles, il y en a deux qui ont une importance toute particulière : premièrement, quelle est l'exacte définition des noms propres ? Deuxièmement, est-il possible d'exprimer toute notre connaissance empirique dans un langage ne contenant aucun nom propre ? Cette seconde question nous conduit, nous allons le voir, au cœur d'une dispute philosophique des plus anciennes et des plus âpres.

Si nous cherchons une définition au « nom propre », nous pouvons aborder le sujet de divers points de vue, celui de la métaphysique, celui de la logique, celui de la physique, celui de la syntaxe, ou celui de la théorie de la connaissance. Je dirai, en préliminaire, quelques mots de chacun d'eux.

A. *Le point de vue métaphysique*

Il est tout à fait évident que les noms propres doivent leur existence dans le langage ordinaire au concept de « substance » – à l'origine sous la forme élémentaire de « personnes » et de « choses ». Une substance ou une entité est nommée, et ensuite on lui assigne des propriétés. Aussi longtemps que cette métaphysique était acceptée, il n'y avait pas de difficulté à propos des noms propres, qui étaient les désignations des substances qui étaient suffisamment intéressantes. Parfois, il est vrai, nous devons donner un nom à une collection de substances, comme la France ou le Soleil. Mais de tels noms, à parler rigoureusement, ne sont pas nécessaires. En tout cas, nous pouvions étendre notre définition de façon à embrasser des collections de substances.

Mais la plupart d'entre nous, de nos jours, n'accepte pas la « substance » comme une notion utile. Devons-nous alors adopter, en philosophie, un langage sans noms propres ? Ou devons-nous trouver une définition du « nom propre » qui ne dépende pas de la « substance » ? Ou devons-nous conclure que la conception de la « substance » a été trop hâtivement rejetée ? Pour le moment, je me contente de soulever ces questions, sans tenter d'y répondre. Tout ce que je veux souligner pour l'instant est que les noms propres, tels qu'on les comprend ordinairement, sont les fantômes des substances.

B. *Le point de vue syntaxique*

Il est clair qu'une définition syntaxique de « nom propre » doit être relative à un langage donné ou à un ensemble de langages. Dans les langages de la vie quotidienne, et aussi dans la plupart de ceux employés en logique, il y a une distinction entre le sujet et le prédicat, entre les mots de relations et les mots-termes. Un « nom » sera, dans de tels langages, « un mot qui ne peut jamais apparaître dans une phrase sinon comme sujet ou mot-terme ». Ou encore : un nom propre est un mot qui peut apparaître en *toute* forme de phrase qui ne contient pas de variables, tandis que d'autres mots ne peuvent apparaître que dans des phrases de la forme appropriée. On dit parfois que certains mots sont « syncatégorématiques », ce qui signifie apparemment qu'ils n'ont pas de sens (*significance*) par eux-mêmes, mais contribuent au sens de la phrase dans laquelle ils apparaissent. Selon cette façon de parler, les noms propres ne sont pas syncatégorématiques ; mais que cela puisse constituer une définition, c'est là une question bien incertaine. En tout cas, il est difficile d'obtenir une définition claire du terme « syncatégorématique ».

La principale insuffisance du point de vue syntaxique exposé ci-dessus est qu'il ne nous aide pas, en lui-même, à décider s'il est possible de construire des langages avec un type de syntaxe différent, dans lequel les distinctions que nous avons examinées disparaîtraient.

C. *Le point de vue logique*

La logique pure ne donne nulle occasion d'apparaître à des noms, puisque ses propositions ne contiennent que des variables. Mais le logicien peut se demander, à ses heures de loisir, quelles constantes pourraient être substituées à ses variables. Le logicien annonce, comme l'un de ses principes, que si « *fx* » est vrai pour toute valeur de « *x* », alors « *fa* » est vrai, quand « *a* » est une constante quelconque. Ce principe ne mentionne pas une constante, parce qu'« une constante quelconque » est une variable ; mais il a pour but de justifier ceux qui veulent *appliquer* la logique. Toute application de la logique ou des mathématiques consiste en la substitution de constantes à des variables; il est donc essentiel, si la logique ou les mathématiques doivent être appliquées, de savoir quelles sortes de constantes peuvent être substituées à quelles sortes de variables. Si tout type de hiérarchie est admis parmi les variables, « les noms propres » seront des « constantes qui sont les valeurs de variables du type le moins élevé ». Une telle manière de voir pose cependant un certain nombre de difficultés. Je n'en poursuivrai donc pas plus loin l'exposé.

D. *Le point de vue physique*

Il y a là deux points à examiner. Le premier est qu'un nom propre est un mot désignant toute portion continue d'espace-temps qui présente à nos yeux un intérêt suffisant; le second est que, si telle est la fonction des noms propres, ils ne sont pas nécessaires, puisque toute portion d'espace-temps peut être décrite par ses coordonnées. Carnap (*Logical Syntax*, p. 12-13) explique que la latitude et la longitude, ou les coordonnées spatio-temporelles, peuvent être substituées aux noms de lieux. « La méthode de désignation par noms propres est primitive; celle de la désignation positionnelle correspond à une étape plus avancée de la science, et a des avantages métho-dologiques considérables sur la précédente ». Dans le langage qu'il emploie, les coordonnées, dit-il, remplacent des mots tels que « Napoléon » ou « Vienne ». Ce point de vue mérite une plus ample discussion, que j'entreprendrai bientôt.

E. *Le point de vue épistémologique*

Nous avons ici, d'abord, une distinction qui n'est pas identique à celle qui vaut entre les noms propres et les autres mots, mais qui est peut-être d'une certaine façon en liaison avec elle. C'est la distinction entre les mots qui ont une définition verbale et les mots qui n'ont d'autre définition qu'ostensive. Pour la dernière, deux points sont évidents : 1) tous les mots ne peuvent pas avoir de définitions verbales ; 2) la détermination des mots qui doivent n'avoir de définition qu'ostensive est largement arbitraire. Par exemple, si « Napoléon » est défini ostensivement, « Joseph Bonaparte » peut être défini verbalement comme « le frère aîné de Napoléon ». Cependant, cet arbitraire est limité par le fait que les définitions ostensives ne sont possibles dans la langue d'une personne donnée qu'à l'intérieur des limites de son expérience. Les amis de Napoléon pourraient (dans certaines limites) le définir ostensivement, mais nous ne le pouvons pas, puisque nous ne pouvons jamais dire en vérité « *Ceci* est Napoléon ». Il y a évidemment ici un problème lié à celui des noms propres ; mais à quel degré, je n'en débattrai pas pour l'instant.

Nous avons donc un certain nombre de problèmes à examiner, et, comme c'est souvent le cas en philosophie, il est difficile d'être clair quant à ce que sont exactement ces problèmes. Je pense préférable de commencer par la substitution des coordonnées aux noms qu'opère Carnap. La question que nous aurons à examiner est de savoir si un tel langage peut exprimer la totalité de notre connaissance empirique.

Dans le système de Carnap, un groupe de quatre nombres est substitué à un point spatio-temporel. Il illustre ceci d'un exemple : « Bleu (x_1, x_2, x_3, x_4) », signifiant « la position (x_1, x_2, x_3, x_4) est bleue », au lieu de « Bleu (a) », signifiant « l'objet a est bleu ». Mais examinez à présent une phrase comme « Napoléon séjourna à l'île d'Elbe pendant une partie de l'année 1814 ». Carnap, j'en suis sûr, conviendrait que cette phrase est vraie, et que cette vérité est empirique, non logique. Mais si nous la traduisons dans son langage, elle deviendra une vérité logique. « Napoléon » sera remplacé par « tous les quadruplés de nombres compris entre telles et telles limites », « Elbe », aussi, et « 1814 » de même. Nous établirons alors que ces trois classes de quadruplés de nombres ont une partie commune. Cependant, c'est là un fait de logique. Ce n'est évidemment pas ce que nous voulions dire. Nous donnons le nom « Napoléon » à une certaine région, non parce que nous nous soucions de topologie, mais parce que cette région a des caractéristiques qui la rendent intéressante. Nous pouvons défendre Carnap en supposant, pour adopter une simplification schématique, que « Napoléon » doit vouloir dire « toutes les régions présentant une certaine qualité, disons, N », tandis qu'« Elbe » signifie « toutes les régions ayant la qualité E ». Alors, « Napoléon a passé quelques temps à Elbe » deviendra : « Les régions ayant la qualité N et celles ayant la qualité E se chevauchent ». Ce n'est plus un fait de logique. Mais cela revient à interpréter les noms propres du langage ordinaire comme des prédicats déguisés.

Mais notre simplification schématique est trop violente. Il n'y a pas de qualité, ou de collection de qualités, qui ait été présente seulement quand Napoléon l'était et absente seulement quand il ne l'était pas. Quand il était enfant, il ne portait pas le bicorne, ne commandait pas l'armée, ne tenait pas son bras plié contre sa poitrine, tandis que d'autres personnes, parfois, le faisaient. Comment définir alors le mot « Napoléon » ? Continuons à faire de notre mieux dans le sens de Carnap. Au moment du baptême, le prêtre décide que le nom « Napoléon » doit s'appliquer à une certaine petite région de son voisinage, qui a plus ou moins forme humaine, et qu'il doit être appliqué à d'autres régions futures liées à celle-ci, non seulement par continuité, ce qui ne suffirait pas à assurer l'identité matérielle, mais aussi par certaines lois causales

– celles, en particulier, qui nous conduisent à regarder un corps comme appartenant à la même personne quand nous le voyons en deux occasions. Nous pouvons dire : étant donnée une région temporellement brève ayant les caractéristiques d'un corps humain vivant, c'est un fait empirique qu'il y a des régions antérieures et postérieures dans le temps qui lui sont liées par des lois physiques, et qui ont des caractéristiques plus ou moins semblables ; la totalité de ces régions est ce que nous appellerons une « personne », et l'une d'entre elles était appelée « Napoléon ». La rétroactivité de l'acte de nommer apparaît sur la plaque fixée à une certaine maison d'Ajaccio : « *Ici fut conçu Napoléon* ».

On peut considérer ceci comme une réponse à l'objection que, si l'on suit l'idée de Carnap, « Napoléon séjourna un temps à l'île d'Elbe » serait une proposition de logique. Elle soulève cependant des questions très sérieuses. Nous avons vu que « Napoléon » ne peut pas être défini simplement par des qualités, à moins de tenir pour impossible qu'il y ait deux individus exactement semblables. L'un des usages de l'espace-temps, cependant, est de différencier les individus semblables en différents lieux. Carnap fait signifier aux phrases « Bleu (3) », « Bleu (4) », etc., « Le lieu (3) est bleu », « Le lieu (4) est bleu », etc. Cela suppose que nous pouvons distinguer le bleu en un lieu du bleu en un autre. Mais comment les lieux sont-ils distingués ? Carnap tient l'espace-temps pour acquis, et ne discute jamais de la manière dont sont différenciés les lieux spatio-temporels. En fait, dans son système, les régions spatio-temporelles ont les caractéristiques de la substance. L'homogénéité de l'espace-temps est admise en physique, et pourtant, il est aussi admis qu'il y a des régions différentes, qui peuvent être distinguées. À moins d'accepter la métaphysique de la substance, sujette à tant d'objections, nous devons supposer que les régions se distinguent par des différences de qualité. Nous trouverons alors qu'il n'est plus nécessaire de considérer les régions comme substantielles, mais comme des faisceaux de qualités.

Bien sûr, les coordonnées de Carnap, qui remplacent les noms, ne sont pas assignées de façon tout à fait arbitraire. Les origines et les axes sont arbitraires, mais une fois qu'ils sont fixés, le reste se déroule selon un plan. L'année que nous appelons « 1814 » porte un nom différent pour les Musulmans, qui datent à partir de l'Hégire, et dans le calendrier juif, qui remonte à la Création. Mais l'année que nous appelons « 1815 » aura pour nom, dans tout système, le nombre successeur de celui que nous donnons à l'année que nous appelons « 1814 ». C'est parce que les coordonnées ne sont pas arbitraires qu'il n'y a pas de noms. Les coordonnées *décrivent* un point par ses relations à l'origine et aux axes. Mais nous devons pouvoir dire « *Ceci* est l'origine ». Si nous le pouvons, nous devons être capables de *nommer* l'origine, ou de la décrire d'une façon ou d'une autre, et à première vue l'on pourrait penser que toutes les manières de procéder s'avéreraient impliquer des noms. Prenez, par exemple, la longitude. L'origine de la longitude est le méridien de Greenwich, mais ce pourrait tout aussi bien être n'importe quel méridien. Nous ne pouvons définir « Greenwich » comme « longitude 0°, latitude 52° », car si nous le faisons, il n'y a plus moyen de s'assurer de l'endroit où se trouve la longitude 0°. Quand nous disons « La longitude 0° est la longitude de Greenwich », ce que nous disons est satisfaisant car nous pouvons aller à Greenwich et dire « *Ceci* est Greenwich ». De même, si nous vivons à la longitude 40° Ouest, nous pouvons dire, la longitude de *ce* lieu est de 40° Ouest, et alors nous pouvons définir la longitude 0° par rapport à *ce* lieu. Mais à moins que nous ayons un moyen de connaître *certains* lieux autrement que par la latitude et la longitude, la latitude et la longitude ne veulent plus rien dire. Quand nous demandons «Quelles sont la latitude et la longitude de New York?», nous ne posons pas le même genre de question que si nous descendions sur New York en parachute et demandions : «Comment s'appelle cette ville?». Nous demandons «New York étant à l'ouest de Greenwich et au nord de l'équateur, à quelle distance des deux se trouve-t-elle?». Cette question suppose que New York et Greenwich sont déjà connues et nommées.

Il serait possible d'assigner au hasard un nombre fini de coordonnées, et ce seraient alors des noms. Quand elles sont assignées d'après un principe, (comme c'est toujours le cas) ce sont des descriptions, définissant les points par leur relation à l'origine et aux axes. Mais ces descriptions échouent pour l'origine et les axes eux-mêmes, puisque, en ce qui les concerne, les noms *sont* assignés de façon arbitraire. Pour répondre à la question «Où est l'origine?» il nous faut avoir une méthode permettant d'identifier un lieu sans en mentionner les coordonnées. C'est l'existence de telles méthodes qui est présupposée par l'usage de noms propres.

Je conclus, pour le moment, que nous ne pouvons nous dispenser tout à fait de noms propres au profit de coordonnées. Nous pouvons peut-être réduire le nombre de noms propres, mais nous ne pouvons pas les éviter tous. Sans noms propres, nous pouvons exprimer la totalité de la physique théorique, mais rien de l'histoire et de la géographie; c'est jusqu'ici notre conclusion provisoire, mais nous rencontrerons des raisons de la modifier plus tard.

Examinons plus profondément la substitution des descriptions aux noms. Quelqu'un doit être l'homme le plus grand vivant à présent aux États-Unis. Supposons que ce soit M. A. Nous pouvons alors, à « M. A », substituer « l'homme le plus grand vivant aujourd'hui aux États-Unis »; et cette substitution, en règle générale, ne transformera pas la vérité ou la fausseté de la phrase dans laquelle elle est pratiquée. Mais elle transformera l'énoncé. On peut connaître des choses concernant M. A que l'on ne connaît pas concernant l'homme le plus grand des États-Unis, et *vice versa*. Il est possible que quelqu'un sache que M. A vit en Iowa, mais non que le plus grand homme des États-Unis vit en Iowa. Il est possible que quelqu'un sache que l'homme le plus grand des États-Unis a plus de 10 ans, mais ne sache pas si M. A est un petit garçon ou un homme mûr. Ensuite, il y a la proposition « M. A est l'homme le plus grand des États-Unis ». Il se peut que M. A l'ignore; il se peut qu'il y ait un M. B qui le talonne. Mais M. A sait certainement qu'il est M. A. Ceci illustre une fois de plus qu'il y a des choses qui ne peuvent pas être exprimées au moyen de descriptions substituées à des noms.

Les noms de personnes ont des définitions verbales où apparaît le terme de « ceci ». Supposez que vous soyez à Moscou et que quelqu'un dise : « C'est Staline », alors « Staline » est défini comme « la personne que vous voyez à présent », – ou, de manière plus complète, « cette série d'occurrences constitue une personne, dont *ceci* fait partie ». Ici, « ceci » est indéfini, mais « Staline » est défini. Je pense que l'on trouvera que tout nom appliqué à une portion d'espace-temps peut avoir une définition verbale où le mot « ceci », ou un équivalent, apparaît. Voilà ce qui distingue à mon sens le nom d'un personnage historique de celui d'un personnage imaginaire, comme Hamlet. Prenons une personne que nous ne connaissons pas directement, par exemple Socrate. Nous le définissons comme « le philosophe qui a bu la ciguë », mais une telle définition ne nous assure pas que Socrate a existé, et s'il n'a pas existé, « Socrate » n'est pas un nom. Qu'est-ce qui nous assure que Socrate a existé ? Une variété de phrases entendues ou écrites. Chacune est une occurrence sensible dans notre expérience. Supposons que nous trouvions dans l'*Encyclopédie* l'énoncé « Socrate était un philosophe athénien ». La phrase, quand nous la voyons, est un *ceci*, et notre foi dans l'*Encyclopédie* nous conduit à dire : « C'est vrai ». Nous pouvons définir « Socrate » comme « la personne décrite dans l'*Encyclopédie* sous le nom "Socrate" ». Ici, le nom « Socrate » est l'objet d'une expérience. Nous pouvons bien sûr définir « Hamlet » d'une manière semblable, mais certaines des propositions employées dans la définition seront fausses. Par exemple, si nous disons « Hamlet était un prince du Danemark qui fut le héros de l'une des tragédies de Shakespeare », c'est faux. Ce qui est vrai c'est que « "Hamlet" est un mot dont Shakespeare prétend qu'il est le nom d'un prince du Danemark ». Il semblerait donc suivre de cela que, à part quelques mots comme « ceci » et « cela », tout nom est une description impliquant un *ceci*, et n'est un nom qu'en vertu de la vérité de quelque proposition. (La proposition peut être seulement « ceci est un nom », qui est fausse si ceci est « Hamlet »).

Nous devons examiner la question des vocabulaires minimaux. Je qualifie un vocabulaire de « minimal » s'il ne contient aucun mot qui soit susceptible d'une définition verbale en fonction d'autres mots du vocabulaire. Deux vocabulaires minimaux traitant du même sujet peuvent ne pas être égaux ; il peut y avoir différentes méthodes de définition, certaines laissant un résidu de termes indéfinis plus restreint que d'autres. La question des vocabulaires minimaux a parfois une grande importance. Peano a réduit le vocabulaire de l'arithmétique à trois mots. Ce fut un succès quand la physique classique définit toutes les unités en fonction des unités de masse, de longueur, de temps. La question que je souhaite étudier est la suivante : Quelles caractéristiques doit avoir un vocabulaire minimal au moyen duquel nous pourrions définir tous les mots employés à exprimer notre connaissance empirique ou nos croyances, pour autant que de tels mots aient une signification précise ? Plus précisément, pour revenir à un exemple antérieur, quelle sorte de vocabulaire minimal est requis pour « Napoléon séjourna à l'île d'Elbe pendant une partie de l'année 1814 », et pour les énoncés du même genre ? Quand nous aurons répondu, peut-être serons-nous en mesure de définir les « noms ». Je suppose, dans la discussion suivante, que des énoncés historico-géographiques de ce type ne sont pas analytiques ; c'est-à-dire, que même si de fait ils sont vrais, il ne serait pas logiquement impossible qu'ils soient faux.

Revenons à la théorie, qui est suggérée par les propos de Carnap, selon laquelle « Napoléon » doit être défini comme une certaine région d'espace-temps. Nous avons objecté que, dans ce cas, « Napoléon séjourna un temps à l'île d'Elbe » est analytique. On peut répliquer : certes, mais pour trouver ce qui n'est pas analytique vous devez vous demander pourquoi nous donnons un nom à la portion d'espace-temps qui fut Napoléon. Nous le faisons parce qu'elle avait certaines caractéristiques particulières. C'était une personne et, adulte, elle portait un bicorne. Nous dirons alors : « Cette portion d'espace-temps est une personne, et dans ses portions ultérieures elle portait un bicorne ; cette portion d'espace-temps est une petite île ; l'une et l'autre ont une partie commune ». Nous avons ici trois énoncés, les deux premiers empiriques, le troisième analytique. Cela semble n'admettre nulle objection. Mais cela nous laisse face au problème d'assigner les coordonnées, et de définir des termes tels que « personne » et « île ». Des termes tels que « personne » et « île » peuvent évidemment être définis en termes de qualités et de relations ; ce sont des termes généraux, et non (dirait-on) tels qu'ils conduisent à des noms propres. L'assignation de coordonnées requiert celle d'une origine et d'axes. Nous pouvons, pour simplifier, ignorer les axes et nous concentrer sur l'origine. L'origine peut-elle être définie ?

Supposez, par exemple, que vous soyez aux prises avec la théorie planétaire, non pas simplement dans un esprit théorique, mais avec l'idée de soumettre vos calculs au contrôle d'observations. Votre origine, en ce cas, devra être définie par quelque chose d'observable. On accorde universellement que l'espace-temps physique absolu n'est pas observable. Les choses que nous pouvons observer sont, grossièrement, les qualités et les relations spatio-temporelles. Nous pouvons dire « Je prendrai le centre du Soleil pour origine ». Le *centre* du Soleil n'est pas observable, mais le Soleil l'est (en un sens). C'est un fait empirique, je fais souvent l'expérience de « voir le Soleil », et je constate que d'autres personnes, semble-t-il, font une expérience semblable. « Le Soleil » est un terme qui peut être défini par des qualités : rond, chaud, brillant, ayant telle ou telle taille apparente, etc. Il se trouve qu'il n'y a qu'un seul objet dans mon expérience ayant ces qualités, et que cet objet persiste. Je peux lui donner un nom propre, « le Soleil », et dire « Je prendrai le Soleil comme origine ». Mais puisque j'ai défini le Soleil par ses qualités, il ne fait pas partie d'un vocabulaire minimal. Il semble s'ensuivre que, tandis que les

mots pour les qualités et les relations spatio-temporelles
forment une partie de mon vocabulaire minimal, aucun mot
pour des régions spatio-temporelles physiques n'en fait partie.
C'est simplement une manière d'établir que la position spatio-
temporelle est relative et non absolue.

Admettons que tout soit correct jusqu'ici, la question se
pose de savoir si nous avons besoin de noms pour les qualités
et les relations spatio-temporelles. Prenez les couleurs, par
exemple. On peut dire qu'elles sont désignées par des
longueurs d'ondes. Ceci conduit à l'affirmation de Carnap
selon laquelle il n'est rien en physique qui ne puisse être connu
d'un aveugle. Tant qu'on en reste à la physique théorique,
c'est évidemment vrai. C'est vrai aussi, jusqu'à un certain
point, dans le domaine empirique. *Nous voyons* que le ciel est
bleu, mais une race d'hommes aveugles pourrait inventer des
dispositifs expérimentaux qui montrent que des ondes trans-
versales d'une certaine longueur d'ondes en émanent, et
c'est exactement ce que le physicien ordinaire, *en tant que*
physicien, a pour objet d'affirmer. Le physicien, cependant,
n'a pas de difficulté à affirmer la proposition suivante, que
l'aveugle, lui, ne peut affirmer : « Quand une lumière d'une
certaine fréquence frappe un œil normal, elle cause une sensation de bleu ». Cet énoncé n'est pas une tautologie ; ce fut
une découverte, faite des milliers d'années après que l'on a
commencé d'utiliser des mots pour « bleu ».

La question de savoir si le mot « bleu » peut être défini
n'est pas facile. Nous pourrions dire : « Bleu » est le nom des
sensations de couleur causées par la lumière de telles et telles
fréquences. Ou nous pourrions dire : « Bleu est le nom de ces
nuances colorées qui, dans le spectre, viennent entre le violet
et le vert ». Chacune de ces définitions pourrait nous permettre

de nous procurer une sensation de bleu. Mais cela fait, nous serions en position de dire : « Eh bien, *ceci* est *bleu* ». Cela serait une découverte, que l'on ne peut faire qu'en ayant effectivement l'expérience du bleu. Et dans cet énoncé, dirais-je, « ceci » est en un sens un nom propre, bien qu'il soit de ce type particulier que j'appelle « égocentrique ».

D'habitude nous ne donnons pas de noms aux parfums et aux goûts, mais nous pourrions le faire. Avant d'aller en Amérique, je connaissais la proposition : « Le parfum de la mouffette est désagréable ». À présent je connais les deux propositions : « Ceci est le parfum de la mouffette » et « Ceci est désagréable ». Au lieu de « ceci », nous pourrions utiliser un nom, par exemple « beurk » et c'est ce que nous ferions s'il nous arrivait souvent de vouloir parler de l'odeur de la mouffette sans mentionner la mouffette. Mais pour quiconque n'aurait pas eu l'expérience requise, le nom serait une description abrégée, et non pas un vrai nom.

J'en conclus que les noms doivent être appliqués à ce dont on fait l'expérience, et que ce dont on fait l'expérience n'a pas, par essence et nécessairement, cette sorte d'unicité spatio-temporelle qui est celle d'une région spatio-temporelle en physique. Un mot doit dénoter quelque chose qui peut être *reconnu*, et les régions spatio-temporelles, abstraction faite des qualités, ne peuvent être reconnues, puisqu'elles sont toutes semblables. Ce sont en fait des fictions logiques, mais pour le moment je laisserai de côté ce point.

Il y a des occurrences dont je fais l'expérience, et je crois qu'il y en a d'autres dont je ne fais pas l'expérience. Les occurrences dont je fais l'expérience sont toutes complexes, et peuvent être analysées en qualités dotées de relations spatiales et temporelles. Les plus importantes de ces relations sont la coprésence, la contiguïté et la succession. Les mots que nous utilisons pour désigner les qualités ne sont pas précis, ils ont cette sorte de vague qui appartient aux mots comme « chauve » ou « gras ». C'est vrai même des mots que nous désirons le plus rendre précis, comme « centimètre » ou « seconde ». Les mots désignant des qualités *doivent* être définis par ostension, si nous voulons être capables d'exprimer des observations ; sitôt que nous substituons une définition verbale, nous cessons d'exprimer ce qui est observé. Le mot « bleu », par exemple, signifiera « une couleur comme *ça* », là où « *ça* » est une tache bleue. Nous ne pouvons établir avec précision combien quelque chose doit ressembler à *cela* pour être bleu.

Tout ceci est fort bien, mais qu'en est-il des mots tels que « ceci » et « cela », qui s'obstinent à s'imposer ? Nous pensons au mot « ceci » comme désignant quelque chose qui est unique, et ne peut se produire qu'une fois. Si, cependant, « ceci » dénote un faisceau de qualités coprésentes, il n'y a pas de raison logique pour que cela ne se répète pas. J'accepte cela. C'est-à-dire, je soutiens qu'il n'y a pas de classe d'objets empiriquement connus tels que, si x est un membre de la classe, l'énoncé « x précède x » est logiquement impossible.

Nous avons l'habitude de penser que la relation « précède » est asymétrique et transitive[a]. Le « temps » et l'« événement » sont deux concepts inventés dans la perspective d'assurer ces propriétés à la relation « précède ». Beaucoup de gens ont écarté le « temps » comme quelque chose de distinct de la succession temporelle, mais ils n'ont pas écarté l'événement. Un « événement » est supposé occuper une portion continue d'espace-temps, à la fin de laquelle il cesse, et ne peut pas se

---

a. C'est-à-dire, que si A précède B, B ne précède pas A, et si A précède B et B précède C, alors A précède C.

répéter. Il est clair qu'une qualité, ou un complexe de qualités, peut se répéter; donc un événement, *si* la non-répétition est logiquement nécessaire, n'est pas un faisceau de qualités. Qu'est-il donc, et comment en vient-il à être connu? Il aura certaines caractéristiques traditionnelles de la substance, en ce qu'il sera un sujet de qualités, mais non défini quand toutes ses qualités sont assignées.

Et comment saurons-nous qu'il y a une classe d'objets qui *ne peuvent* se répéter? Si nous devons pouvoir le connaître, il semblerait que ce doive être un cas de connaissance synthétique *a priori*, et que si nous rejetons le synthétique *a priori*, nous devons rejeter aussi l'impossibilité de la répétition. Nous admettrons, bien sûr, que si nous prenons un faisceau de qualités assez large, il n'y aura nulle instance empirique de répétition. La non-répétition de tels faisceaux peut être acceptée comme une loi de la physique, mais non comme quelque chose de nécessaire.

L'idée que je suggère est qu'un « événement » peut être défini comme un faisceau complet de qualités coprésentes, c'est-à-dire un faisceau ayant les deux propriétés a) que toutes les qualités dans le faisceau sont coprésentes, b) que rien en dehors du faisceau n'est coprésent avec *tous* les membres du faisceau. Je suppose que, dans le fait empirique, nul événement ne se répète c'est-à-dire, que si a et b sont des événements, et si a se produit avant b, il y a une différence qualitative entre a et b. Toutes les raisons généralement alléguées contre la substance inclinent à préférer cette théorie à celle qui rend un événement indéfinissable. Si deux événements étaient exactement ressemblants, rien ne pourrait jamais nous laisser supposer qu'ils sont deux. S'il fallait les recenser, nous ne compterions pas l'un à part de l'autre, car cela introduirait une différence entre eux. Et du point de vue du langage, un mot doit dénoter quelque chose qui peut être reconnu, et ceci requiert une qualité reconnaissable. Cela conduit à la conclusion que les mots tels que « Napoléon » peuvent être définis, et ne sont donc pas nécessaires d'un point de vue théorique; et que la même chose serait vraie des mots désignant les événements, s'il nous prenait l'envie d'inventer de tels mots.

J'en conclus que si nous réduisons notre vocabulaire empirique à un minimum, excluant tous les mots qui ont des définitions verbales, nous aurons encore besoin de mots pour les qualités, la coprésence, la succession, et les relations spatiales observées, c'est-à-dire, les relations spatiales qui peuvent être discernées à l'intérieur d'un complexe sensible unique. C'est un fait empirique que si nous formons un complexe de toutes les qualités qui sont coprésentes avec chaque autre, nous trouvons que ce complexe, aussi loin que nous mène notre expérience, ne se précède pas lui-même, c'est-à-dire ne se répète pas. En formant les séries temporelles, nous généralisons ce fait d'observation.

L'approche qui serre de plus près les noms propres dans un tel langage y verra les mots pour les qualités et les complexes de qualités coprésentes. Ces mots auront les caractéristiques syntaxiques des noms propres, mais non certaines autres caractéristiques attendues, par exemple, celle de désigner une région qui est continue dans l'espace-temps. Dans ces circonstances, c'est une affaire de goût, sur laquelle je ne me prononcerai pas, que de savoir si de tels mots doivent être appelés « noms ». Ce qui est communément appelé « noms propres » – par exemple, « Socrate » – peut, si j'ai raison, être défini en termes de qualités et de relations spatio-temporelles, et cette définition est une analyse effective. La plupart des propositions sujet-prédicat, telles que « Socrate a le nez camus », affirment qu'une certaine qualité, nommée par le prédicat, est au nombre d'un faisceau de qualités nommées par le sujet – ce faisceau étant une unité en vertu de la coprésence et des relations causales. Si c'est exact, les noms propres au sens ordinaire nous induisent en erreur, et incarnent une métaphysique erronée[b].

b. La discussion des noms propres menée ci-dessus n'a pas prétention à être définitive. Le sujet sera repris dans d'autres contextes, tout particulièrement en IV[e] partie, chapitre VIII.

W.V. Quine

LE MYTHE DE LA SIGNIFICATION

Présentation, par Sandra Laugier

La conférence intitulée « Le mythe de la signification »,
prononcée en français et demeurée inédite en anglais, est un
des textes les plus passionnants de Quine. Il y proposait, au
colloque de Royaumont de 1958 où se rencontrèrent et confron-
tèrent (sans grand résultat) les plus éminents représentants de
la philosophie analytique d'une part, et continentale de l'autre,
une critique systématique, opérée « du point de vue logique »,
de la conception de la signification héritée de Frege, pilier de la
conception analytique du langage. « Le mythe de la signification » est contemporain de la rédaction de l'œuvre majeure
de Quine, *Le Mot et la Chose*, parue en 1960. Il constitue une
transition entre cet ouvrage de la maturité et son premier livre,
Du point de vue logique[1], où l'on trouvait la critique radicale
de l'analyticité qui fit la célébrité du philosophe américain

---

1. W.V. Quine, *Du point de vue logique*, trad. fr. S. Laugier (dir.), Paris,
Vrin, 2003.

(« Deux dogmes de l'empirisme »), et une première formulation de la thèse d'indétermination de la traduction (« Le problème de la signification en linguistique »).

Quine mesurait dès 1958 la dimension provocatrice de sa critique, qui allait susciter, sous sa forme définitive, des discussions en très grand nombre[1]. La thèse d'indétermination de la traduction porte sur le problème de la synonymie et sur l'idée d'un noyau d'invariance commun aux langues et aux cultures : en ce sens, on peut dire avec Quine que le mythe de la signification a été inventé par Frege et Carnap. La critique du mythe de la signification est celle de l'idée d'un noyau sémantique commun aux différentes langues, et par là de la réintroduction d'un universel de pensée ou de langage qu'on aurait pu croire éliminé par l'analyse du langage. Elle est indissociable de la critique épistémologique du mythe de la référence, mythe d'une ontologie commune aux différents langages ou schèmes conceptuels[2]. Les deux critiques, ou les deux mythes, se recoupent : *at root identical*, selon Quine.

La première occurrence de l'exemple de la traduction radicale, présenté de façon très vivante ici avec la petite histoire du lapin et de « Gavagai ! » se trouve dans *Du point de vue logique*, au chapitre III : « Supposez que notre grammairien travaille sur un langage non étudié jusqu'ici, et que son propre contact avec le langage se soit limité à son travail sur le

---

1. Voir, pour une présentation de ces débats, S. Laugier, *L'anthropologie logique de Quine*, Paris, Vrin, 1992, et I. Delpla, *Quine, Davidson, le principe de charité*, Paris, PUF, 2001.

2. Voir, pour un développement en continuité avec celui du « Mythe », « Parler d'Objets », dans W.V. Quine, *Relativité de l'ontologie et autres essais*, trad. fr. J. Largeault, Paris, Flammarion, 2008.

terrain »[1]. Quine attaque déjà l'idée de signification, infondée, même si, comme le dit nettement « Le mythe », elle a avantageusement remplacé les catégories mentalistes. « À défaut d'une explication satisfaisante de la notion de signification, les linguistes qui opèrent dans le domaine sémantique sont en situation de ne pas connaître ce dont ils parlent »[2]. Quine ne souscrit pas à l'idée béhavioriste (qui lui est parfois attribuée) que nous ne « signifions » pas ce que nous disons. Dans « Le mythe de la signification », Quine affirme d'emblée : « Il n'entre pas dans mon intention de démontrer que le langage ne présente aucune signification. Que les mots et les phrases dont on se sert, au sens courant d'"avoir un sens", aient un sens, je n'en disconviens pas ». Mais il vaudrait mieux considérer le verbe « *mean* » comme intransitif : les énoncés veulent dire, signifient (et pas besoin de dire qu'ils signifient *quelque chose* de déterminé).

On pourrait poser des objets qui soient signifiés en commun par les énoncés qui signifient de même (*mean alike*), mais là on serait au cœur de la difficulté problème : car comment déterminer l'identité de signification ? La question était posée dans « Deux dogmes », mais Quine ici vise particulièrement « l'idée d'une identité ou d'une communauté de sens sous le signe, ou d'une théorie de la signification qui en ferait une sorte d'abstraction supralinguistique, dont les formes du langage seraient le pendant, ou l'expression ». Dès lors qu'on dépasse les limites d'une communauté linguistique ou culturelle, la synonymie est opaque. Quine critique l'idée d'un noyau commun à plusieurs langues, inhérente à la notion

1. *Du point de vue logique*, *op. cit.*, p. 86.
2. *Ibid.*, p. 83.

frégéenne de pensée. La difficulté est remarquablement perçue dans un passage de l'essai « La logique » où Frege expose par avance le problème de Quine :

> Il y a là une difficulté, qui tient à ce que nous pensons dans une certaine langue (…). Sans doute la même pensée peut-elle être exprimée dans différentes langues ; mais le harnachement psychologique, l'habillement de la pensée, seront souvent différents. C'est ce qui fait la valeur de l'apprentissage de langues étrangères pour l'éducation logique. En voyant que le vêtement linguistique de la pensée n'est pas constant, nous apprenons à mieux distinguer l'écorce verbale du noyau avec lequel il paraît s'être développé dans une langue déterminée [1].

Pour Quine, il n'y a pas de langage de la pensée dont les langues seraient la « verbalisation » ou l'expression. Et il n'y a pas de *fact of the matter*, de réalité de la question de savoir quelles sont les catégories de pensée des indigènes : c'est, note-t-il dès « Le mythe de la signification », « une illusion de l'esprit quant à la réalité de ce dont parle l'ethnologue (*subject matter*) ». Nous ne pouvons, dira Quine dans des argumentations postérieures célèbres [2], que projeter notre logique sur leur langage. Quine affirme ici le caractère arbitraire de la projection qu'effectue un linguiste ou un ethnologue à la recherche des catégories d'une langue étrangère. Sa conclusion est devenue célèbre : la traduction commence *at home*, et l'argument de l'indétermination de la traduction porte, paradoxalement,

---

1. G. Frege, *Écrits posthumes*, trad. fr. Ph. de Rouilhan et C. Tiercelin (dir.), Nîmes, J. Chambon, 1999, p. 167.
2. Voir *Le mot et la chose*, Paris, Flammarion, rééd. « Champs », 2000 et *Philosophie de la logique*, trad. fr. J. Largeault, Paris, Flammarion, rééd. 2008 avec une préface de D. Bonnay et S. Laugier.

contre l'idée de prélogicité[1], et contre les fantasmes de différences culturelles. Comme le souligne «Le mythe de la
signification»: «Usener, Cassirer, Sapir et, plus récemment,
B.L. Whorf, ont souligné tour à tour que les profondes
différences qui séparent les langues reflètent en fin de compte
les différences qui séparent les manières de penser, de concevoir le monde. Je préférerais ne pas présenter les choses de
telle façon qu'on pût croire que certaines propositions philosophiques sont affirmées dans une culture et niées dans une
autre. Ce qui se présente, en réalité, c'est la difficulté d'établir
une corrélation quelconque entre ces deux cultures, ou le
caractère indéterminé de cette corrélation».

La thèse d'indétermination de la traduction signifie qu'on
traduit toujours *dans* sa propre langue, de l'intérieur (*from
within*). «Le lexicographe en vient à dépendre de manière
croissante d'une projection de lui-même, avec sa *Weltan-
schauung* indo-européenne, dans les sandales de son infor-
mateur»[2]. Les catégories de la langue indigène ne sont pas
découvertes, mais inventées par le linguiste. Tel est le point
philosophique, mais aussi anthropologique, de la thèse de
Quine: la traduction demeure interne, immanente à notre
langue, à notre schème conceptuel hérité. Il n'y a pas plus
d'«exil cosmique» hors de la langue apprise qu'il n'existe de
point de vue angélique. L'un et l'autre relèvent de la même
illusion, dénoncée par Quine après Wittgenstein: celle du
mythe de la signification. Mythe dont il restera à montrer
qu'il n'est pas, comme le «mythe des objets» évoqué

---

1. Voir la référence à Lévy-Bruhl dans *The Ways of Paradox and Other
Essays*, Cambridge (Mass.), Harvard UP, 1976.

2. *Du point de vue logique*, *op. cit.*, p. 103.

positivement dans *Deux dogmes*, un mythe utile ou indispensable. D'autres ensuite (Rorty, Davidson, McDowell plus
récemment) voudront nous déprendre d'autres mythes, inhé-
rents à cette critique quinienne du sens. Il n'en reste pas moins
qu'avec cette conférence, et ce titre radical, Quine introduisait
l'anthropologie dans la logique, et l'indétermination dans la
sémantique.

LE MYTHE DE LA SIGNIFICATION[*]

1. *Considérations préliminaires*

Je me propose de démontrer que la notion de signification
d'une façon générale est à la fois mal fondée et superflue.
Chemin faisant, j'essayerai d'expliquer pourquoi cette notion
jouit d'un tel prestige aux yeux de certains philosophes qui
témoignent, par ailleurs, d'un certain esprit critique.

Il n'entre pas dans mon intention de démontrer que le
langage ne présente aucune signification. Que les mots et les
phrases dont on se sert, au sens courant «d'avoir un sens»,
aient un sens, je n'en disconviens pas. Le langage ordinaire
s'applique à des situations, provoque des réponses, et dans
cette mesure même, présente une signification. Ce contre quoi
je m'insurge plus particulièrement, c'est l'idée d'une identité
ou d'une communauté de sens sous le signe, ou d'une théorie
de la signification qui en ferait une sorte d'abstraction supralinguistique, dont les formes du langage seraient le pendant, ou
l'expression. En somme, c'est à la signification en tant qu'idée
que j'en ai. Mais j'en ai du même coup à une conception en
apparence plus bénigne qui fait du sens des mots une sorte

de modèle abstrait de l'usage courant, du moment où perce le moindre soupçon d'un postulat selon lequel telle locution appartenant à une langue donnée et telle autre locution appartenant à une langue différente peuvent être confrontées ou rapprochées comme ayant le même sens ou des sens différents. Je m'expliquerai tout à l'heure sur ce point.

Ceci ne revient pas à nier l'existence du monde réel des choses, indépendant de tout langage, et dont le langage s'occupe. Les objets du monde physique existent. J'accepte même qu'on admette l'existence d'universaux, du moins si l'on entend par là des classes d'objets, des classes de classes d'objets, et ainsi de suite en remontant. Tous ces objets peuvent se nommer, et peuvent se décrire en termes vrais ou faux, de façons différentes, dans plusieurs idiomes. La conception de la signification que je vise et contre laquelle je m'insurge n'est pas celle qui identifie les significations avec les objets dont parle le langage, mais plutôt celle qui identifie les significations avec les prétendues *intentions* de l'expression linguistique.

L'une des raisons pour lesquelles cette conception de la signification jouit d'un certain prestige aux yeux de philosophes qui, par ailleurs, témoignent de plus d'esprit critique, est qu'elle apparaît comme une théorie neuve, qui vient réformer ou évincer une théorie encore plus discutable : celle qui oppose essence et accident, ou relation interne à relation externe. Arrêtons-nous pour mieux goûter cette hypothétique distinction. Je pense en ce moment à certaines propositions fantaisistes selon lesquelles un individu, considéré non en tant que bipède et ni en tant qu'homme, mais en tant que lui-même, apparaîtra comme essentiellement rationnel et bipède accidentellement. On attribue cette distinction à Platon et à Aristote, ce qui est sujet à caution pour les spécialistes : mais c'est monnaie courante avec Aristote. Si vénérable que soit le distinguo, il n'en est pas moins absurde pour autant. Et force m'est d'avouer que la philosophie a fait un pas en avant – quelles que soient mes propres hésitations devant cette notion – en troquant l'essence des choses contre le sens des mots.

Un pas, et peut-être même deux. Car entre l'ancienne théorie et la nouvelle, se situe encore la notion de concept ou d'idée, qui permettait déjà d'éviter les pires absurdités de la notion d'essence. Cela autorisait à dire par exemple que le caractère d'être rationnel et le caractère de bipède étaient l'un essentiel et l'autre accidentel non pas chez l'homme, mais dans l'idée de l'homme, alors qu'inversement ils étaient l'un accidentel et l'autre essentiel dans l'idée de bipède. On franchit une nouvelle étape lorsque, pour mieux appréhender ces entités un tant soit peu fuyantes, on en fait des traits de langage : les idées deviennent les sens des mots. Et là encore, force m'est d'avouer, malgré toutes les hésitations que j'éprouve devant ce terme de signification, qu'on a bien fait de chercher à fixer ces îles flottantes de l'esprit qu'étaient ces entités en les arrimant à des mots, qui prenaient ainsi la première place. Malheureusement, ces progrès sensibles engendraient une certaine fatuité. On n'a pas su voir que parler ainsi de la signification des mots ne présente en soi aucun sens, à moins qu'on ne se rattache à la vieille théorie des idées, sinon même des essences, dont la théorie nouvelle n'est que le rameau détaché et dont elle tire l'apparence illusoire de la vraisemblance.

Installé sur cette position, on fait ou l'on croit faire un troisième pas en avant, et l'on s'imagine être en terrain plus sûr : ce pas franchi, c'est le renoncement à la notion de signifi-cation comme entité. Le substantif se trouve résorbé dans l'adjectif : on dit « synonyme » au lieu d'employer le nom « signification ». On y gagne sans doute moins qu'on ne pense.

Reste en effet à démontrer que l'on sait de quoi on parle en établissant la relation de synonymie. Or, nous ne le démontrons pas, nous le posons comme un postulat d'autant plus dangereux qu'il est inconscient, et que nous sommes persuadés en toute bonne foi que nous avons réussi à nous en passer. Aussi, pour la clarté de mon exposé, j'aimerais rétrograder provisoirement d'un pas, de ce dernier petit pas qui n'a d'ailleurs pas l'importance qu'on lui attribue souvent, et qui a le tort entre autre d'embrouiller la terminologie.

Reprenons donc, si vous le voulez bien, le fil de nos remarques sur la notion de signification appliquée aux mots. Cette notion nous semble intelligible (à tort, je crois) en raison d'habitudes enracinées dans notre esprit et qui se rattachent à notre insu aux vieilles notions d'essences ou d'idées qu'une stricte discipline n'a pas éliminées. Et parler de la signification des mots nous paraît empirique, alors que parler d'idées ou d'essences pour nous ne l'est pas, parce que les mots et leur usage tombent sur le coup de l'observation. Là où commence notre erreur, c'est lorsque nous nous départissons en fait de cette attitude empirique à l'égard des mots et de l'usage. Je proposerai donc, pour changer, que nous nous en tenions strictement à une attitude au moins raisonnablement empirique devant le langage, afin de voir, dans cette perspective, quelle sorte de fondement on peut espérer trouver à une théorie de la signification, à supposer qu'un tel fondement existe.

Le langage s'apprend ou s'acquiert par le montage d'une série indéfinie de réflexes conditionnés mettant en jeu les organes de la phonation en réponse à des excitations sensorielles. L'endroit où situer la signification, au seul sens intelligible du terme, c'est précisément dans ces habitudes acquises, reliant notre comportement verbal aux sollicitations externes. Mais ces relations elles-mêmes sont loin d'être nettement définies et elles sont complexes, car le langage ne s'occupe pas seulement, ni même principalement, de sensations, mais d'objets. Même si chacun d'entre nous ne connaît le langage que par suite d'une éducation de son comportement verbal qui relève de son expérience propre, il n'en est pas moins vrai que les choses auxquelles le langage se réfère de la manière la plus simple et la plus directe sont du domaine public. La raison en est que nous apprenons à nous servir du langage au contact des autres, en observant comment les mots se forment dans leur bouche et en les essayant dans la nôtre, ceci dans un climat notoirement inter-subjectif.

L'espèce d'uniformité qui nous permet de communiquer les uns avec les autres dans un mode d'expression et dans une forme de croyance, est une uniformité qui résulte de l'émergence de modèles linguistiques (*patterns*) qui viennent en quelque sorte recouvrir la diversité chaotique des relations nouées chez chaque individu entre les mots et l'expérience. L'uniformité ne se manifeste que là où elle répond à une exigence sociale, donc plutôt là où le caractère inter-subjectif prédomine que là où c'est le caractère subjectif qui l'emporte. Si l'on veut un exemple qui illustre bien ce que je veux dire, prenons deux sujets dont l'un a la vision normale des couleurs et dont l'autre confond le vert et le rouge. La société applique aux deux le même dressage : elle sanctionne par une approbation l'émission du mot « rouge » par le sujet mis en présence d'un objet de couleur rouge; tandis qu'elle pénalise la faute, dans le cas contraire. Ajoutons qu'en gros, les résultats observables, sur le plan social, sont à peu près les mêmes pour le sujet normal et pour le daltonien. Les deux sujets n'ont pas trop de peine à appliquer le mot « rouge » aux objets de cette couleur. Mais les mécanismes individuels par lesquels ils arrivent à des résultats comparables sur ce point sont très différents. Le sujet normal a appris à distinguer le rouge en vertu d'un effet photochimique normal. Le sujet daltonien a dû apprendre, au prix d'un effort pénible et chaque fois répété, à répondre «rouge» devant une série d'excitations complexes où intervient, à côté de l'excitation lumineuse correspondant à deux bandes de spectre au lieu d'une (le vert et le rouge) un ensemble chaque fois différent de conditions annexes telles que l'intensité lumineuse, la saturation du champ, la forme des objets, le cadre environnant, etc., ce complexe permettant après réflexion d'admettre comme *rouge* par exemple un incendie ou un coucher de soleil et d'exclure l'herbe ; de laisser passer l'arbre en fleurs, et de refuser l'arbre en feuilles ou encore de ne tolérer le homard qu'une fois cuit.

La variété des modes d'acquisition du langage est infiniment plus vaste que cet exemple simpliste ne pourrait laisser croire. Car, d'une façon générale, nous apprenons des mots nouveaux en entendant des phrases qui les contiennent et qui sont chaque fois différentes. Une fois saisi par intuition le sens global de ces phrases, nous nous servons des fragments que nous en détachons, et nous formons des phrases nouvelles de notre cru par analogie. Mais savoir dans quelle phrase tel ou tel mot s'est présenté à nous pour la première fois, c'est affaire de hasard personnel, et cette histoire, chacun de nous s'empresse de l'oublier. Plusieurs individus élevés dans le même milieu linguistique se ressembleront entre eux comme ces arbustes qu'on taille en forme d'éléphant. Autant d'arbustes, autant d'arrangements différents de branches maî-tresses et de rameaux aboutissant en gros à la même silhouette éléphantine : le détail anatomique diffère avec chaque buisson, mais de l'extérieur le résultat est le même.

Comment pourrions-nous espérer tirer, dans ces condi-tions, quoi que ce soit qui ressemble même de loin à une interprétation intelligible de la signification, en nous appuyant sur l'histoire individuelle et particulière de chaque sujet parlant ? L'individu se soucie peu et se souvient encore moins de la façon dont il a constitué son vocabulaire : il n'est préoccupé que de sa propre adaptation au milieu social auquel il appartient, et le langage ne l'intéresse que comme moyen de communication. N'allons donc pas chercher la signification dans le détail des brindilles, mais dans la forme générale de l'arbre taillé. Ne nous préoccupons pas des origines du langage chez chaque individu, mais de l'usage courant. Examinons les circonstances qui provoquent et conditionnent le besoin immédiat d'expression.

Il est indispensable, au stade où nous sommes parvenus, que nous considérions le langage, chez un sujet, comme inconnu de nous. Car nous nous intéressons à son comportement linguistique en tant que ce comportement est fonction des excitations qu'il perçoit, et de ces seules excitations – et non pas aux rapports entre les excitations qu'il perçoit et nos propres concepts. Le meilleur point d'observation que nous puissions choisir est celui du linguiste qui cherche à percer le secret d'une langue inconnue jusqu'ici et qui se met en devoir de la transcrire et de la traduire. Les données sont les phrases indigènes dont le sens nous échappe et les circonstances matérielles dans lesquelles ces phrases sont prononcées. Le but à atteindre, c'est une traduction de ces phrases en anglais ou en français ; et la signification de ces phrases se situerait comme un ensemble de circonstances provoquant la même réponse dans l'original et en traduction, toutes les fois qu'il se trouverait répété.

La traduction entre langues apparentées, telle que le frison et l'anglais, ou le latin et le français, est facilitée par la ressemblance qu'offrent, par leur forme, les mots de même souche.

La traduction entre langues non apparentées, comme du hongrois vers l'anglais ou le français, peut encore bénéficier de certaines tables de concordance qu'une longue tradition a permis d'élaborer au cours de siècles d'évolution culturelle. Si nous voulons jeter quelque lumière sur la nature de la signification, il nous faut plutôt penser à une traduction *radicale*, c'est-à-dire à la traduction de la langue d'un peuple resté jusqu'ici sans contact avec notre civilisation. C'est là ou jamais que nous verrons se détacher une signification d'ordre strictement empirique, sans relation avec nos modes habituels d'expression.

2. *La signification stimulus*

Les expressions qui s'imposeront d'abord et sûrement à l'attention du traducteur, et nous prenons le mot expression au sens purement phonétique du mot, seront nécessairement de brefs commentaires d'actualité, répondant à des observations faites en commun par l'ethnographe et l'indigène qui lui sert de témoin. Un lapin court dans la garenne, l'indigène dit « Gavagai » et le linguiste note dans ses tablettes : « un lapin » en face du mot *gavagai*; ou peut-être « tiens, un lapin » à titre de traduction provisoire. Au début, notre ethnologue s'abstiendra de suggérer des mots à l'indigène, faute tout d'abord de mots à lui souffler. Dès qu'il sait quelques bribes de la langue indigène, toutefois, il ne s'en prive pas. Comment pourrait-il faire autrement? Il faut bien qu'il soumette des phrases indigènes à l'approbation de son professeur, même au risque de fausser quelque peu l'expérience par la suggestion. Autrement, il lui sera difficile de départager des termes indigènes qui ont des points de référence communs. Supposons par exemple que la langue indigène comporte des expressions *E1*, *E2* et *E3* correspondant en réalité terme à terme aux mots « Animal », « Blanc » et « Lapin ». L'excitation se trouvera toujours associée à un contexte différent, et la différence peut être ou n'être pas significative ; et, simplement parce que les réponses provoquées se présentent une à une, les classes de contextes, ou les catégories de situations dans lesquelles l'indigène se trouvera offrir comme réponse *E1*, *E2* et *E3*, s'excluent mutuellement, en dépit du sens réel caché des termes employés. Comment l'ethnologue aurait-il conscience du fait que l'indigène aurait aussi bien accepté *E1* que *E3* dans toutes les circonstances où il lui est arrivé d'utiliser *E3*, et dans certains des cas, mais peut-être non dans tous, où il s'est trouvé employer *E2* ? C'est seulement en prenant l'initiative à son tour, et en soumettant à l'épreuve des combinaisons de phrases indigènes et de situations stimuli qu'il peut espérer restreindre le champ de ses hypothèses et aboutir à une solution qui le satisfasse.

Représentons-nous donc notre ethnographe en train de poser la question « *Gavagai ?* » chaque fois que paraît se présenter une nouvelle situation stimulus, et de noter chaque fois sur ses tablettes si l'indigène réagit par oui ou par non, ou reste indifférent. Un certain nombre de postulats implicites sont ici nécessaires, qui touchent aux facultés d'intuition et de discernement de l'enquêteur. Il faut d'abord qu'il sache distinguer chez l'indigène les signes d'une approbation ou d'une dénégation, sans référence aucune à un mode d'expression linguistique particulier. Il faut de plus qu'il soit capable de deviner – et il s'agira le plus souvent d'une simple intuition – sur quel stimulus se porte, dans une situation donnée, l'attention particulière de l'indigène à tel ou tel moment ; entendons par là non pas le détail sensoriel exact de l'excitation, mais au moins l'ensemble grossièrement aperçu des circonstances qui l'ont stimulé. Il lui faut encore deviner si c'est bien l'excitation qui a provoqué la réponse positive ou négative de l'indigène à la question posée corrélativement à cette excitation. Il lui faut écarter notamment l'hypothèse que l'indigène approuve ou rejette la phrase qui lui est proposée pour des raisons qui n'ont rien à voir avec la situation, parce qu'il la trouve vraie ou fausse en soi, et sans faire attention au lapin qui trotte dans la garenne et qui est bien pourtant le point de mire du moment. Accordons, si vous le voulez bien, ce crédit de discernement et d'intuition à l'ethnologue. Il est facile d'énumérer tout un choix de fils conducteurs possibles, et l'expérience prouve que l'on arrive à surmonter en fait les premières difficultés que pose à la base ce problème de la reconnaissance. Je suis prêt à concéder que l'ethnologue peut établir de façon raisonnablement sûre, par la méthode inductive, qu'une certaine expression indigène est bien celle à laquelle les natifs du pays voudront bien donner leur acquiescement lorsque se présentera un lapin, ou ce que l'on prend pour un lapin, et non une autre.

Le processus que nous venons d'imaginer et qui consiste à proposer des phrases dans des situations données, n'est applicable qu'à des expressions d'un type spécial, c'est-à-dire des formes comme « Gavagai » ; « Rouge » ; « Ça fait mal » ; « Il a la figure sale », etc., qui ne provoqueront à nouveau l'acquiescement du témoin indigène qu'à la lumière de circonstances qu'on peut aisément observer. On distinguera entre des phrases occasionnelles, de ce type, et les phrases que l'on pourrait appeler perdurables. Les phrases occasionnelles sont les seules où l'ethnographe mis en présence d'une langue inconnue puisse commencer, et ce sont aussi celles dont nous pouvons essayer de partir pour élaborer une première ébauche grossière du concept de signification.

La distinction entre phrases occasionnelles et phrases perdurables peut elle-même se définir en termes d'acquiescement et de refus, au sens où nous avons plus haut considéré ces notions. Une phrase est occasionnelle pour un sujet si ce sujet peut y répondre par l'acquiescement ou le refus, quand on la lui propose, mais jamais sans que la question ne s'accompagne d'une excitation qui aiguille la réponse du sujet dans un sens ou dans l'autre. Ce qui ne veut pas dire que dans les phrases perdurables le stimulus qui dicte l'acquiescement ou la dénégation soit toujours absent. On imagine aisément quelle sorte de stimulus visuel peut amener un sujet qui possède une connaissance géographique des lieux, à acquiescer une fois à la phrase perdurable comme : « Il y a des maisons de briques dans Elm Street ». Une excitation sensorielle transmise par l'interféromètre, conduisit un jour Michelson et Morley à opposer un démenti à la phrase perdurable : « Il y a un vent d'éther ». Mais les phrases perdurables de ce type diffèrent des phrases occasionnelles en ce que le sujet pourra réitérer son acquiescement ou son refus en l'absence d'un nouveau stimulus qui l'aiguille, lorsqu'on lui reposera la même question plus tard. Alors que la phrase occasionnelle ne provoque la réponse par oui ou par non que dans le sens où cette réponse est dictée chaque fois au sujet par la présence ou l'absence du stimulus correspondant.

Nous pouvons ainsi définir la signification stimulus *affirmative* d'une phrase occasionnelle P, pour un sujet S, comme la classe englobant toutes les excitations, ou tous les modes d'irritation des surfaces sensorielles, qui, le cas échéant, dicteraient son acquiescement à P. Inversement, nous définirons la signification stimulus *négative* de P en termes de dénégation. Enfin, nous définirons *la signification stimulus de P*, pour abréger, comme le couple ordonné des significations stimuli positives et négatives de *P*.

En introduisant ce conditionnel renforcé par « le cas échéant » dans la signification stimulus, nous imputons à *S* une simple tendance à acquiescer à *P* ou à le refuser, suivant l'excitation qui l'aiguille. Cette disposition peut s'interpréter comme une certaine qualité subtile de structure, analogue à une allergie, ou à une propriété comme le caractère soluble. Allergie, plus particulièrement, à ne pas se faire comprendre. Nous n'ignorons pas, même si nous ne saisissons pas le processus dans tous ses détails, la manière dont on cherche à deviner, à partir d'essais et d'expériences bien choisis, d'échantillonnages et d'observations portant sur les séquences invariables, s'il existe quelque part un caractère spécifique, une propriété, une tendance de cette sorte.

Dans la signification stimulus nous trouvons un concept de la signification applicable aux phrases occasionnelles ; et parmi les phrases occasionnelles, nous nous trouvons compter des mots isolés, tels que « Blanc » et « Lapin », que l'on peut encore classer comme des termes généraux. Arrêtons-nous un instant pour examiner le concept de signification stimulus ainsi limité, pour la commodité de l'exposé, à ce champ d'application restreint.

Affirmer l'identité de la signification stimulus d'un terme T pour deux sujets *S1* et *S2* ; ou affirmer l'identité de la signification stimulus de deux termes *T1* et *T2* pour un sujet *S1* ou pour deux sujets *S1* et *S2* revient à affirmer une certaine identité des conditions d'application de ce terme ou de ces termes. Autrement dit, les excitations qui dictent l'acquiescement coïncident ; et les excitations qui dictent la dénégation coïncident également entre elles. Maintenant, est-ce à dire que ce terme ou ces termes ont la même *extension*, qu'ils sont vrais des mêmes objets, pour *S1*, ou *S1* et *S2*? En aucune façon. Reprenons l'exemple de notre «Gavagai». Qui sait si les objets auxquels le terme s'applique ne sont pas après tout autre chose que des lapins, et par exemple de simples phases, de brefs segments temporels de lapin? Dans l'un et l'autre cas, en effet, les situations stimuli qui provoquent l'assentiment à «Gavagai» seraient les mêmes que pour «Lapin». Ou bien peut-être encore les objets à quoi «Gavagai» s'applique sont-ils seulement les parties, les morceaux encore non découpés de ces lapins : là encore la signification stimulus serait la même. Lorsque, du fait que les significations stimuli de «Gavagai» et de «Lapin» ne permettent pas d'enregistrer de différences entre ces termes, l'ethnologue conclut aussitôt qu'un gavagai est un lapin entier et permanent, il s'avance beaucoup. Inconsciemment, il suppose admis que l'indigène est assez semblable à nous-même pour posséder un terme général bref qui désigne les lapins, et ne pas posséder de terme général bref pour désigner des phrases ou des parties de lapin.

Il est fréquent que nous puissions traduire une locution d'une langue dans une autre sans que rien ne corresponde dans les syllabes qui la composent (par exemple : «*for the sake of*» et «*par égard pour*»). De la même manière, on peut dire que la phrase occasionnelle «Gavagai» peut se traduire par «Voilà un lapin» bien qu'aucune partie de «Gavagai», ni aucun mot de vocabulaire indigène, ne corresponde exactement à notre mot «Lapin». La synonymie de «Gavagai» et de «Lapin» en tant que *phrases* s'appuie sur des considérations qui transcendent toutes frontières culturelles ; mais non pas la synonymie de ces phrases en tant que *termes*.

Croit-on pouvoir résoudre la difficulté en poussant plus loin le questionnaire par mots ou par gestes, et déterminer ainsi s'il s'agit de lapins, de phases de lapin, ou de morceaux constitutifs de lapin? Examinons donc comment nous pourrions procéder. Montrer du doigt un lapin, c'est montrer du doigt une phase de lapin et un morceau de lapin du même coup. Montrer du doigt une partie du lapin, c'est montrer en même temps le lapin tout entier et une phase de lapin. Et montrer du doigt une phase du lapin, c'est montrer à la fois une partie et la totalité de ce lapin. Rien de ce qui n'a déjà été distingué dans la signification stimulus ne s'éclaircira davantage par le geste, à moins que le geste ne s'accompagne de questions portant sur l'identité ou la diversité de l'objet désigné : « Est-ce que ceci est le même gavagai que cela? Sommes-nous en présence d'un seul gavagai ou de deux? ». Et ces questions supposent déjà, chez l'ethnologue, une connaissance et une maîtrise de la langue indigène très supérieures à celles que nous sommes en droit de lui attribuer d'après ce que nous avons vu jusqu'ici. Bien plus, elles supposent que la structure conceptuelle de l'indigène, sa manière de concevoir les choses, comme la nôtre, procède par une division du réel en une multiplicité d'objets physiques, reconnaissables et distincts, que ce soient des lapins, des phases ou des parties de lapin. Car après tout l'attitude indigène pourrait n'être qu'un nom propre désignant la forme universelle d'une *lapinité* qui se manifesterait de temps à autre; et là encore, la phrase occasionnelle « Gavagai » aurait la même signification stimulus que dans les trois hypothèses envisagées tout à l'heure. Bien plus, la mentalité de l'indigène pourrait tellement différer de la nôtre que, de son point de vue à lui, la notion *d'objets* ne présenterait strictement aucun sens, pas même la notion d'objets abstraits comme celui de l'espèce lapine. Il se pourrait fort bien en effet que le cheminement de la pensée chez l'indigène suivit un tout autre cours que le nôtre, et ne procédât par rien d'équivalent à « ceci » et « cela », « le même » et « un autre », « un » et

« deux ». Et s'il ne possède pas ces instruments qui nous sont tellement familiers, comment l'affirmation que l'indigène pose des objets présenterait-elle un sens ? La chose, peut-être, mais pas les choses, telles que nous les concevons, dans le concret ou dans l'abstrait. Et pourtant, là encore, et jusque dans cette attitude ontologique entièrement étrangère à la nôtre, la phrase occasionnelle « Gavagai » pourrait encore avoir la même signification stimulus que « (Tiens, un) lapin ». Phrases occasionnelles et significations stimuli ont cours partout, sont une monnaie d'échange universelle, tandis que les termes, conçus comme s'appliquant diversement à des objets, sont la monnaie locale d'un genre de culture particulière, qui se trouve être la nôtre.

3. Renseignements annexes

Pour certains types de phrases occasionnelles, sinon pour les termes, l'identité de signification stimulus offre évidemment une relation commode de synonymie. Mais il s'en faut qu'elle soit valable pour toutes. Même pour la plupart des phrases occasionnelles, la signification stimulus est loin de répondre aux exigences de notre esprit lorsque nous parlons de signification au sens ordinaire et non critique du mot. La difficulté provient, en effet, de ce que la tendance à acquiescer à une phrase occasionnelle ou à lui opposer, inversement, un déni, peut fort bien ne dépendre que très partiellement de l'excitation immédiate et résulter bien plus largement de renseignements que le sujet interrogé possède déjà et tient d'autres sources ignorées par celui qui pose la question. En établissant, tout à l'heure, une distinction entre les phrases occasionnelles et les phrases perdurables (voir § 2) en en écartant provisoirement les secondes pour ne considérer que les premières, nous avons exclu du même coup tous les cas où la réponse de l'indigène pourrait dépendre exclusivement de renseignements qu'il posséderait d'autres sources que l'excitation provoquée par la situation immédiate. Mais nous n'avons pas exclu les cas où sa réponse dépendrait principalement de renseignements annexes (*collateral information*) et peu ou prou de stimulus immédiatement présent. Ainsi l'acquiescement à « Gavagai » que donne l'indigène à l'ethnologue, alors que tout ce qui s'offre à leurs regards n'est qu'un vague mouvement entr'aperçu dans la savane, peut fort bien résulter d'observations antérieures, faites par l'indigène en l'absence de l'ethnologue, et décelant la présence de lapins dans cet endroit. Il existe des phrases occasionnelles pour lesquelles l'acquiescement dépendra *toujours* beaucoup plus de renseignements annexes que du conditionnement immédiat, à telle enseigne qu'il sera impossible d'identifier la signification stimulus à la « signification » de ces phrases, quelque complaisance qu'on y mette. Prenons une phrase occasionnelle « Célibataire ». La vue d'un visage provoquera l'acquiescement à « Célibataire », sans doute; mais cet acquiescement dépend surtout de ce que nous savons de l'ami qui se présente, et très peu de l'excitation immédiate, sauf dans la mesure où elle est nécessaire pour que nous la reconnaissions. La difficulté vient de ce que le sens de « Célibataire » transcende l'impression des traits de son visage qui déclenche notre réponse, et se rapporte à des connaissances antérieures que nous tenons d'autres sources. De toute évidence, il nous faut donc nous efforcer de définir une sous-classe de phrases occasionnelles, que nous appellerons *phrases observationnelles*, et nous admettrons alors que ce que j'ai appelé significations stimulus nous offre une notion acceptable de la signification pour les phrases de ce seul type.

Supposons qu'il soit dit qu'une classe particulière E comprenne tous les stimuli dont chacun est suffisant pour dicter d'emblée l'assentiment à la phrase P, et ce, sans le secours d'aucun renseignement annexe. Supposons maintenant qu'il soit dit que les stimuli compris dans une classe E' et dont chacun est suffisant pour dicter aussi l'assentiment à la même phrase P doivent leur efficacité à la connaissance de renseignements annexes, de sources très différentes, que nous désignerons par C. N'aurions-nous pas pu dire, tout aussi bien, qu'en acquérant C on a trouvé plus commode de modifier la signification de P de manière à ce que tous les stimuli compris dans la classe E' soient désormais considérés comme suffisants d'emblée, au même titre que ceux qui appartiennent à la classe E? On peut dire à mon sens indifféremment l'un ou l'autre. Même une vision extralucide de l'histoire ne nous révélerait pas la distinction, à supposer qu'elle nous révélât toutes les étapes de l'acquisition de la connaissance C, puisqu'on peut très bien imaginer que la signification se soit modifiée d'un même pas. Ce que nous avons en fait, c'est une adaptation progressive de l'homme à la nature, qui se reflète dans un jeu changeant de tendances à répondre affirmativement ou négativement aux phrases occasionnelles sous l'impulsion des stimuli. Ces tendances peuvent être considérées comme impures, nous le concéderons, en ce sens qu'elles contiennent un certain pourcentage de connaissances acquises, mais elles les contiennent sous forme de solution stable, qu'il n'est pas question de précipiter.

Les phrases observationnelles devaient être des phrases occasionnelles pour lesquelles l'acquiescement ou le refus du sujet ne dépendrait jamais du secours de renseignements annexes. Nous voyons maintenant que cette notion de renseignements annexes est elle-même assez peu sûre. En fait, la notion de phrase observationnelle l'est davantage, en vertu d'un effet stabilisateur d'ordre statistique que je puis indiquer si je continue à me servir un instant de la notion de renseignements annexes que je viens d'ébranler. En effet, quelquesuns de ces renseignements annexes, se rapportant à une phrase occasionnelle *P*, peuvent être très répandus – alors que d'autres le sont moins. Même les plus répandus peuvent être partiellement connus d'un grand nombre d'individus, et particulièrement connus d'un autre groupe, en telle sorte que rares seront les individus qui posséderont tous les éléments d'information, à supposer qu'il y en ait un. La signification, d'autre part, comme on l'a aperçu par l'analogie des buissons taillés (voir § 1) est sociale. L'homme qui emploie certain mot au sens le plus rare trouvera probablement plusieurs comparses pour entendre ce mot comme lui.

Quoi qu'il en soit, l'effet statistique stabilisateur apparaît clairement quand on compare « Lapin » et « Célibataire ». La signification stimulus de « Célibataire » ne peut être la même pour deux sujets – sauf peut-être dans le cas de frères siamois. La signification stimulus de « Lapin » sera sensiblement la même pour tous les sujets parlant la même langue ; les exceptions du genre de ce mouvement dans l'herbe de la savane sont rares. On pourrait donc utiliser, pour rendre à peu près la notion de phrase observationnelle, cette définition provisoire : *phrase occasionnelle présentant une signification stimulus intersubjective*.

La signification stimulus reste définie pendant tout ce temps pour les phrases occasionnelles en général, sans égard au caractère observationnel de ces phrases. Mais elle s'applique moins que jamais à ce qu'on pourrait raisonnablement appeler la signification, lorsqu'elle porte sur des phrases non-observationnelles du type « Célibataire ». La traduction de « Bachelor » par « Célibataire » ne peut évidemment pas se justifier par l'identité des significations stimuli de ces phrases entre plusieurs sujets ; pas plus que la synonymie de « Célibataire » et de « Non-marié ».

Si bizarre qu'il puisse paraître, cependant, les significations stimuli de « Célibataire » et de « Non-marié » sont, malgré tout, identiques pour chaque sujet. Le même sujet, mis dans les mêmes circonstances, approuvera ou rejettera la phrase « Célibataire » et la phrase « Non-marié » uniformément. Nous nous apercevons ainsi que, si éloignés que soient l'un de l'autre le concept de signification stimulus et celui de « signification véritable » quand ils s'appliquent aux phrases occasionnelles de type non-observationnel comme « Célibataire » et « Non-marié », cependant la synonymie des deux phrases se définit par l'identité de signification stimulus aussi exactement pour des phrases de ce type que pour les phrases observationnelles les mieux choisies… à condition toutefois que nous nous en tenions à un seul et même sujet. Pour chaque sujet « Célibataire » et « Non-marié » sont ainsi synonymes dans un sens déjà défini (c'est-à-dire qu'ils sont semblables par leur signification stimulus) sans avoir pour autant la même signification, dans aucun sens intelligible de « signification » (car la signification stimulus, dans le cas de « Célibataire » n'est pas la signification). Très bien : voici donc un cas où nous pouvons accepter la synonymie et laisser de côté la signification.

La restriction que nous avons introduite en parlant d'un seul et même sujet n'implique pas qu'on ne puisse dire que « Célibataire » et « Non-marié » sont synonymes pour tout un groupe, si l'on entend par là synonymes, à l'intérieur de ce groupe, pour chacun des sujets. On peut même pratiquement étendre cette notion de synonymie à deux langues, dans tous

les cas où l'on se trouve en présence d'un sujet bilingue. « Célibataire » et « Bachelor » ou « Soltero » sont synonymes en
vertu du même critère intra-subjectif, c'est-à-dire par l'identité de signification stimulus. Prenant le sujet bilingue
comme échantillon, nous pouvons considérer « Célibataire »
et « Bachelor » comme synonymes pour les besoins de la
traduction entre les deux communautés linguistiques qu'il
représente. On saura si l'échantillon est bien choisi en contrô-
lant par l'observation la facilité avec laquelle le sujet bilingue
s'exprime et se fait comprendre dans l'une et l'autre communauté linguistique, en le comparant avec d'autres sujets
bilingues, ou en observant comment les traductions passent.

Mais l'ethnologue qui a affaire pour la première fois à une
culture restée jusqu'alors inconnue ne peut avoir recours aux
interprètes. Pour la traduction radicale, le seul concept dont
nous puissions nous servir utilement est celui de signification stimulus, et son emploi est restreint aux seules phrases
observationnelles.

Les réserves que nous formulions au paragraphe 2 concernant la co-extension des termes restent valables. Même si un
Martien découvrait que « Célibataire » et « Non-marié » sont
des phrases occasionnelles synonymes, il n'en établirait pas
pour autant que « célibataire » et « non-marié » sont des termes
généraux co-extensifs. Chacun de ces termes à l'exclusion de
l'autre pourrait fort bien, pour autant qu'il le sût, s'appliquer
non à des hommes mais à des phrases ou à des parties ou même
à quelque attribut abstrait (voir § 2).

4. *Hypothèses analytiques*

Comment notre ethnologue poussera-t-il la traduction
radicale au delà des limites des phrases observationnelles

typiques? En gros, de la façon suivante. Il fractionnera les phrases recueillies en sections maniables, en retenant les vocables qui reviennent souvent. De cette manière, il constituera une liste de «mots» indigènes. À certains de ces mots il attribuera provisoirement un mot ou une locution équivalents dans sa propre langue, de manière à retrouver les traductions déjà établies pour des phrases observationnelles complètes. Une telle corrélation hypothétique des fragments peut s'appeler *hypothèse analytique*. À vrai dire, l'ethnologue devra faire appel à des hypothèses analytiques non seulement en ce qui concerne les mots indigènes, mais encore en ce qui concerne les tournures et la construction des phrases, car il n'est pas prouvé ni probable que la langue indigène se conforme à l'ordre des mots en anglais ou en français. L'ensemble de ces hypothèses constitue ce que l'on peut appeler un dictionnaire et une grammaire, que l'ethnologue applique ensuite même aux phrases dont la traduction ne repose sur aucun témoignage direct.

Les hypothèses analytiques de traduction ne reposent pas entièrement sur l'évidence accumulée à l'occasion de traductions antérieures portant sur des phrases observationnelles. Elles trouvent une vérification au moins partielle, d'autre part, par leur conformité avec les synonymies inter-subjectives que peuvent présenter des autres phrases occasionnelles, comme on l'a vu déjà (voir § 3). C'est ainsi, par exemple, que si les hypothèses analytiques nous ont conduit à traduire les phrases *P1* et *P2* respectivement par «Tiens, un célibataire» et par «Tiens, quelqu'un qui n'est pas marié», nous sommes en droit d'espérer trouver, du même coup, que pour chacun des indigènes la signification stimulus de *P1* est la même que celle de *P2*.

Les hypothèses analytiques de traduction peuvent encore se vérifier empiriquement dans certains cas à la lumière de traductions portant non seulement sur des phrases occasionnelles, mais sur certaines phrases perdurables. Les phrases perdurables diffèrent des phrases occasionnelles simplement en ceci que l'acquiescement du sujet interrogé ou son refus, peuvent parfois ne pas être aiguillés par le stimulus immédiat (§ 2), ce qui ne veut pas dire qu'ils ne soient jamais aiguillés par ce stimulus. Ainsi l'ethnologue peut parfois se trouver en mesure de vérifier ses hypothèses analytiques en voyant comment les traductions qu'elles permettent de proposer pour telle ou telle phrase perdurable, mises en parallèle avec les phrases indigènes correspondantes, dictent l'assentiment ou la dénégation chez les sujets interrogés.

Il est encore possible de trouver une confirmation – à vrai dire assez précaire – des hypothèses analytiques de traduction, par les phrases perdurables, même indépendamment de cet assentiment ou de ces dénégations provoqués. Si, par exemple, les hypothèses analytiques nous poussent à accepter comme traduction d'une phrase indigène P, quelque phrase vraie mais banale, alors l'ethnologue se sentira rassuré s'il découvre que la phrase permanente P elle aussi est couramment reçue.

Les hypothèses que l'ethnologue est amené à formuler, les consignes qu'il donne, sont des hypothèses et des consignes de travail. Libre à lui de les présenter sous telle forme qui lui plaît et qui lui paraît plus claire et plus commode. Néanmoins, il est bon d'attirer l'attention sur la forme élémentaire d'hypothèse analytique qui consiste à accoupler un mot ou une tournure indigène avec son équivalent présumé en français. Car toute hypothèse est invention, et le cas typique où cette invention intervient est celui où l'ethnologue, que nous supposerons Français de naissance et d'éducation, croit saisir un parallélisme entre la façon dont se comporte tel ou tel membre de la phrase indigène *P* dont il vient de traduire le sens global, et tel ou tel mot de la phrase française qu'il donne comme traduction de *P*. C'est seulement par une réflexion de cet ordre que l'on a pu en arriver à traduire radicalement une expression indigène en français comme une désinence du pluriel, ou comme un prédicat d'identité « = », ou comme une copule catégorique, ou comme tel ou tel outil également familier de notre système de référence objectif ; car, ainsi que nous l'avons dit avec insistance tout à l'heure, aucun examen des significations stimuli, aucune manifestation quelconque du comportement indigène ne nous permet de trancher la question de savoir s'il participe d'une façon quelconque au schème conceptuel particulier qui est le nôtre, et qui suppose l'existence du monde concret. C'est seulement parce qu'il projette ses propres habitudes de langage dans l'étude de la langue indigène que l'ethnologue y découvre des termes généraux, ou que, les ayant découverts, il les apparie aux siens propres. Les significations stimuli ne permettent jamais à elles seules de déterminer quels mots sont des termes, à supposer qu'il en existe ; a fortiori ne permettent-elles pas de déterminer quels termes sont co-extensifs.

Le manuel auquel l'ethnologue aboutit doit être considéré comme un manuel de traduction phrase par phrase. Quels que soient les détails de la méthode employée pour transcrire le vocabulaire et pour exposer les règles syntaxiques, sa valeur se juge à la *corrélation sémantique* qu'il permet d'établir entre des phrases françaises et toutes les phrases indigènes possibles, dont le nombre est infini. La phrase française correspondant à une phrase indigène donnée ne sera pas nécessairement unique, mais encore faut-il qu'elle soit « unique » dans les limites reçues d'une synonymie entre deux ou plusieurs phrases françaises, et réciproquement. Bien que

l'élaboration et la présentation d'une telle corrélation sémantique entre des phrases dépendent en fait d'analyses qui résol-
vent les phrases en éléments arbitrairement découpés que sont
les mots, c'est au niveau de la phrase entière que se situe la
justification de leur synonymie. Cette justification repose sur
un certain nombre de significations stimuli dont la concordance est attestée; sur des synonymies intra-subjectives et sur
d'autres points d'acquiescement ou de dénégation.

Mais alors que la corrélation sémantique épuise les phrases
indigènes, les preuves qui étayent cette corrélation n'autori-
sent nullement une traduction aussi universelle. Un nombre
considérable de corrélations sémantiques globales possibles
pourraient donc s'autoriser des mêmes preuves. Si l'ethnologue arrive à faire son choix personnel sans éprouver
l'impression d'arbitraire, c'est qu'il est lui-même limité dans
le nombre de corrélations qu'il est capable d'établir. Car il
n'est pas libre d'attribuer des phrases françaises à l'infinité de
phrases indigènes selon toutes les combinaisons infinies qui ne
sont pas exclues par le donné limité dont il dispose. Tout ce
qu'il peut faire c'est de les distribuer d'une certaine manière
qu'il puisse concevoir et exposer systématiquement en utilisant son propre découpage du parler indigène en éléments
insécables et récurrents. Le mot à mot est la seule méthode
praticable pour l'ethnologue qui veut arriver à préciser son
système de corrélation sémantique, ou qui veut même s'en
constituer un.

C'est par les hypothèses analytiques qu'il échafaude que
l'ethnologue en arrive à formuler ouvertement ou implicitement la grande hypothèse synthétique qui couronne l'édifice,
et qui est celle d'une corrélation sémantique générale des
phrases. Les preuves à l'appui, pour autant qu'il y ait des
preuves, sont les mêmes, qu'il s'agisse de la corrélation séman-

tique ou des hypothèses analytiques. Dans l'ordre chronologique, les hypothèses analytiques interviennent bien avant que tous les témoignages soient rassemblés. Toutes les preuves qui se présentent après viennent corroborer la valeur du premier lexique. Mais quelle que soit la quantité de données linguistiques indigènes amassées avant ou après la formulation des hypothèses, il reste que la traduction de la plupart des phrases indigènes ne peut jamais être étayée que de place en place, à la façon d'un pont suspendu : leur traduction ne ressort des hypothèses analytiques que lorsqu'on utilise celles-ci au-delà des points d'appui qui les soutiennent. Que les traductions puissent s'étendre indéfiniment de proche en proche sans rencontrer de résistance ne peut être considéré comme une preuve expérimentale de la qualité du travail du lexicographe, puisqu'elles sont invérifiables.

Force nous est donc d'admettre que les hypothèses analytiques de traduction (et la grande hypothèse générale en quoi elles se résument et culminent) ne sont des hypothèses que dans un sens très incomplet du mot. Comparons le cas de la traduction de « Gavagai » par « Tiens, un lapin » qui nous est dictée par une identité observable de signification stimulus. C'est là le type même d'une hypothèse véritable, tirée de l'observation d'échantillons, qui peut être vraie ou fausse. « Gavagai » et « Tiens, un lapin » ont leurs significations stimuli pour l'indigène et l'ethnologue, et ces significations sont les mêmes ou différentes, même si nous ignorons leur identité ou leur différence. De l'autre côté, par contre, quel sens donner à l'identité de signification des mots que l'on cite dans l'hypothèse analytique ? Ce n'est pas que nous ne sommes pas sûrs de la vérité de l'hypothèse analytique, c'est plutôt qu'il n'y a même pas quelque chose sur quoi on puisse

avoir raison ou se tromper, comme c'était le cas pour
« Gavagai ».

La méthode qui part des hypothèses analytiques consiste à
se catapulter dans le langage indigène au moyen de l'énergie
fournie par sa propre langue, par la force de la vitesse acquise.
Ou si l'on veut encore, c'est une façon de greffer sur le vieux
buisson domestique assez de rejetons exotiques pour que de
loin seul l'exotique frappe les yeux. Les phrases indigènes qui
ne présentent pas un sens neutre se trouvent ainsi traduites
provisoirement par des phrases familières, sur la base, en
fait, d'une apparente similitude fonctionnelle dans les deux
langues. Ces relations de similitude ne peuvent pas être considérées comme les significations de ces phrases, car elles
manquent d'unicité objective. Et de toute façon, le rapport de
similitude s'affaiblit au fur et à mesure qu'on s'écarte du centre
observable et qu'on s'évade vers la périphérie des phrases
théoriques. Qui oserait essayer de traduire en langue indigène
« Les neutrons n'ont pas de masse » ? S'il fallait absolument le
faire, ce serait au prix de néologismes, ou d'entorses à l'usage.
Le traducteur peut bien alors plaider les circonstances atté-
nuantes et arguer que les indigènes manquent de mots pour
exprimer ces concepts ou qu'ils ne connaissent pas assez de
physique. Il a raison, mais on peut aussi rendre compte de son
échec d'une autre façon. Les hypothèses analytiques, dans leur
emploi le plus légitime, ne sont que des procédés par lesquels,
indirectement, nous forçons l'analogie entre des phrases qui
ont cédé à l'effort de la traduction et les phrases qui ont résisté
à cet effort ; et une phrase comme « Les neutrons n'ont pas de
masse » se trouve très au-delà des prolongements normaux des
hypothèses analytiques, au point qu'ils sont trop confus pour
être de quelque utilité.

Le continuum linguistique peut faciliter la traduction, par exemple de l'espagnol au français, ou grâce à une même appartenance aux dialectes germaniques (voir § 1); et de même, un certain continuum des valeurs culturelles a pu faciliter la traduction du hongrois en français. L'absence de solution de continuité, linguistique ou culturelle, entre deux langues encourage une illusion de l'esprit quant à la réalité de ce dont il parle (*subject matter*); illusion qui fait croire que les phrases dont nous nous servons et qui se traduisent si facilement d'une langue à l'autre, se correspondent ou même incarnent sous des enveloppes diverses une même proposition possédée en commun par plusieurs milieux culturels et qui en serait la signification véritable; alors qu'il s'agit au contraire de variantes insignifiantes d'un verbalisme intraculturel unique. Seule la discontinuité radicale des traductions d'idiomes indigènes met véritablement nos significations à l'épreuve, les oppose à l'enveloppe verbale qui les contient, ou, mieux encore, nous fait découvrir que cette enveloppe est vide.

En dehors des significations stimuli, il y a si peu de base pour une traduction radicale, qu'il est impossible de dire dans quelle mesure le succès de nos hypothèses analytiques est dû à une similitude véritable entre la mentalité primitive et la nôtre, à notre talent linguistique, ou au simple hasard des coïncidences. La question présente-t-elle même un sens? Je n'en suis pas sûr. On pourra, tour à tour, s'émerveiller devant les mystères insondables de l'âme indigène, ou s'étonner de trouver son esprit si semblable au nôtre. Ce sera, dans un cas, que nous aurons « loupé » les traductions les plus heureuses, et dans l'autre que nous nous serons mieux débrouillés pour introduire nos propres concepts dans sa langue, en traduisant.

Usener, Cassirer, Sapir et, plus récemment, B.L. Whorf, ont souligné tour à tour que les profondes différences qui séparent les langues reflètent en fin de compte les différences qui séparent les manières de penser, de concevoir le monde. Je préférerais ne pas présenter les choses de telle façon qu'on pût croire que certaines propositions philosophiques sont affirmées dans une culture et niées dans une autre. Ce qui se présente, en réalité, c'est la difficulté d'établir une corrélation quelconque entre ces deux cultures, ou le caractère indéterminé de cette corrélation. La corrélation devient difficile ou impossible à établir parce que la base de comparaison s'amenuise au fur et à mesure que nous nous éloignons de nos battues familières, et des phrases conditionnées directement et de façon visible par des stimuli non-verbaux. Il devient alors bien difficile de dire ce qui est une bonne traduction et ce qui n'en est pas.

5. Éléments porteurs de vérité

J'ai déjà émis l'hypothèse (voir § 1) qu'une des considérations qui protègent la notion de signification de toute critique est de caractère négatif : à savoir que la signification est, tout compte fait, une notion moins nocive que celles qu'elle remplace. On peut ajouter qu'elle trouve un renfort positif dans les besoins auxquels elle est censée répondre. Nous pouvons prendre pour exemple la notion subsidiaire de *proposition*, considérée comme exprimant la signification d'une phrase. Les propositions semblent répondre à un besoin en tant que porteuses de vérité. Examinons un instant la nature de ce besoin.

La vérité, en ce qui concerne la majorité de nos phrases énonciatives, est un caractère passager et récurrent. « La porte est ouverte » prend une valeur positive ou négative de vérité selon les mouvements de la porte. Qui pis est, la même phrase peut être simultanément vraie dans la bouche d'un sujet et fausse dans la bouche d'un autre. C'est le cas par exemple pour « La porte est ouverte » quand cette phrase est prononcée par plusieurs sujets, dans des maisons différentes. Dans l'ensemble, on ne peut donc pas considérer la vérité d'une phrase comme un caractère passager de la phrase elle-même : il faut ajouter caractère passager d'une phrase donnée pour un sujet déterminé.

Ce caractère de relativité par rapport aux temps et aux personnes peut devenir gênant en raison même des précisions supplémentaires qu'il nous oblige à apporter constamment. C'est sans doute une des raisons pour lesquelles les philosophes ont de tout temps cherché à remplacer les phrases par des propositions considérées comme éléments porteurs de vérité sans autre spécification. Après quoi, ils parlent de la phrase comme exprimant tantôt telle proposition tantôt telle autre, pour tel ou tel sujet, tout en admettant que chaque proposition en tant que telle reste vraie ou fausse en soi, et non relativement à telle ou telle personne.

Les propositions peuvent donc être prises comme significations de phrases d'un type particulier – que j'appellerai si l'on veut les *phrases éternelles* – dont la valeur de vérité demeure stable en tout temps et quel que soit le sujet qui l'emploie. Car, assurément, pour les autres phrases comme « La porte est ouverte » ou « J'ai mal au pied », on doit bien considérer que la *signification* ne change pas, même si en fait la phrase exprime une proposition différente pratiquement à chaque circonstance d'emploi. Toute occasion de prononcer une phrase, ou presque, est censée correspondre à une proposition, que la phrase exprimerait, et toute phrase est censée avoir une signification. Mais il faut bien admettre que seules

les phrases dites éternelles auront une signification qui constituera la proposition.

Les phrases éternelles sont, parmi les phrases perdurables, celles qui se situent tout à fait à la périphérie par rapport au noyau de phrases occasionnelles. Elles comprennent non seulement les lois intemporelles des mathématiques et les lois temporellement universelles des sciences physiques et naturelles, mais encore le récit d'événements historiques. Le seul point qui compte est que leur valeur de vérité soit à l'abri des vicissitudes individuelles ou temporelles. On peut donc s'attendre à ce que les phrases éternelles ne contiennent pas de mots *indicateurs* tels que « je » ou « tu », « ici » ou « là », « maintenant » ou « alors », et à ce que les flexions temporelles des verbes ne subissent ni n'imposent de changements dans les termes de référence, d'une circonstance d'emploi à l'autre. Ces phrases ne contiendront pas même de prénoms comme « Jean » ou « Marie », sauf accolés à des noms de famille qui en restreignent le sens, ou à un signalement ; ni de mots ambigus, à moins que leur ambiguïté n'entraîne pas d'équivoque dans la valeur de vérité de ces phrases d'une circonstance d'emploi à la suivante.

La notion de proposition, et d'une façon plus générale celle de signification, sont d'une obscurité insupportable en raison du problème de l'individuation : quelles phrases pourront à coup sûr se dire synonymes ? Pour les phrases occasionnelles, nous avions trouvé une réponse dans l'identité intra-subjective de signification stimulus (voir § 3). Mais cette définition ne s'applique qu'aux phrases occasionnelles, qui sont précisément celles dont s'éloignent le plus les phrases dont la signification peut s'identifier aux propositions exprimées. De toute façon, il paraît terriblement vain de parler d'une façon générale de propositions ou de significations de phrases comme si l'on pouvait éliminer le caractère particulier de la langue dans laquelle ces propositions ou ces phrases sont formulées (voir § 4). Et si nous ne tenons pas absolument à ce que les propositions soient totalement indépendantes d'une langue déterminée, alors pourquoi ne pas parler directement des phrases éternelles correspondantes? Au lieu de dire qu'une phrase non-éternelle *P exprime* tantôt une *proposition* tantôt une autre pour tel ou tel sujet parlant à tel ou tel moment, nous pourrions dire tout aussi bien que *P* est *remplaçable* selon les cas, tantôt par telle *phrase éternelle*, tantôt par l'autre, selon le sujet et le moment. Par «remplaçable» nous voulons dire que les besoins particuliers auxquels correspondait la phrase remplacée se trouvent remplis de manière satisfaisante par la phrase éternelle qu'on lui substitue. La relation est vague, sans doute, mais pas plus vague que celle qui se trouvait impliquée dans la formulation propositionnelle; et elle nous épargne d'approfondir le mystère de la nature et de l'individuation des propositions.

En abandonnant les propositions en faveur des phrases éternelles, nous prenons pour admis que chaque phrase prononcée, vraie ou fausse selon les cas, correspond à une phrase éternelle qui peut servir les mêmes fins. On estimera peut-être la chose peu vraisemblable, si l'on réfléchit que la phrase d'où l'on part contient des mots indicateurs, alors que la phrase éternelle à quoi l'on aboutit n'en contient pas. Deux remarques peuvent servir à nous redonner confiance. La première est que la phrase éternelle n'est pas supposée synonyme de la phrase de départ. Les noms, les dates que la phrase éternelle contiendra ajoutent un certain nombre de renseignements présents dans le contexte original de la phrase de départ et dans l'esprit de celui qui la prononçait, mais non dans cette phrase elle-même. Il arrivera souvent que celui qui aura formulé la première phrase soit appelé à formuler la phrase éternelle correspondante ou à l'approuver. Il est assez bon juge pour décider si la paraphrase répond à ses fins du moment.

La seconde remarque, c'est que rien ne nous pousse à croire que les noms et les dates que l'on introduit dans la phrase éternelle aient pu eux-mêmes à l'origine être compris sans l'aide de mots indicateurs. Tout ce qui nous importe est que ces mots indicateurs ne soient plus là pour introduire un facteur de variation de la vérité de la phrase, quand elle passe d'une bouche à l'autre.

Les propositions sont aux phrases ce que les attributs sont aux termes généraux. Ainsi, de même que l'on dira d'une phrase qu'elle exprime tantôt une proposition tantôt l'autre pour tel ou tel sujet, à tel ou tel moment, on pourrait dire d'une complétive, d'un adjectif, ou d'un terme général, qu'il exprime tantôt un attribut, tantôt l'autre, selon le sujet et le moment. Les attributs seraient donc considérés comme les significations de certains termes généraux : c'est-à-dire ceux de ces termes qui sont éternels, dans un sens analogue au sens où nous avons parlé des phrases éternelles tout à l'heure. Mais la notion d'attribut se heurte aux mêmes objections que celle de proposition. On retrouve le même problème de l'individuation, et la même raison d'hésiter à parler d'une façon générale de signification, sans introduire une certaine relativité par rapport à une langue déterminée. Et la solution qui s'offre est la même : elle consistera à parler des termes non-éternels, non pas comme exprimant tantôt un attribut tantôt l'autre, mais comme remplaçables tantôt par un terme éternel et tantôt par l'autre.

6. *Les attitudes propositionnelles et leur objet*

Un autre des besoins auxquels semblent répondre les propositions est de jouer le rôle de l'objet à quoi visent ce que Russell a appelé les *attitudes propositionnelles* : telles que penser, croire, douter, souhaiter, s'efforcer de, etc. Ici encore, devant le caractère totalement inintelligible de l'identité propositionnelle en particulier et de la notion de signification en général, on peut être tenté de se débarrasser des propositions et de tâcher de rendre compte des attitudes propositionnelles d'une autre manière.

Quand nous réussissions tout à l'heure à nous passer des propositions dans leur rôle traditionnel d'éléments porteurs de vérité, c'était en déléguant ce rôle à des phrases convenablement choisies. Les philosophes qui voudront se passer de même des propositions en tant qu'objets visés par les attitudes propositionnelles pourraient s'inspirer de cet exemple en cherchant à remplacer les propositions par des phrases. En gros, ceci revient à interpréter :

1) Tom croit que les pingouins volent

non plus comme affirmant une relation de croyance entre le sujet Tom et la proposition qui dit que les pingouins volent, mais comme affirmant une relation entre Tom et une phrase :

2) Tom croit-vrai « Les pingouins volent ».

Et ainsi de suite pour les autres attitudes propositionnelles.

Non pas que le sujet de l'attitude propositionnelle doive nécessairement parler le langage de la subordonnée, ni aucun autre langage. Libre à nous d'attribuer à la souris la peur du chat en disant que la souris croit-vrai « une certaine phrase ».

Cette manière de s'exprimer est artificielle sans pour cela être fausse.

Savoir où exactement, et d'après quels critères, il convient de tracer la ligne de démarcation entre ceux qui pensent ou qui souhaitent ou qui tentent que p, et ceux qui ne pensent pas ou ne souhaitent pas, ou ne tentent pas tout à fait que p, reste toujours chose malaisée et obscure. Cependant, à partir du moment où l'on admet qu'on peut parler de croyance en une proposition dans un sens quelconque, et que l'on peut parler d'une proposition comme ce qui est signifié par une phrase, alors on ne peut pas s'opposer à la reformulation sémantique que nous proposons : « w croit-vrai p » sous prétexte qu'elle est particulièrement obscure ; car « w croit-vrai p » est précisément ce que l'on veut dire quand on dit : « w croit en la proposition que signifie p ».

Reste, il est vrai, une certaine relativité par rapport à la langue employée, qu'il faut encore expliciter, comme Church l'a fait remarquer. Les citations sont des noms qui désignent purement et simplement les formes mises entre guillemets, et ceci quel que soit le langage auquel elles appartiennent. Qu'arrivera-t-il alors si par une coïncidence la forme citée en (2) prend un sens différent, dans un autre langage, du sens que nous lui prêtions ? La coïncidence, pour improbable qu'elle soit, n'est pas totalement exclue : elle est même, pour Church, inévitable, puisqu'il prend en considération non seulement toutes les langues existantes, mais toutes les langues possibles. Il nous faut donc corriger (2) et dire :

3) Tom croit-vrai en français « Les pingouins volent ».

Mais une difficulté demeure encore, d'après Church, qui s'oppose fondamentalement à ce que nous traitions ainsi les objets des attitudes propositionnelles comme des formes linguistiques. La traduction en allemand de (3) pourrait s'écrire – à l'élégance près :

4) Tom glaubt wahr auf Französich « Les pingouins volent ».

Et pourtant un Allemand ignorant du français ne retirera pas de (4) au sujet de Tom le même renseignement qu'il obtiendrait d'une traduction complète de (1) en allemand. Et puisque (4) reproduit le sens de (3) il faut bien que (3) laisse de côté quelque chose du sens de (1).

Je ne suis pas frappé par un tel argument parce qu'il repose sur la notion d'identité de signification. Or c'est précisément parce que nous éprouvions certains doutes sur la validité de cette notion que nous avons voulu tout d'abord nous débarrasser des propositions. Il est vrai que je ne puis à la fois rejeter l'argumentation de Church en raison de l'appel qu'il fait de l'identité de signification, et soutenir que (3) est semblable à (1) par la signification. Mais ce n'est pas l'identité de signification que je vise. Il suffirait de dire par exemple que (3) répond à tout ce que l'on peut raisonnablement attendre de (1).

Et cependant je dois avouer que (3) et toute sa suite ne me satisfont guère. D'abord il y a la gêne indiscutable que l'on éprouve à ce qu'une souris craigne qu'une phrase soit vraie. Le fait de prendre les formes linguistiques comme objets des attitudes propositionnelles est en soi assez artificiel et par là même peu engageant. On répugne encore davantage à devoir introduire à toute force la notion d'une langue ; car la formule sous-jacente de (3) est « w croit vrai p en l » – formule qui met en relation trois variables, un homme, une forme linguistique, et une langue. Or qu'est-ce qu'une langue ? Quel degré de fixité devons-nous lui attribuer ? À quel moment cessons-nous d'avoir une langue et sommes-nous devenus bilingues ? Les attitudes propositionnelles sont déjà assez vagues par elles-mêmes sans que nous entassions obscurité sur obscurité en introduisant tout le reste.

Il y a une attitude à la fois plus simple et plus saine. Elle consiste à accepter telle quelle la version (1) et à bannir le problème de l'identité des propositions en bannissant l'emploi des termes propositionnels (ou de subordonnées complétives) en tant que termes d'équations. Ceci revient à bannir les propositions comme objets, et pourtant à les bannir en tant que valeurs de variables dans une équation quantitative. Cela veut dire que l'on renoncera en fin de compte à ce que les attitudes propositionnelles aient littéralement parlant des propositions pour objets, et que l'on ne considérera plus les verbes d'attitude propositionnelle comme des termes généraux relatifs. (1) cesse d'être interprété comme étant la forme de Fab où $a = $ Tom, et $b = $ que les pingouins volent. (1) continue plutôt à appartenir à la forme « Fa », avec une interprétation complexe de F. Les subordonnées complétives cessent de compter comme des termes singuliers et deviennent simplement des modes d'englobements irréductibles de phrases dans des termes généraux complexes qui attribuent à chacun l'attitude propositionnelle qui lui convient.

Nous nous trouvons en présence d'un agrégat confus de notions qui sont sans rapport les unes avec les autres, et dont le rapprochement engendre un faux sentiment de sécurité. Il y a d'abord la notion mal fondée de signification, en tant que chose que les mots transportent et que la traduction conserve. Ensuite, nous trouvons la notion mal fondée ou le besoin supposé de propositions, en tant qu'éléments porteurs de vérité. En troisième lieu, nous trouvons la notion de propositions en tant qu'objets d'attitudes propositionnelles. L'illusion de sécurité provient de ce qu'il semble qu'il s'agit là de trois manifestations d'une même idée fondamentale, et d'une idée que nous présumons juste parce que nous la trouvons si utile. En fait, ce que nous avons là n'est que l'effet de convergence de fonctions séparées, où se trouvent chaque fois des difficultés. Si l'on considère la traduction, nous voyons que la notion de signification n'est qu'une généralisation insoutenable qui s'appuie sur un petit noyau de sens que l'on trouve dans les significations stimuli des phrases occasionnelles. Si l'on regarde les propositions en tant qu'éléments porteurs de la vérité, c'est encore gratuitement dans la mesure même où il existe des phrases dont ces propositions sont les significations. Enfin, considérées en tant qu'objets des attitudes propositionnelles, les propositions n'ajoutent rien qu'une source de confusion nouvelle à ce que nous avons déjà quand nous acceptons simplement la subordonnée complétive introduite par « que » comme une construction non référentielle. La notion qu'il puisse y avoir quelque manière de proposition fixe ou de signification à laquelle les sujets individuels s'exprimant dans des langues différentes soient reliés par les attitudes propositionnelles va rejoindre la doctrine d'une signification linguistiquement neutre que je me suis efforcé de réfuter en tirant argument de la non-univocité de toute traduction radicale.

Toutes proches des attitudes propositionnelles, sont ce qu'on pourrait appeler les attitudes attributives – chercher à, manquer de, aspirer à, etc. Prenons par exemple la chasse. La chasse au lion n'est pas, comme la capture du lion, une transaction entre l'homme et le lion, car on peut chasser le lion sans qu'il y en ait. Nous pouvons analyser la capture d'un lion, la capture d'un lapin, etc. et trouver une relation commune de capture avec pour seule variante l'animal capturé. Mais en est-il de même de la chasse au lion, de la chasse au lapin, etc.? Si l'on peut trouver une relation commune, les objets variables de la relation ne peuvent évidemment pas être considérés comme des individus mais comme des espèces. Et cependant non pas encore comme des espèces aux sens de classes, car la chasse à la licorne cesserait ainsi de se distinguer de la chasse au griffon. Des espèces plutôt au sens d'attributs. Voici donc une nouvelle preuve apparente de l'utilité du concept de significations. Mais cette fois les significations dont il est question ne sont pas des propositions, mais des attributs, ou significations des termes généraux.

Et cependant, tout ce qu'on a dit des propositions en tant qu'objets des attitudes propositionnelles s'applique *mutatis mutandis* aux attributs en tant qu'objets des attitudes attributives. Je veux bien que le rôle du mot « lions » ne soit pas le même dans « chasse les lions » que dans « capture les lions »; et je veux bien que ce ne soit pas non plus le rôle d'un nom générique; nous n'en sommes pas forcés pour autant de le traiter comme se référant à un attribut. De même que nous pouvons traiter « croit que p » comme un terme général complexe englobant une phrase, sans traiter la seconde partie « que p » comme désignant une proposition, de même nous pouvons traiter « chasse les lions » comme un terme général complexe englobant un autre terme général, sans traiter la seconde partie « les lions » comme désignant un attribut. « Chasse » comme « croit » peut se voir tout simplement refuser le titre de terme relatif, et « lions » comme « que *p* » être traité dans des contextes analogues comme non-référentiel.

7. *Drame et* Einfühlung

La fâcheuse tendance à accepter les propositions et les attributs en tant qu'objets d'attitudes propositionnelles et attributives explique peut-être pourquoi on n'a pas réussi à voir les formules où s'exprime l'attitude propositionnelle ou attributive telles qu'elles sont : c'est-à-dire à les interpréter comme des formes de projection subjective, d'expression essentiellement dramatique, qui font un contraste parfait avec l'esprit de la science objective. On saisira mieux ce point en comparant les procédés du style indirect (qui rejoint tout à fait les attitudes propositionnelles) avec ceux du style direct. Quand nous ouvrons les guillemets, nous nous contentons de rapporter un incident physique. Dès que nous rapportons indirectement les propos de quelqu'un, nous y ajoutons quelque chose de notre cru, en nous mettant à sa place et en disant ce qui nous vient naturellement aux lèvres, dans notre propre langage, dans l'état d'esprit ainsi feint. Il est tout à fait intéressant de noter qu'il n'existe aucune règle fixant dans quelle mesure nous pouvons légitimement altérer les propos de quelqu'un lorsque nous utilisons le style indirect ; ce qui est en question n'est pas un rapport objectif mais une sorte de mimétisme, d'*Einfühlung*, dans lequel intervient l'art de recréer un état d'esprit, qui est littérature.

La même remarque vaut pour toutes les locutions qui affirment des attitudes propositionnelles : non pas seulement « dit que » mais « croit que », « souhaite que », etc. Les preuves que nous pouvons tirer du comportement d'un homme pour appuyer nos dires concernant ses croyances, ses espérances ou ses craintes se trouvent plus confuses et plus hétérogènes que celles sur lesquelles nous nous appuyons quand nous nous servons du style indirect pour rapporter ses propos, voilà tout. Mais c'est insuffisant pour que l'élément de projection mentale qui se retrouve dans toutes les attitudes propositionnelles apparaisse plus clairement dans le style indirect. À cela près, les attitudes propositionnelles se ressemblent en ce qu'elles impliquent toutes une projection subjective, et qu'elles diffèrent toutes, par là même, de l'attitude objective qui caractérise l'esprit scientifique. C'est dans cet esprit que nous pouvons enregistrer tout le comportement, verbal ou autre, qui peut sous-tendre les imputations que nous formons des attitudes propositionnelles de quelqu'un et nous pouvons poursuivre aussi loin que nous voudrons dans le même esprit la recherche spéculative des causes et des effets de ce comportement, mais tant que nous ne changerons pas de Muses, les procédés d'expression des attitudes propositionnelles ne trouveront pas leur place, en raison même de leur caractère essentiellement dramatique.

Les temps du conditionnel irréel offrent un autre exemple de projection dramatique analogue à celle qu'on trouve dans les attitudes propositionnelles. Nous feignons de croire à l'antécédent pour nous projeter dans le conséquent. Ce qu'il convient de conserver du réel dans l'irréel dépend du but que se propose l'affabulation et ne peut se deviner qu'en interprétant les intentions de celui qui propose la fable. Prenons par exemple ces deux phrases (tirées de Goodman, ou peu s'en faut) :

> Si César était au pouvoir, il utiliserait la bombe A.
> Si César était au pouvoir, il utiliserait les catapultes.

Nous avons plus de chance d'entendre la première, mais simplement parce qu'il y a plus de chances qu'elle cadre avec la thèse que l'orateur chercherait à dramatiser.

De même qu'il n'existe pas de règle générale pour traduire le style indirect en style direct, bien que chaque propos rapporté corresponde chaque fois, s'il est fondé, à une phrase parlée, de même il est impossible d'espérer trouver un équivalent général satisfaisant du conditionnel en termes positifs et réels, bien, que chaque cas particulier nous offre d'ordinaire la possibilité de reformuler l'essentiel du sens d'une manière assez directe.

Il existe des degrés de vraisemblance dans le conditionnel irréel, qui le rapprochent sur certains points de l'esprit scientifique. Sous l'aspect le plus favorable, il cristallise dans un suffixe qui permet de former des termes indiquant une propriété, comme « soluble ». Dire qu'un corps est soluble (dans l'eau) en un temps t [c'est dire qu']il fondrait dans le même temps t; ce conditionnel n'a rien du caractère aberrant des exemples de César, pour la bonne raison que la seule chose qui compte dans ce nouvel exemple c'est une certaine structure moléculaire du corps. « Soluble » est un terme général qui se marie tout à fait légitimement avec les autres termes généraux dont se sert la physique théorique, et qui oublie les origines lointaines de sa formation étymologique dans le drame du conditionnel. Bien d'autres conditionnels irréels peuvent se plier de la même façon aux exigences d'un système scientifique, même sans qu'il soit besoin de les encapsuler dans un adjectif. Lorsque le cas se produit, nous les acceptons au même titre que les autres termes scientifiques, sans pour cela accorder le moindre caractère objectif au conditionnel irréel en tant que construction. Moyennant quoi les autres conditionnels irréels continuent à vagabonder librement dans la brousse, en dehors des limites de la plantation scientifique, gibier offert éventuellement à la capture et à la domestication.

J'ai émis l'hypothèse qu'une des raisons de la persistance de la notion de signification est que les significations (propositions, ou attributs) paraissent nécessaires en tant qu'objets des attitudes propositionnelles et attributives. Les expressions par quoi s'affirment ces attitudes résistent, comme chacun sait, à tout effort de paraphrase systématique en termes physiques ou en termes de comportement, et l'on s'efforce à tort de pallier ces difficultés en invoquant les prétendues notions sous-jacentes de proposition et d'attribut. Le fait que les difficultés qu'entraînent les temps du conditionnel dans lequel la notion de signification intervient peu ou prou, ressemblent de façon si frappante aux difficultés que nous éprouvons devant les attitudes propositionnelles, devrait nous donner à réfléchir. Le conditionnel irréel nous rappelle étrangement la vieille doctrine de l'essence et de l'accident mais non, par contre, celle de la signification. Or les attitudes propositionnelles apparaissent sous leur jour véritable lorsque nous rapprochons ces attitudes de nos conditionnels irréels en liberté, abandonnant par là même la notion de signification, comme nous avons abandonné la notion d'essence. Tout ce que ces expressions comportent d'aberrant et d'imprévisible devient explicable, lorsque nous mettons en évidence leur caractère dramatique ou emphatique.

Non que je vous propose de bannir toutes les expressions qui traduisent une attitude propositionnelle ou attributive, pas plus d'ailleurs que le conditionnel irréel. Nous ne saurions nous en passer. Même le style indirect, en dépit du choix toujours possible de la citation littérale et directe, reste indispensable. Car cette *Einfühlung* est un auxiliaire précieux pour la mémoire. Nous avons tendance à oublier les propos exacts et à nous souvenir tout juste assez de ce qui a été dit pour en parler au style indirect. Mais les propos ainsi rapportés au style indirect n'en constituent pas moins une entorse irréductible à la vérité des faits, une entreprise littéraire en opposition directe avec l'esprit scientifique. Et de même pour les autres attitudes propositionnelles et attributives. Comme tous les mots indicateurs, et le cas général du conditionnel irréel, ces expressions n'ont pas beaucoup leur place dans le langage de la science théorique, alors qu'elles tiennent une place énorme dans la conversation de tous les jours. Il ne s'agit pas de les exclure ni de les réformer, encore moins de poser des propositions et des attributs théoriques pour leur servir d'objets.

La notion de signification semble acceptable parce qu'elle est moins absurde que les notions qu'elle a remplacées. Elle semble acceptable en outre en raison de ses bons services, services qu'on lui attribue ou qu'on attend d'elle comme élément support de la vérité et comme objet visé par les attitudes propositionnelles et attributives. Mais en fait, cette notion de signification est comme un feu follet qui s'évanouit dès qu'on veut le saisir : les bons offices qu'on lui attribue ou qu'on en espère reposent sur des erreurs d'imputation et de faux espoirs. La compréhension philosophique a tout à gagner d'une limitation de l'usage que nous ferons de cette notion de signification aux seuls cas ou contextes dans lesquels nous pouvons lui attribuer un sens en toute conscience ; et ces emplois sont extraordinairement peu nombreux.

GARETH EVANS

LE MODÈLE PHOTOGRAPHIQUE

Présentation, par Valérie Aucouturier

« Le modèle photographique » est un extrait de l'ouvrage central de Gareth Evans (1946-1980), *The Varieties of Reference*[1], édité de manière posthume par son ami John McDowell. L'un des objectifs de cet ouvrage est de montrer qu'il n'y a pas un seul modèle possible de la référence, mais que la manière de référer dépend entre autres de la situation du locuteur par rapport à l'objet de la référence (elle sera, par exemple, démonstrative s'il s'agit d'un object saisissable dans l'environnement immédiat). Evans entend également, à travers cet examen des diverses sortes de références, défendre ce qu'il appelle le « Principe de Russell », selon lequel un individu ne pourrait penser à un objet s'il n'en a pas une connaissance discriminante. Evans ne pense pas que les mots ont en général un sens descriptif mais il estime les critiques faites à Russell (notamment les approches causales

---

1. G. Evans, *The Varieties of Reference*, Oxford, Oxford UP, 1982.

de la référence héritées de Kripke, ici désignées comme représentants du « modèle photographique ») trop simplistes et insatisfaisantes [1].

Dans cet extrait de *The Varieties of Reference*, Evans critique l'assimilation abusive que certains philosophes ont pu effectuer du modèle kripkéen des rapports entre l'objet et la pensée (la théorie causale des noms) à ce qu'il appelle « le modèle photographique ». L'enjeu du débat réside dans l'opposition entre une théorie descriptive des noms (comme chez Frege et Russell) et une théorie causale des noms (inspirée de Kripke). Les objections de Kripke à l'encontre de la théorie descriptive qui intéressent Evans sont les suivantes : premièrement, il existe des cas où nous employons des noms sans nous référer de manière discriminante à un objet ou avec une fausse référence en tête ; deuxièmement, nous pouvons nous référer à un individu et même avoir des croyances à son propos, sans pour autant être capables de le distinguer des autres.

Evans estime que ce défi à ce qu'il appelle le « Principe de Russell » a été considéré à tort comme une réfutation de celui-ci par de nombreux philosophes héritiers de Kripke, alors même que les prétentions de ce dernier n'étaient pas telles. En effet, Kripke estime même que ces objections se limitent à quelques cas particuliers et que la plupart du temps, lorsque nous pensons à un objet, nous avons certaines conceptions discriminantes de cet objet, nous avons une certaine idée de ce que serait être tel ou tel pour cet objet.

Pour Evans, on ne peut réfuter la théorie russellienne à partir de simples considérations sur le langage ordinaire, mais

---

1. *Cf.* le texte de S. Kripke, dans *Philosophie du langage*, vol. II, Paris, Vrin, à paraître.

une véritable réfutation de cette théorie doit nécessairement se situer dans un paradigme adéquat, c'est-à-dire une théorie du langage. Ainsi, ce qui est abusif de la part des philosophes se réclamant de Kripke pour réfuter Russell, est qu'ils s'appuient, à tort, sur les remarques de Kripke et amplifient leur portée afin de construire leurs propres théories.

Le problème, selon Evans, est que cette réappropriation abusive du modèle kripkéen a donné lieu à un certain nombre de théories du mental vides et inadéquates. Ces théories qu'il critique ont repris les noms génériques de « théories causales de la référence » ou d'« explications historiques de la théorie de la référence ». Ces théories affirment que le lien qui existe entre un nom (en particulier, chez Kripke, un nom propre) et sa référence est un lien causal. La référence du nom est alors déterminée par l'histoire de ses usages depuis le premier baptême. Par exemple, si Kripke n'avait jamais proposé de critiquer la théorie descriptive des noms de Russell, il n'en serait pas moins Kripke, ce qui ne serait pas le cas si la description définie « le philosophe qui a fait ceci ou cela » faisait partie de la signification de « Kripke ». Ainsi, contrairement à la théorie descriptive des noms selon laquelle la signification de « Kripke » correspond à la description définie (telle que « celui qui a réfuté le Principe de Russell »), la référence d'un nom n'a pas à se limiter à une seule description définie, mais s'étend à l'histoire des usages de ce nom. Ainsi, un nom se réfère de manière rigide au porteur de ce nom auquel il est lié causalement, indépendamment de tout fait particulier concernant le porteur, et dans tous les mondes possibles.

Ce que Evans reproche à ces philosophes « arrivistes » est en fait de confondre cette théorie causale de la référence avec ce qu'il nomme « le modèle photographique ». D'après le modèle photographique, un état mental ne représente un objet

A en tant qu'il est *a* que si *A* en tant qu'il est *a* est un antécédent causal approprié de l'état mental en question. C'est-à-dire que les représentations qui constituent les antécédents causaux d'un état mental suffisent à déterminer quel objet est représenté par cet état, à la manière dont on peut déterminer, à partir d'une ascendance causale, de quel objet une certaine photographie est l'image. Ceci constituerait une violation directe du principe de Russell, puisque d'après ce modèle, il serait possible de penser un objet sans en avoir une connaissance discriminante. Le lien causal ne dépendrait donc plus de l'histoire de l'usage d'un nom, mais de facteurs psychologiques représentationnels de l'individu. Or Evans rappelle précisément que, selon Kripke, pour être un « désignateur rigide », le nom ne doit pas nécessairement dépendre d'une quelconque représentation.

Choix de traduction :

1) *name-user* a été traduit par « celui qui emploie un nom » ;

2) le verbe *use* a été traduit par « employer », mais le nom *use* par « usage » ;

3) *utterance* a été traduit par « énoncé ».

LE MODÈLE PHOTOGRAPHIQUE *

Rien de ce que nous avons dit plus haut ne peut, à proprement parler, être considéré comme une critique de

---

* G. Evans, « The Photograph Model », dans *The Varieties of Reference*, Oxford, Oxford UP, 1992, p. 76-79, traduction V. Aucouturier.

Kripke. Il ne s'est pas vanté d'avoir renversé ce vénérable Principe[1]. Au contraire, lorsqu'il s'agit de la *croyance*, en tant qu'elle s'oppose au *dire* ou au fait de *se référer*, il expose ses positions avec beaucoup d'hésitation. En tout cas, il me semble que la question réside, en quelque sorte, en dehors de la ligne argumentative de Kripke. Cependant, les passages des leçons de Kripke auxquels nous nous sommes intéressés ont eu une influence considérable sur des travaux postérieurs concernant la pensée, les croyances, etc. – travaux que l'on pourrait qualifier, d'après le nom déjà donné par d'autres, d'études de la représentation mentale. Et je pense qu'il est raisonnable d'avoir certaines craintes quant à la forme que cette influence a pu prendre. J'en mentionnerai deux.

La première est implicite dans ce qui précède (3.3)[2]. Cependant, comme nous l'avons vu, ceci est loin d'être le cas ; nombre de philosophes ont simplement admis que Kripke a montré la fausseté du Principe de Russell. On a ainsi quasiment admis un changement réellement révolutionnaire dans notre manière de penser comment les pensées et d'autres états mentaux représentent certains objets particuliers, malgré

1. Il s'agit du « Principe de Russell », ainsi dénommé par Evans au début du chapitre III (3.1) de *Varieties of Reference*. C'est le principe selon lequel, d'après Russell, « pour avoir une pensée concernant un objet particulier, il faut nécessairement *savoir* à *quel* objet on est en train de penser » (*The Varieties of Reference*, p. 65 et 74). Autrement dit, il faut être capable de distinguer cet objet, dans sa singularité, de toutes les autres choses.

2. En (3.3) Evans résume brièvement les arguments de Kripke à l'encontre du principe de Russell et de la théorie descriptive des noms, et émet des réserves quant au fait que ses critiques puissent réellement constituer une réfutation de la théorie russellienne.

l'absence des arguments généraux ou théoriques que l'on aurait pu attendre en vue d'un tel changement [a].

Ma seconde crainte devra être plus développée, car elle exige que j'en dise un peu plus sur les propositions positives de Kripke concernant la question de savoir ce qui fait que l'énonciation – et, de manière contentieuse, la croyance – d'un ignorant qui emploie un nom concerne un objet particulier. Je n'avancerai ici aucune condition nécessaire et suffisante, mais voici l'idée générale : celui qui emploie un nom fait référence à un objet x en employant le nom a au temps t, si l'on peut tracer un chemin causal continu – à travers une série de liens préservant la référence, lorsqu'un locuteur passe, dans la limite de ses compétences, d'un nom à un autre – d'un événement – peut-être lointain dans le passé, lorsque le nom fut pour la première fois attribué à l'objet x (typiquement, un doublage) – à un autre événement (lors duquel le sujet a, pour la première fois, acquis l'usage de ce nom) – événement qui est un des antécédents causaux de l'usage qu'il fait de ce nom au temps t. (Il est dommage que Kripke ait choisi d'analyser la notion de cette façon, car ceci concatène deux questions habituellement distinctes : « En quoi consiste l'existence, dans une communauté C au temps t, d'une pratique consistant à employer des noms et par laquelle a réfère à x ? », et « Qu'est-ce, pour un locuteur, que participer à l'une des pratiques consistant à employer un nom existant dans une communauté, impliquant le nom a (et pas un autre) lorsqu'il prononce une phrase

---

a. L'abandon du principe d'identification au niveau du dire est une conséquence triviale de la distinction entre ce qu'on dit et la pensée qu'on a l'intention d'exprimer. Un tel abandon au niveau de la *croyance* ou de la *pensée* constituerait un changement tout à fait significatif. Or le second abandon a été pris pour le premier.

contenant le nom *a*?». J'essaierai de montrer [plus tard] les mérites qu'il y a à maintenir ces questions séparées.)

Pour le dire de manière abstraite, nous pourrions donc affirmer que Kripke suppose que les «propriétés représentationnelles» de l'*énoncé* de l'ignorant qui emploie un nom dépendent de l'existence d'une relation causale entre cet énoncé et un objet. Et, si, parlant de façon toujours aussi abstraite, on s'avance vers les passages les plus problématiques de ce qu'il propose, nous pourrions dire que, pour Kripke, les propriétés représentationnelles de la *pensée* de l'ignorant employant un nom – la pensée qu'il exprime par son usage du mot – dépend de l'existence d'une relation causale entre un état psychique et l'objet qu'il représente.

C'est donc cette idée – selon laquelle les propriétés représentationnelles de la *pensée* ou d'une *croyance* dépendent de leurs qualités causales – qui a inspiré ceux qui travaillaient sur la nature des croyances ou de la pensée. Car, de manière assez indépendante de Kripke, a émergé l'idée selon laquelle la causalité devait jouer un rôle important dans la détermination des objets concernés par nos pensées et nos croyances[b]. Très souvent, nos pensées concernant des objets reposent sur une *information* qui dérive causalement d'un individu : par exemple, une pensée démonstrative repose sur une information perceptive dérivée de quelque chose de perçu ; et, une autre sorte de pensée peut reposer sur une information acquise via le témoignage d'autres personnes, dérivant ultimement des actes et de la condition d'un objet particulier.

b. Voir D. Kaplan, «Quantifying In», dans D. Davidson and J. Hintikka (ed.), *Words and Objections*, Dordrecht, Kluwer Academic Publishers, 1975, p. 206-242.

Il est alors évident qu'il n'y a aucun sens à considérer que cette pensée « fondée sur l'information » ait un objet, à moins que celui-ci ne soit, en fait, la source même de l'information sur laquelle cette pensée repose. Peut-être que, trop impressionnés par le fait que le mot « causalité » était impliqué dans les deux cas, beaucoup de travaux dans ce domaine ont eu tendance à croire que le phénomène que Kripke prétendait avoir remarqué était essentiellement identique au phénomène qui les intéressait. Ainsi, parmi les philosophes enhardis par la volonté kripkéenne d'admettre que l'existence de certaines relations causales appropriées entre un état mental et un objet *suffit* à ce que cet état représente cet objet, une théorie qu'on pourrait appeler « Le modèle photographique de la représentation mentale » a émergé – théorie selon laquelle on soutient que les antécédents causaux de l'information comprise dans un état mental, comme la relation causale dont parle Kripke, sont suffisants pour déterminer l'objet concerné par cet état. (Le nom de « Modèle photographique » est adéquat puisque nous disons qu'une photographie est la photographie *d'*un objet plutôt que d'un autre sur la simple base de la relation appropriée entre un certain objet et son cliché.) Par exemple, il y avait peut-être deux cireurs de chaussures dans ma ville natale, bien que je n'aie à présent des souvenirs très précis que d'un seul d'entre eux. Dans une telle situation, je pourrais penser : « Je me demande ce qu'est devenu ce gentil cireur de chaussures ». Supposons que nous découvrions par la suite que, bien que j'ai bien connu les deux cireurs dans mon enfance, les informations que j'ai gardées en mémoire proviennent exclusivement du cireur *A*. La conséquence du modèle photographique sera que je pense au cireur *A*, bien que je n'aie aucun moyen de distinguer l'objet de ma pensée du cireur *B*[c].

Je suis à présent en mesure de parler de ma seconde crainte au sujet de la nature de l'influence des cours de Kripke sur des travaux postérieurs concernant la théorie des représentations mentales. Le modèle kripkéen expliquant la façon dont une pensée pourrait, au moins dans des cas particuliers, concerner un objet en vertu d'un lien causal avec cet objet (qui, pour être retracé exige qu'on retrace l'*histoire d'un nom*) est complètement distinct du modèle photographique – bien qu'il soit formellement analogue à celui-ci. Le modèle photographique s'applique à un très grand éventail de cas où il n'existe simplement pas de nom pertinent, et, lorsqu'on l'applique à des cas pour lesquels il faut déterminer la cause du nom ainsi que celle de l'information, il est évidemment possible que les deux théories fournissent des résultats contradictoires[d]. Pourtant, une tendance persistante à vouloir unifier les deux modèles fut une des conséquences de l'influence des cours de Kripke sur un grand nombre de travaux récents concernant la relation entre les pensées et les objets, soit qu'ils considèrent le modèle kripkéen comme étant, d'une manière ou d'une autre, un cas particulier du modèle photographique[e], ou, plus surprenant, qu'ils considèrent le modèle photographique comme un cas

c. Le modèle photographique sera plus amplement discuté au chapitre 4.

d. Voir la remarque de Kripke sur le «Père Noël», dans «Naming and Necessity», p. 300-302; voir aussi mon article «The Causal Theory of Names», *Aristotelian Society*, Supplementary Volume, XLVII, 1973; et la remarque subsidiaire de Kripke dans *Semantics of Natural Languages*, p. 768-769.

e. Par exemple, M. Devitt, «Singular Terms», *Journal of Philosophy*, LXXI, 1974, p. 183-205.

particulier du modèle de Kripke[f]. Les philosophes profes-
sionnels spécialistes de la synthèse, ou qui prennent le train en
route, ont inventé des noms pour cette théorie unifiée : « la
théorie causale de la référence » et « l'explication théorique
de la théorie de la référence ». Mais ces noms n'ont aucune
référence, le train pris en route ne mène nulle part.

f. Par exemple, G.H. Harman, « How to Use Propositions », *American Philosophical Quarterly*, XIV, 1977, p. 173-176.

Deuxième partie

LANGAGE, VÉRITÉ ET CONNAISSANCE

INTRODUCTION

La première partie du présent volume se consacrait à l'examen de deux propriétés du langage lui permettant de « parler du monde » ou de « dire quelque chose » à son propos ; elle le définissait ainsi par la propriété consistant à *référer* et celle consistant à signifier, chacune comprises sous des modalités diverses. Nous allons maintenant étudier comment ces deux propriétés sont liées à la question de la vérité et de la connaissance. Or il s'agit là encore de deux concepts entretenant un certain rapport au monde ou à la réalité. On approfondit ainsi l'idée que la réflexion sur le langage est aussi, en philosophie, une réflexion sur le monde et le rapport que nous pouvons entretenir avec lui – la connaissance que nous pouvons en prendre –, en tant qu'êtres dotés de parole.

Le caractère référentiel du langage permet souvent de déterminer la signification de ses énoncés en termes de conditions de vérité. L'énoncé « Le chat est sur le tapis » permet de référer à un certain état de choses (un chat sur un tapis) ; on peut dire que l'énoncé est *vrai* lorsqu'il est le cas qu'il y réfère. C'est pourquoi, traditionnellement, la philosophie analytique en est venue à considérer que la signification d'un énoncé pouvait s'analyser comme ses conditions de vérité, c'est-à-dire les conditions du monde qui, lorsqu'elles sont remplies (par exemple, le chat est bien sur le tapis), rendent vrai l'énoncé. Ainsi, la vérité pouvait être conçue comme se situant à l'intersection de la propriété consistant à référer et de celle consistant à signifier : un énoncé, en signifiant ce qu'il signifie, réfère au monde correctement lorsqu'il est vrai. De telle sorte qu'il fait correctement son travail lorsque la vérité peut lui être attribuée. Dans ce cadre, la portée du prédicat de vérité est clairement sémantique. C'est là une vision qui, en gros, est largement répandue dans la tradition analytique, mais qui peut amener à penser que, d'une certaine façon, le prédicat de vérité n'ajoute rien à ce qui est dit : l'énoncé « Le chat est sur le tapis » apparaît en effet vrai lorsque le chat est sur le tapis. Autrement dit, « vrai » vient seulement qualifier le fait que l'énoncé parle correctement du monde et peut, selon les conceptions « décitationnelles » popularisées par Quine après Tarski, être éliminable.

Strawson s'est élevé contre cette idée dans les années 1950, en soutenant que le prédicat de vérité n'est pas éliminable aussi facilement, puisque, en réalité, il qualifie une action réalisée au moyen de l'énoncé. Reprenant des idées empruntées à Austin, il considère ainsi que dire qu'un énoncé est vrai consiste à faire un énoncé performatif par lequel le locuteur s'engage pour la vérité de ce qui est asserté. Il s'agit plutôt, selon Strawson, de spécifier par le moyen du prédicat de vérité un usage – confirmatif – que d'asserter quelque chose ; autrement dit, sa portée ne serait pas sémantique mais pragmatique. C'est là tout l'enjeu du débat avec Austin dont cette deuxième partie témoigne : Austin refusera de considérer que l'usage du prédicat « vrai » ne sert à spécifier qu'un usage, craignant qu'on abandonne par là l'idée d'une vérité comme correspondance avec le monde dont le langage parle. Si, pour lui, la vérité n'est pas véritablement une propriété sémantique, elle reste une dimension d'évaluation de certains énoncés, considérés comme vrais au terme d'un jugement les mettant en corrélation avec l'état du monde en une occasion donnée.

Se jouent là bien plus que des questions linguistiques, puisque le débat entre Austin et Strawson porte en réalité sur la question du réalisme et du réel : il s'agit bel et bien de savoir de *quoi* l'on parle quand on utilise le langage, notamment quand on l'utilise pour dire des choses vraies. La question qui les occupe peut aussi se formuler de la manière suivante : de *quelle nature* est la référence de ce dont on parle ? Le débat portera ainsi sur la réalité des « faits », considérés par Strawson comme des entités extra-linguistiques s'interposant entre le langage et le monde, permettant de parler du monde d'une certaine façon. Austin proposera un réalisme plus « naturel », voulant que les faits dont on parle soient les choses du monde, individuées par le langage d'une certaine façon selon le contexte d'énonciation. On trouve là le réalisme inscrit dans la philosophie du langage ordinaire d'Austin : les mots parlent du monde, sans se confondre avec lui, parce que c'est à cela qu'ils servent dans certaines circonstances, tout spécifiquement quand ils sont vrais.

On le voit donc, analyser la signification et la référence du langage, pour ensuite se demander à quelles conditions celui-ci peut être qualifié de vrai, c'est comprendre que la philosophie du langage ne parle du langage que pour mieux comprendre le monde. Mais cette analyse du fonctionnement du langage pour comprendre le monde se complexifie plus avant lorsqu'on cherche à savoir, comme Dummett, à quoi correspond précisément la maîtrise d'un langage : que sait-on lorsqu'on parle un langage ?

Une réponse, typique depuis Frege, consiste précisément à dire que l'on maîtrise une langue quand on connaît la signification des mots qui la composent, c'est-à-dire quand on connaît les conditions de vérité des énoncés qu'ils forment. La propriété de signifier se spécifie ainsi un peu plus en lien avec la *connaissance* des conditions de vérité des énoncés. Si Dummett rejoint l'anti-psychologisme de Frege, il le dépasse cependant en montrant que la connaissance du langage ne peut se réduire à une simple connaissance des conditions de vérité des énoncés proférés. Selon Dummett, il n'y pas de concept sans langage, c'est-à-dire que la pensée ne prime pas sur le langage, en ce sens qu'elle ne peut rien exprimer sans langage. Bien plutôt, c'est l'étude du langage qui permet d'étudier ce que l'on pense, puisque les concepts ne sont accessibles qu'en tant qu'ils sont mis en mots. Dès lors, Dummett critique l'idée que connaître un langage consisterait à connaître un code destiné à transmettre un contenu préalable ou censé exprimer un « langage mental » comme le suppose Fodor [1]. Cela n'est pas possible, puisque le langage ne peut pas s'adosser à un contenu mental préalable. Connaître un langage, c'est donc plutôt connaître comment le parler, comment utiliser adéquatement les mots. Connaître un langage, c'est alors connaître implicitement ses règles d'usages, comme le voulait Wittgenstein. Mais néanmoins, ce qui caractérise le langage en tant qu'activité rationnelle et pas seulement normative, c'est précisément le fait que les locuteurs l'utilisent de manière intentionnelle; et c'est cela qui caractérise la connaissance propre qui est la connaissance du langage. La connaissance du langage nous

---

1. Voir J. Fodor, *The Language of Thought*, Cambridge (Mass.), Harvard UP, 1975.

donnerait alors la connaissance d'une certaine forme de rationalité des locuteurs qui l'utilisent, plus qu'une connaissance du monde dont il parle.

À l'inverse, une sémantique véri-conditionnelle comme celle de Davidson peut conduire à des conséquences théoriques inattendues concernant la connaissance que l'on prend du monde. Davidson considère en effet, de manière très classique, que le concept de signification s'analyse strictement en termes de conditions de vérité et qu'en ce sens, il est lié aux notions de vérité et de connaissance. Si l'on dit en effet que connaître un langage consiste à connaître les conditions de vérité des énoncés utilisés, alors la connaissance du langage dépend de la satisfaction de ces conditions. Mais comment savoir que ces conditions sont satisfaites ? On ne peut comparer nos croyances (ou notre schème conceptuel) et le monde, puisque cela impliquerait que l'on puisse « sortir » de nos croyances pour *vérifier* si elle corresponde à l'état du monde. Or cela est absurde et il convient par conséquent d'adopter une conception résolument « internaliste ».

Davidson en vient donc à considérer que, puisqu'on ne peut pas « sortir » de notre schème conceptuel pour prendre un point de vue angélique, seule une conception « cohérentiste » de la vérité et de la connaissance est valide. Une telle conception se fonde là encore sur l'idée que c'est le langage qu'il faut considérer pour appréhender le schème conceptuel d'un locuteur : celui-ci pense dans son langage et ne peut penser en dehors des cadres de ce langage. Dès lors, il n'appréhende le monde qu'en fonction de ce langage. Et le seul critère de vérité pour mes énoncés qui soit encore disponible dans ce cadre, c'est le critère de cohérence : un énoncé n'est admis comme valide au sein de mon schème conceptuel que s'il est cohérent avec l'ensemble des autres énoncés qui le forment. Dès lors, un énoncé n'est vrai que si les énoncés connexes que je peux tenir quand je prononce le premier sont cohérents avec celui-ci. Et le monde m'est connu par l'intermédiaire de ces énoncés.

Pour autant, Davidson entend proposer une conception réaliste et considère que la connaissance ainsi gagnée est bien une connaissance d'un monde indépendant. Il répond en effet à l'objection sceptique, qui soutiendrait qu'on pourrait alors avoir un schème conceptuel complètement faux; il le fait en recourant à l'argument de la traduction radicale de Quine. Selon celui-ci, il est impossible que notre connaissance du monde soit radicalement fausse, car il faudrait s'accorder avec autrui sur des croyances fausses. Mais cette présupposition elle-même n'a pas de sens, car on ne prend connaissance des croyances d'autrui qu'en traduisant ses énoncés; or le processus de la traduction lui-même implique que l'on rende le système de ses énoncés cohérent avec le nôtre, du moins avec les énoncés les plus centraux qui le forment. Dès lors, il faut admettre que la vérité de la cohérence de notre système est nécessairement présupposée et, par conséquent, que la connaissance que nous avons du monde est vraie.

Une autre forme d'internalisme (selon lequel on ne prend connaissance du monde que de l'intérieur de notre langage) est cependant possible, qui souhaite sauvegarder le réalisme – un réalisme plus fort que celui développé par Davidson – tout en abandonnant, d'une manière qui peut sembler paradoxale au premier abord, l'analyse du langage en termes de conditions de vérité. Allant plus loin dans l'anti-psychologisme que Frege, Putnam s'est en effet rendu célèbre par une expérience de pensée visant à défendre une conception sociale de la signification et de la référence. En remettant en cause l'idée que les significations sont dans la tête (ou relèvent, d'une manière ou d'une autre, d'une détermination mentale), Putnam combattait également l'idée que la signification permettait de déterminer l'extension d'un terme, s'en prenant alors vigoureusement à l'idée d'une sémantique véri-conditionnelle. Ainsi, ce n'est pas ce que pense un locuteur qui permet de déterminer ce qu'il veut dire par ses mots; c'est bien plutôt les usages socialement partagés des mots qui permettent que les locuteurs d'une même langue se mettent d'accord sur ce dont ils parlent. Autrement dit, ce que savent les locuteurs d'une langue donnée quant aux mots qu'ils utilisent (ce qui est généralement modélisé sous la forme d'un ensemble de conditions de vérité) ne détermine pas ce dont ils parlent, c'est-à-dire la référence des termes qu'ils emploient. La preuve en est, dans l'exemple de Putnam, que deux locuteurs différents, utilisant le même mot (« aluminium » ou « eau »), peuvent vouloir parler de la même chose et pourtant identifier deux choses différentes (de l'aluminium pour l'un et du molybdène pour l'autre, dans un cas; une substance de composition chimique H2O pour l'un et une substance de composition chimique XYZ, dans l'autre cas).

L'hypothèse de Putnam amène alors à considérer qu'il existe, parmi les locuteurs, des locuteurs plus experts que d'autres, qui savent plus de choses quant à ce à quoi il faut appliquer tel ou tel mot. Ce sont eux, et non pas ce que pense chaque locuteur, qui déterminent la référence des mots d'une langue donnée (dans un état historique donné). C'est donc parce qu'une classe particulière de locuteur (les « experts ») détient une connaissance plus déterminée des concepts employés que l'usage qu'ils en font forme l'usage de référence que l'on suit dans une société. On comprend ainsi que la signification des mots est partagée ou sociale, puisqu'elle dépend d'un usage collectif, normé en fonction de ceux qui, dans une société donnée, en savent plus. Cela revient à dire que la signification, ou l'extension d'un concept, est partiellement déterminé(e) de manière indexicale, en ce qu'elle dépend de la connaissance toujours partielle et historiquement localisée qu'on a de certaines propriétés de la chose dont on parle. Pour autant, cette connaissance peut être vraie et la définition qu'on a de la chose exacte. Cela permet donc de conserver une conception réaliste tout en admettant la variation historique de la connaissance. On assiste ainsi dans ce texte à l'émergence d'une conception contextualiste de la signification, qui nous enjoint de construire une nouvelle conception de la signification, sans abandonner la prétention réaliste.

C'est à cette tâche que pourrait s'atteler de nos jours une philosophie du langage qui voudrait poursuivre le travail d'élucidation réalisé par un siècle de réflexion sur les rapports entre langage, vérité et connaissance du monde. Le volume 2 des *Textes clés de Philosophie du langage* offrira plusieurs illustration de la façon dont on peut y parvenir.

Bruno AMBROISE

Michael Dummett

QUE CONNAÎT-ON LORSQU'ON CONNAÎT UN LANGAGE ?

Présentation, par Fabrice Pataut

La thèse défendue par Dummett dans cet article est que la notion de signification ne peut être analysée indépendamment de la notion de connaissance. La signification des mots et des phrases d'un langage fait l'objet d'une connaissance de la part des usagers qui communiquent à l'aide de ce langage. La philosophie du langage, en tant qu'elle a pour tâche de construire une théorie de la signification, ne peut se passer de considérations épistémologiques. Dummett va ici jusqu'à envisager l'étude de la pensée, des contenus, ou des propositions, comme dépendant entièrement de l'analyse du langage qui les véhicule. Le langage ne code pas nos mots et nos concepts : il nous permet de transmettre leur signification et leur contenu de manière parfaitement ouverte et transparente, sans qu'aucun processus de décodage soit nécessaire au recouvrement (supposé) du sens.

De quelle nature est cette connaissance ? La question est envisagée en termes de manifestabilité exhaustive, autrement dit en termes de connaissance pratique, et non pas en termes de contenu psychologique ou d'événement mental. La théorie de la signification du genre envisagé ici n'est *pas* une hypothèse psychologique[1]; elle ne consiste pas pour autant en une description fidèle d'une pratique observée de l'extérieur.

Toute la difficulté est de distinguer cette capacité pratique d'autres capacités qui pourraient lui ressembler, mais qui sont en réalité hétérogènes, par exemple savoir nager ou savoir faire du vélo. Il est donc essentiel que la manifestation de la connaissance implicite comporte deux aspects, qu'elle consiste pour une part dans l'exercice même de la capacité, et pour une autre part dans une reconnaissance de la correction de l'énoncé des principes qui règlent la pratique linguistique. La connaissance pratique, dans le cas du vélo ou de la natation, est un pur savoir-faire. Savoir, dans ce genre de cas, consiste uniquement en savoir *comment* faire, ou comment s'y prendre.

Dans le cas de la saisie de la signification, nous avons affaire à une connaissance qui est partiellement propositionnelle, au sens où la capacité pratique peut être convertie en une connaissance concernant la manière dont certaines opérations doivent être exécutées conformément à des règles. Comme dans le cas des jeux de société, il est impossible de savoir jouer *et* d'être incapable de reconnaître une formulation correcte des règles.

---

1. Voir, sur ce point, M. Dummett, « What is a Theory of Meaning? (II) » (1976), *The Seas of Language*, Oxford, Clarendon Press, 1993, p. 34-93.

Dummett s'oppose ici aussi bien au cognitivisme de Chomsky[1], qu'au néo-béhaviorisme de Quine et à la sémantique vé, riconditionnelle de Davidson[2]. La notion de connaissance en jeu a une valeur explicative : la meilleure explication que nous possédions du fait qu'une séquence de sons ou d'inscriptions appartient à un langage, et n'est donc pas une simple suite de bruits ou de marques vides, est qu'elle peut faire l'objet d'une compréhension. Il n'y a pas, selon Dummett, de valeur explicative à supposer qu'on saisisse un concept avant de saisir le sens du mot qui l'exprime. Plus qu'une *thèse*, l'idée qu'il n'y a pas de concept sans langage, et pas d'attribution de concept sans attribution d'un langage à un locuteur, a ici une valeur méthodologique.

On ne peut passer ici entièrement sous silence le projet révisionniste de Dummett, son rejet de la logique classique en faveur de la logique intuitionniste. Supposons avec Dummett que comprendre un langage consiste à connaître implicitement sa théorie de la signification, notamment pour la partie du langage qui comporte les constantes logiques. Une théorie de la signification, en tant qu'elle est – littéralement – l'objet d'une connaissance implicite, doit pouvoir être critiquée et révisée, de manière à justifier *et* à codifier une pratique en tout point différente de la pratique déductive classique[3].

---

1. N. Chomsky, *Language and Problems of Knowledge*, Cambridge (Mass.), MIT Press, 1988.

2. Pour un bon aperçu introductif, voir J. Passmore, *Recent Philosophers*, London, Duckworth, 1985, chap. 4.

3. M. Dummett, *The Logical Basis of Metaphysics*, London, Duckworth, 1991, chap. 14 et 15.

QUE CONNAÎT-ON LORSQU'ON
CONNAÎT UN LANGAGE?*

Notre manière habituelle de concevoir la maîtrise d'un langage, ou tel ou tel de ses éléments, est imprégnée de la conception selon laquelle cette maîtrise consiste en une *connaissance*. Comprendre une expression consiste à connaître sa signification. Nous disons que nous savons ce qu'est une autruche, que nous savons ce que veut dire « crédule » et, mieux encore, que nous connaissons le suédois ou l'espagnol. Devons-nous prendre ici au sérieux l'usage des verbes « savoir » et « connaître »? La capacité à parler une langue est-elle vraiment une connaissance?

Les verbes « savoir » et « connaître » sont utilisés à propos de nombreuses capacités pratiques. En anglais, nous disons que nous « *savons* nager/faire de la bicyclette »; en français, on dit, par exemple, « Il *sait* nager », plutôt que « Il *peut* nager ». Mais la connaissance – la connaissance pratique – impliquée ici *explique*-t-elle la capacité pratique; ou bien n'est-ce pas plutôt que la connaissance en cause n'est rien de plus que la capacité pratique elle-même, et que notre recours au concept de connaissance est une simple manière de parler que nous ne devons pas prendre au sérieux? Si cela est bien le cas, la même chose n'est-elle pas également vraie de la maîtrise d'un

* Ce texte a d'abord été publié sous forme de fascicule par l'université de Stockholm à l'occasion de la conférence de Dummett prononcée dans le cadre de la célébration du centenaire de l'université, le 24 mai 1978, *What do I know when I know a language?*, Stockholm, Universitas Regia Stockholmiensis, 1978. Le texte est reproduit sans modification dans M. Dummett, *The Seas of Language*, Oxford, Clarendon Press, 1993, chap. 3, p. 94-105, traduction F. Pataut.

langage, qui, du coup, n'est elle aussi rien d'autre qu'une capacité pratique ?

Le personnage d'un des romans de l'humoriste P.G. Wodehouse, à qui l'on demande s'il sait parler l'espagnol, répond : « Je n'en sais rien. Je n'ai jamais essayé ». En quoi consiste l'absurdité de sa réponse ? Y aurait-il une absurdité comparable si l'on donnait la même réponse à la question « Savez-vous nager ? ». La suggestion selon laquelle nous aurions affaire à la même absurdité dans les deux cas, revient à avancer que notre usage du verbe « savoir » – dans le cas de « savoir l'espagnol » comme dans celui de « savoir nager » – est tributaire du fait empirique que parler espagnol et nager sont des choses que personne ne peut faire à moins de les avoir apprises, autrement dit à moins d'avoir reçu un certain entraînement. « Savoir », dans un cas comme dans l'autre, signifie « avoir appris ». Cela est-il correct ? Le fait que nous ne puissions nager à moins qu'on ne nous l'ait appris n'est *rien de plus* qu'un fait empirique. Il n'y aurait rien de magique à ce que quelqu'un – nous dirions, instinctivement – fasse les bons mouvements la première fois qu'il se trouve dans l'eau. J'ai d'ailleurs entendu dire que c'est exactement ce qui se passe lorsque les nouveaux-nés sont immergés. Mais il semble naturel de penser que, si quelqu'un dont l'éducation ne comportait pas de cours d'espagnol, et qui ne l'a jamais appris par la suite, se mettait soudainement à le parler, cela relèverait de la magie. Si l'on nous demandait d'expliquer en quoi consiste la différence, nous serions enclins à dire que, pour être capable de parler espagnol, il y a de nombreuses choses que nous devons *connaître*, de même qu'il y a de nombreuses choses que nous devons connaître pour pouvoir jouer aux échecs.

La différence entre les deux cas réside dans le fait que parler un langage est un processus conscient. Nous pouvons

concevoir que quelqu'un qui se trouve plongé dans l'eau pour
la première fois se mette tout simplement à nager. Une telle
personne n'a nullement besoin, en aucun sens que ce soit, de
savoir ce qu'elle fait. Elle n'a même pas besoin de savoir
qu'elle nage. Mais qu'imaginons-nous lorsque nous imaginons une personne qui, arrivant pour la première fois de sa vie
dans un pays hispanophone, commencerait à parler l'espagnol? Il faut considérer deux cas de figure différents, suivant
que nous supposons qu'elle sait ce qu'elle dit, ou bien qu'elle
entende simplement les mots sortir de sa bouche sans savoir ce
qu'ils signifient. Il s'agit bien de magie dans les deux cas, mais
dans le deuxième, bien qu'une telle personne *puisse* miracu-
leusement parler l'espagnol, elle ne *connaît* pas pour autant
l'espagnol. Connaître l'espagnol, ou savoir le parler, ne peut
après tout être comparé à savoir nager. Nous pouvons parler de
capacités pratiques dans les deux cas, mais toutes les capacités
pratiques ne sont pas du même genre.

Quelle connaissance nous fait défaut si nous n'avons pas
appris à nager? Nous savons ce qu'est nager, mais nous ne
savons pas *comment* le faire. Et si nous nous trouvons dans
l'eau, il se peut très bien que nous y parvenions quand même,
sans que nous sachions pour autant comment nous y sommes
parvenus. Nous savons ce que c'est que nager. Nous pouvons,
par exemple, déterminer si quelqu'un d'autre nage ou non.
C'est pourquoi, si nous y étions obligés, nous pourrions
essayer de nager, et nous pourrions éventuellement découvrir
que nous en sommes capables. Mais, si nous n'avons pas
appris l'espagnol, nous ne savons même pas ce que c'est que
parler espagnol. Nous serions incapable de dire (tout au moins
avec certitude) si quelqu'un d'autre est en train de le parler ou
non. C'est pourquoi nous ne pouvons même pas essayer de
parler l'espagnol. En réalité, lorsque nous apprenons l'espa-

gnol, nous n'apprenons pas une technique qui nous permet d'atteindre le but déjà connu consistant à parler espagnol. Il n'y a aucun écart entre savoir ce que c'est que parler espagnol, et savoir comment le faire (exception faite des cas particuliers d'inhibition psychologique, ou des cas apparentés). Nous ne commençons pas par apprendre ce qu'est parler espagnol, avant d'apprendre les moyens à l'aide desquels cette tâche bien difficile peut être exécutée.

Un individu peut exécuter une opération requérant une certaine adresse avec différents degrés de conscience. À l'un des deux extrêmes, l'individu formulera pour lui-même l'action qui doit être réalisée à chaque étape, et la manière dont elle doit l'être ; c'est le cas lorsque quelqu'un doit mémoriser les instructions pour cuisiner un plat, ou assembler les différentes parties d'une machine. Nous sommes ici dans un cas de figure où la personne possède une connaissance explicite de la manière dont l'opération doit être réalisée, et recourt à cette connaissance au cours de son effectuation. À l'autre extrême, il se peut que la personne soit tout simplement incapable de dire ce qu'elle est en train de faire, même si elle y réfléchit, ou s'observe elle-même avec beaucoup d'attention. Il est notoire que ceux qui ont acquis des capacités physiques peuvent être tout à fait incapables d'expliquer aux autres comment exécuter des tâches qui relèvent parfois de l'exploit. Nous sommes ici dans le cas où, si nous parlons de cette personne comme sachant de quelle manière l'opération doit être exécutée (par exemple nager, ou conduire une bicyclette), l'expression « savoir comment le faire » a seulement la force de « pouvoir le faire en conséquence d'avoir appris à le faire ». Il y a également des cas intermédiaires. Dans de tels cas, une personne peut être incapable de formuler à sa propre intention les principes conformément auxquels elle agit, tout en étant capable de reconnaître, et même de vouloir reconnaître, la correction d'un énoncé de ces principes lorsqu'il lui est présenté.

Dans ce genre de cas intermédiaires, il me semble qu'il faut prendre plus au sérieux l'attribution d'une connaissance à quelqu'un qui possède la capacité pratique en question : « savoir comment le faire » n'est pas un simple équivalent idiomatique de « peut le faire ». Nous pouvons dire de l'agent qu'il sait *que* certaines choses sont le cas, qu'il connaît certaines propositions concernant la manière dont l'opération doit être exécutée. Mais il nous faut nuancer cela en concédant que sa connaissance n'est pas une connaissance *explicite*, autrement dit une connaissance qui peut être immédiatement mise à jour ou exposée sur simple demande. Il s'agit plutôt d'une connaissance *implicite* : une connaissance qui se dévoile en partie par la manifestation de la capacité pratique, et en partie par une promptitude à reconnaître qu'une formulation de ce qui est connu est correcte lorsqu'elle est présentée. Considérons par exemple le cas de savoir comment jouer aux échecs. En réalité, personne n'apprend les échecs sans recevoir une information explicite, par exemple qu'aucune pièce, mis à part le cavalier, ne peut sauter par dessus une autre. Je ne vois pourtant aucune raison de penser qu'il est en principe inconcevable que quelqu'un apprenne le même jeu sans qu'on lui *dise* jamais rien, et même sans que la personne se représente les règles pour son propre compte, simplement par le fait qu'on la corrige à chaque fois qu'elle déplace une pièce d'une manière qui n'est pas conforme aux règles. Si nous voulons dire qu'une telle personne sait jouer aux échecs, devons-nous utiliser le verbe « savoir » seulement au sens impliqué lorsque nous disons de quelqu'un qu'il sait nager ? Il me semble que non. La raison est que, une fois qu'elle a appris à obéir aux règles du jeu d'échec, il *serait* impensable qu'elle ne soit pas capable de reconnaître d'elle-même les règles comme étant correctes si on les lui présentait, par exemple de tomber d'accord, éventuellement après y avoir réfléchi un certain temps, que seul le cavalier peut sauter par dessus une autre pièce. Nous pourrions légitimement dire que quelqu'un qui aurait appris le jeu de cette manière en connaît les règles *implicitement*. Nous pourrions faire valoir cela en disant qu'une telle personne ne suit pas seulement les règles sans savoir ce qu'elle fait : ces règles la *guident*.

Une autre question se pose à présent, qu'il est difficile de résoudre, et même de formuler. La tâche primordiale du philosophe du langage est d'expliquer ce qu'est la *signification*, autrement dit ce qui fait qu'un langage est un *langage*. Considérons deux locuteurs engagés dans une conversation. À première vue, des sons d'un certain genre sortent de leur bouche à tour de rôle, rien de plus.

Nous savons pourtant que quelque chose de plus significatif est en jeu : les locuteurs expriment des pensées, proposent des arguments, énoncent des conjectures, posent des questions, etc. La philosophie du langage doit expliquer ce qui confère cette caractéristique aux sons qu'ils produisent : qu'est-ce qui fait que leurs élocutions expriment des pensées, et toutes ces autres choses ?

La réponse naturelle est que ce qui fait la différence, est que les deux locuteurs *comprennent* ou *connaissent* le langage. Chaque locuteur possède, si l'on peut s'exprimer ainsi, le même outillage interne (mental), qui lui permet d'interpréter les élocutions de l'autre comme l'expression d'une pensée, et de convertir ses propres pensées en phrases que l'autre locuteur peut comprendre grâce au même processus. Il semble donc que la clé de l'explication de la puissance expressive qui fait qu'un langage est un langage, réside dans la maîtrise qu'un locuteur individuel possède de ce langage. Comme nous l'avons déjà vu, il faut recourir à la notion de connaissance pour expliquer cette maîtrise.

Cela induit donc une deuxième question : le propre du langage doit-il être expliqué en termes de la connaissance qu'un locuteur a de son langage ? Avant Frege, les philosophes ont assumé que c'était bien le cas, et, de plus, que ce que les locuteurs connaissent est un genre de code [1]. Les concepts sont codés dans des mots et des pensées, et les pensées sont elles-mêmes composées à partir de concepts, de manière à former des phrases dont la structure reflète en général la complexité des pensées. Selon cette conception, nous avons besoin du langage seulement parce que nous ne possédons pas la faculté de télépathie, c'est-à-dire de transmission directe des pensées. La communication est donc essentiellement semblable à l'usage du téléphone : le locuteur code ses pensées dans un intermédiaire transmissible, qui est ensuite décodé par celui qui l'écoute.

L'école analytique dans son ensemble est fondée sur le rejet de cette conception, que Frege a été le premier à repousser clairement [2]. La conception du langage comme code requiert

1. La théorie selon laquelle communiquer consiste à coder et à décoder des messages a continué d'être défendue *après* Frege ; du point de vue formel par C. Shannon et W. Weaver, *The Mathematical theory of Communication*, Urbana, University of Illinois Press, 1949, et, pour le cas de la communication animale, dans l'étude célèbre de K. von Frisch sur le langage des abeilles, *The Dance Language and Orientation of Bees*, Cambridge (Mass.), Harvard UP, 1967. Le modèle du code est retenu en bonne entente avec le modèle inférentiel de la communication défendu par P. Grice et D. Lewis, dans D. Sperber et D. Wilson, *La pertinence – Communication et cognition*, trad. fr. A. Gerschenfeld et D. Sperber, Paris, Minuit, 1989.

2. Cette idée est amplement développée par Dummett dans *Les origines de la philosophie analytique*, trad. fr. M.-A. Lescourret, Gallimard, Paris, 1991.

que nous puissions attribuer des concepts et des pensées aux personnes indépendamment de leur connaissance d'un langage. Une forme d'objection consiste à faire valoir que, exception faite des concepts les plus simples, nous ne pouvons expliquer ce que c'est que saisir un concept indépendamment de la capacité à l'exprimer dans un langage. Comme Frege l'a fait remarquer, il est certain qu'un chien fera la différence entre être attaqué par plusieurs chiens et être attaqué par un seul, mais il est peu plausible qu'il ait la moindre conscience qu'il y a quelque chose en commun entre être mordu par un seul chien plus gros, et courir après un chat ; et il faudrait effectivement qu'il ait conscience de cela pour que nous puissions lui attribuer une saisie du concept que nous exprimons par le mot « un »[1]. Ou encore, comme Wittgenstein l'a fait remarquer, un chien peut s'attendre à ce que son maître revienne à la maison, mais il ne peut s'attendre à ce qu'il revienne à la maison la semaine prochaine[2]. La raison est qu'il n'y a rien

---

Voir également « The Relative Priority of Thought and Language », dans *Frege and Other Philosophers*, Oxford, Clarendon Press, 1991, chap. 15, p. 315-324, et « Language and Communication », dans *The Seas of Language*, Oxford, Clarendon Press, 1993, chap. 7, p. 166-187.

1. Frege, *The Foundations of Arithmetic – A logico-mathematical enquiry into the concept of number* (1884), engl. trans. J.L. Austin, Oxford, Basil Blackwell, 1950, section III, § 31, p. 42. Frege critique ici la conception de Baumann, qui propose deux critères pour l'unité : ne pas être divisé (*Ungetheiltheit*) et être isolé (*Abgegränztheit*). Frege se fonde sur ce rejet pour écarter également la conception toute aussi subjectiviste et psychologisante de Locke, selon laquelle la notion d'unité est suggérée à l'entendement par tout objet extérieur et par toute idée interne.

2. L. Wittgenstein, *Philosophische Untersuchungen-Philosophical Investigations*, english trans. G.E.M. Anscombe, 3e ed. with English and German Indexes, New York, The Macmillan Compan, 1958, Part II. Voir également,

que le chien puisse faire pour *manifester* l'attente que son maître revienne à la maison la semaine prochaine. Cela n'a aucun sens d'attribuer à une créature sans langage une saisie du concept exprimé par les mots « semaine prochaine ».

Nous ferions néanmoins une erreur considérable en supposant que c'est là l'objection principale à la conception du langage comme code. Cette conception implique la comparaison de la maîtrise d'une langue maternelle avec la maîtrise d'une seconde langue. Nous pouvons représenter la maîtrise qu'une certaine personne a d'une seconde langue, comme la saisie d'une méthode de traduction de cette langue vers sa langue maternelle. À l'aide de cette méthode, la personne peut associer des expressions de la deuxième langue avec des expressions de sa langue maternelle. De la même manière, selon cette conception, la maîtrise d'une langue maternelle est conçue comme une capacité à associer à chacun de ses mots le concept correspondant, et donc, à chaque phrase du langage, une pensée composée à partir de tels concepts.

L'objection fondamentale à cette conception du langage est que l'analogie à laquelle elle recourt échoue. Si nous expliquons la connaissance qu'a une certaine personne d'une seconde langue, comme consistant en une saisie d'une méthode de traduction de cette langue vers sa langue maternelle, nous présupposons tacitement qu'elle connaît sa langue maternelle. Il nous faut donc expliquer en quoi consiste cette compréhension. Conformément à ce modèle, nous pouvons procéder à une explication de sa compréhension de la deuxième langue en deux étapes : premièrement, par sa capacité à la traduire dans

avec un exemple différent, *ibid.*, Part I, § 650. Sur l'attribution d'une vie mentale aux animaux, voir, *ibid.*, Part I, § 250, et Part II.

sa langue maternelle, et deuxièmement par sa compréhension de sa langue maternelle, précisément parce que, en principe, la capacité à traduire n'implique pas la capacité à comprendre. Nous pouvons en principe imaginer quelqu'un, ou un ordinateur très habilement programmé, qui soit capable de traduire d'une langue vers une autre sans en comprendre aucune. C'est pourquoi, lorsque nous expliquons la connaissance d'une seconde langue comme une capacité à la traduire dans une langue maternelle, nous n'offrons pas une explication circulaire. La capacité à traduire ne présuppose pas en elle-même une connaissance de la seconde langue qui soit semblable à la connaissance d'une langue maternelle. Il en est tout autrement lorsque nous nous tentons d'expliquer la compréhension d'une langue maternelle selon le même modèle, c'est-à-dire comme consistant en une association de certains concepts à des mots. Car la question se pose alors de savoir ce que c'*est* qu'« associer un concept à un mot ». Nous savons ce que c'est qu'associer un mot d'une langue au mot d'une autre langue : lorsqu'on nous demande de traduire le mot en question, nous prononçons l'autre, ou nous l'écrivons. Mais il n'y a pas de représentation intermédiaire qui s'interpose entre un concept et son expression verbale ; et s'il y en avait, il nous resterait la question de savoir ce qui en fait une représentation de *ce* concept. Nous ne pouvons dire que l'association qu'une certaine personne fait entre un concept particulier et un mot donné consiste dans le fait que, lorsqu'elle entend ce mot, le concept lui vient à l'esprit, car cela n'a vraiment aucun sens de parler d'un concept qui arrive dans l'esprit de quelqu'un. Une certaine image qui vient à l'esprit est tout ce à quoi nous pouvons penser, image dont nous considérons que, d'une manière ou d'une autre, elle représente le concept. Nous ne sommes pas plus avancés pour autant. Il faut maintenant nous demander en quoi consiste l'association de ce concept à cette image.

Ce qu'il faut plutôt dire, c'est qu'une analyse de ce en quoi consiste l'association d'un concept avec un mot, devrait fournir une explication de ce qui pourrait constituer une saisie du concept. Par exemple, qu'est-ce que saisir le concept de *carré*? C'est, au minimum, la capacité à distinguer les choses qui sont carrées des choses qui ne le sont pas. Une telle capacité ne peut être attribuée qu'à ceux qui, dans des circonstances appropriées, traiteront les choses carrées différemment de celles qui ne le sont pas. Une manière de faire cela parmi beaucoup d'autres possibles, est d'appliquer le mot « carré » aux choses carrées et pas aux autres. Ce ne peut être que par référence à un tel usage du mot « carré », ou tout au moins à une certaine connaissance *concernant* le mot « carré », qui justifierait cet usage, que nous pouvons expliquer ce que c'est qu'associer le concept *carré* avec ce mot. Une capacité à utiliser le mot de cette manière, ou une connaissance adéquate concernant le mot *suffirait*, en elle-même, à manifester une saisie du concept. Même si nous tombons d'accord qu'il n'y a aucune difficulté à supposer que quelqu'un saisisse le concept, et le manifeste, avant de comprendre le mot, nous ne pouvons *recourir* à cette supposition pour expliquer en quoi consiste la compréhension du mot. Nous ne pouvons nous en remettre à la saisie antécédente du concept par le locuteur pour expliquer en quoi consiste son association du concept au mot. La question de savoir si la saisie des concepts exprimables dans un langage pourrait précéder une connaissance de tout langage disparaît jusqu'à perdre toute pertinence.

Il nous faut donc remplacer la conception du langage comme code pour la pensée, par une analyse de la compréhension du langage qui ne recourt pas à la saisie antécédente des concepts que le langage peut exprimer. Une telle analyse présente le langage, non pas seulement comme un moyen d'exprimer la pensée, mais comme un *véhicule* pour la pensée. L'idée du langage comme code était devenue indéfendable parce que la conception selon laquelle un concept arrive dans l'esprit n'offrait pas, par elle-même, de description intelligible d'un événement mental : la pensée *requiert* un véhicule. Pour cette raison, l'étude philosophique du langage n'est pas seulement une branche de la philosophie : elle assume le rôle beaucoup plus important de fondement de la discipline dans la mesure où elle doit être en même temps une étude de la *pensée*. C'est seulement lorsque nous considérons que le langage est un code que nous pouvons espérer défaire la pensée de son habit linguistique, et pénétrer la pure pensée nue en-dessous : le seul moyen effectif d'étudier la pensée est d'étudier le langage, qui est son véhicule.

L'observation selon laquelle il n'y a pas d'événement tel que la venue d'un concept dans l'esprit, est à mettre en parallèle avec la remarque de Wittgenstein selon laquelle la compré-hension n'est pas un processus mental [1]. L'un des avantages de l'approche du langage comme véhicule de la pensée est que nous n'avons pas besoin de chercher d'*occurrence* autre que celle de l'expression de la pensée. Supposons que je marche dans la rue avec ma femme et que je m'arrête soudainement en disant (en anglais) « J'ai oublié l'adresse à la maison ». Nous n'avons nullement besoin de considérer que ce qui constitue le fait que j'ai eu la pensée que j'ai exprimée à ce moment, est plus que le simple fait que je sache l'anglais et que j'ai dit ces

---

1. *Philosophische Untersuchungen*, *op. cit.*, Part I, § 154. L'ensemble des § 151 à 155 est pertinent. Voir également, Part I, § 321, et Part II, 4 [e] alinéa.

mots. Il n'est pas nécessaire que quelque chose d'interne se soit passé en moi simultanément à mon élocution de la phrase. Wittgenstein disait « Comprendre la phrase, c'est comprendre le langage »[1]. Il ne voulait pas dire (contrairement à ce que croient certains philosophes américains), que vous ne comprendriez pas la phrase de la même manière si vous connaissiez seulement un fragment du langage auquel elle appartient[2]. Il voulait plutôt dire que, étant donné que vous *comprenez* le langage, vous êtes en quelque sorte dans un *état* de compréhension. Il n'est pas nécessaire qu'il se passe quoi que ce soit, qui constituerait votre compréhension de la phrase : aucun *acte* de compréhension autre que le fait d'entendre cette phrase.

Cette considération vient en fait à l'appui de notre idée initiale selon laquelle la clé de l'analyse du langage – et, semble-t-il maintenant, de la pensée elle-même – soit l'explication de ce en quoi consiste la maîtrise qu'un locuteur individuel possède de son language. Conformément à la conception du langage comme véhicule de la pensée, cette explication doit fournir une analyse de ce que c'est que posséder les concepts

1. *Philosophische Untersuchungen*, *op. cit.*, Part I, § 199. La remarque est faite dans le contexte de réflexions sur la notion de « suivre une règle », couvrant les § 138-242. D'autres passages sont pertinents, notamment les § 84-86.

2. Voir D. Davidson, « A Nice Derangement of Epitaphs », ainsi que les commentaires de Ian Hacking, « The Parody of Conversation », et de Dummett, « "A Nice Derangement of Epitaphs" : Some Comments on Davidson and Hacking », dans *Truth and Interpretation – Perspectives on the Philosophy of Donald Davidson*, E. LePore (ed.), Oxford, Blackwell, 1986, respectivement aux pages 433-446, 447-458, et 459-476. Davidson propose ici d'abandonner entièrement l'idée selon laquelle l'explication du phénomène de la communication requiert que les locuteurs aient acquis les mêmes compétences linguistiques et sémantiques, ou une connaissance des mêmes régularités conventionnelles, ou possèdent une théorie commune de l'interprétation.

exprimables dans le langage. Frege, qui est à l'origine de cette nouvelle approche, a donné les grandes lignes d'une explication de ce genre. Bien évidemment, je ne peux ici qu'indiquer ce qu'est sa théorie : elle implique une distinction entre trois types d'ingrédients dans la signification : le sens (*Sinn*), la force (*Kraft*) et la couleur (*Färbung*). L'idée fondamentale est celle de la primauté des phrases. Nous pouvons légitimement dire en première approximation que ce qu'un locuteur fait en prononçant une séquence de phrases, est la somme de ce qu'il pourrait faire en prononçant chaque phrase isolément. Rien de semblable ne s'applique néanmoins aux mots qui composent une phrase individuelle. Certains contextes particuliers mis à part, rien n'est communiqué par l'élocution d'un mot isolé. Les mots ne constituent pas la phrase au sens où les phrases constituent le paragraphe. Nous comprenons parfaitement de nouvelles phrases que nous n'avons jamais entendues au préalable, parce que nous comprenons déjà les mots qui les composent, et les principes de construction des phrases en conformité avec lesquels ils sont combinés. Mais nous ne pouvons expliquer la signification des mots indépendamment de leur occurrence dans une phrase, pour ensuite expliquer la compréhension d'une phrase en termes de saisies successives de la signification de chaque mot. Il faut plutôt que nous ayons d'abord une conception de ce qui constitue en général la signification d'une phrase, et que nous expliquions ensuite la signification de chaque mot particulier en termes de sa contribution à la détermination de la signification de chaque phrase dans laquelle il peut figurer. En ce qui concerne l'ingrédient de la signification que Frege appelle le *sens*, et qui détermine le contenu spécifique d'une phrase, Frege proposait d'identifier la saisie du sens d'une phrase à une connaissance de ses conditions de vérité, le sens d'un mot consistant dans sa contribution à la détermination de la valeur de vérité de n'importe quelle phrase dont il fait partie. Frege a poursuivi dans cette voie en proposant une théorie détaillée de la manière dont le sens des mots appartenant à des catégories différentes est fixé, de manière à déterminer conjointement les conditions de vérité de n'importe quelle phrase donnée, la théorie dans son ensemble exposant ainsi la manière dont le sens d'une phrase est déterminé en accord avec la manière dont elle est composée à partir des mots qui la constituent[1].

Je ne m'intéresse pas ici aux caractéristiques particulières de la théorie de Frege, mais seulement à l'approche générale de la philosophie du langage dont il a fourni le premier exemple. La théorie de Frege a été le premier cas d'une conception qui continue à dominer la philosophie du langage, à savoir la conception selon laquelle la tâche du philosophe du langage est de donner une théorie de la signification pour un langage spécifique. Une telle théorie expose tout ce qui est impliqué dans l'assignation d'une signification aux mots et aux phrases d'un langage. L'expression « théorie de la signification » peut être utilisée d'une manière très générale, de manière à s'appliquer à n'importe quelle théorie qui projette de faire cela pour un langage particulier. J'utiliserai néanmoins cette expression dans un sens plus restreint. Au vu de la manière dont j'ai

1. Pour la distinction entre sens, force et couleur, voir Frege, « A brief Survey of my logical Doctrines » (1906), dans *Posthumous Writings*, H. Hermes *et alii* (ed.), engl. trans. P. Long *et alii*, Oxford, Blackwell, 1979, p. 197-198. Pour le principe du contexte, voir Frege, 1884, 1950, *op. cit.*, § 60, 62 et le paragraphe récapitulatif 106. Pour la théorie véridictionnelle du sens, voir Frege, « Sense and Meaning », dans *Collected Papers on Mathematics, Logic, and Philosophy*, B. McGuinness (ed.), engl. trans. M. Black *et alii*, Oxford, Blackwell, 1984, p. 157-177.

présenté ici les idées de Frege, et comme je pense qu'il est naturel de le faire à partir de ce qu'il en dit, une théorie de la signification n'est pas une description extérieure de la pratique consistant à faire usage d'un langage; elle est conçue comme un objet de *connaissance* de la part des locuteurs. Selon cette conception, la maîtrise qu'un locuteur a de son langage consiste dans sa connaissance d'une théorie de la signification pour ce langage. C'est cela qui confère à ses élocutions la signification qu'elles ont; et c'est parce que deux locuteurs considèrent qu'un langage est régi par la même théorie de la signification, ou presque la même, qu'ils peuvent communiquer l'un avec l'autre à l'aide de ce langage. Je réserve l'expression « théorie de la signification » à une théorie ainsi conçue comme ce qui fait l'objet d'une connaissance des locuteurs. On ne peut considérer qu'une telle connaissance est explicite pour deux raisons. Premièrement, il est évident que les locuteurs n'ont pas en règle générale une connaissance explicite d'une théorie de la signification pour leur langage. S'ils en avaient une, la construction d'une telle théorie ne poserait aucun problème. Deuxièmement, même si nous pouvions attribuer à un locuteur la connaissance explicite d'une théorie de la signification pour un langage, nous n'aurions pas pour autant accompli la tâche philosophique consistant à expliquer sa maîtrise du langage en nous contentant d'énoncer la théorie, et en lui en attribuant une connaissance explicite. Une connaissance explicite est manifestée par la capacité à *énoncer* le contenu de la connaissance. Nous avons là une condition suffisante pour dire que quelqu'un possède cette connaissance, uniquement au cas où nous supposons que la personne comprend pleinement l'énoncé qu'elle avance; et même si nous supposons cela, sa capacité à dire ce qu'elle connaît ne peut être invoquée comme explication adéquate de ce que c'est pour elle d'avoir cette connaissance, que si nous pouvons également considérer que sa compréhension de l'énonciation de son contenu n'est pas problématique. Nous pouvons légitimement procéder ainsi dans de nombreux contextes philosophiques. Mais lorsque notre tâche est précisément d'expliquer en quoi consiste, en règle générale, la compréhension du langage, une telle analyse est bien évidemment circulaire. Si nous disons qu'elle consiste dans la connaissance d'une théorie de la signification pour le langage, nous ne pouvons par la suite expliquer la possession d'une telle connaissance dans les termes d'une capacité à être énoncée. Nous présupposerions que le langage dans lequel la théorie est énoncée est déjà compris. Pour cette raison, la tâche philosophique consistant à expliquer en quoi consiste la maîtrise d'un langage n'est pas achevée une fois que nous avons construit sa théorie de la signification. Que nous considérions que la connaissance qu'en possède un locuteur est explicite, ou au contraire seulement implicite, il nous reste à expliquer ce que c'est que posséder cette connaissance. Une telle analyse ne peut être donnée que dans les termes d'une capacité pratique que le locuteur manifeste par son usage des phrases du langage. En règle générale, nous pouvons, et devons considérer que la connaissance manifestée par la capacité pratique est seulement une connaissance implicite. J'ai déjà défendu cette conception de la connaissance implicite, et argumenté qu'il fallait y recourir pour expliquer certains types de capacités pratiques, mais pas toutes.

La conception de la maîtrise d'un langage comme connaissance implicite d'une théorie de la signification, est aussi bien en accord avec notre idée de départ selon laquelle ce qui fait que les déclarations d'un locuteur sont des expressions d'une pensée est qu'il possède un appareillage interne, autrement dit sa compréhension générale du langage, qu'avec la conception du langage comme code. Quiconque connaît les écrits de Frege objectera que je n'ai pas représenté fidèlement sa pensée sur ce sujet, ou que j'en ai au mieux exposé la moitié. Lorsque Frege parle, non pas des détails de la notion de sens, mais des principes généraux qui la gouvernent, il combat avec acharnement ce qu'il appelle le «psychologisme», c'est-à-dire l'explication du sens en termes d'un mécanisme interne des locuteurs[1]. Il semble que cela soit en complète contradiction avec la conception de la théorie de la signification que j'ai présentée.

Le principe que Frege oppose au psychologisme est celui de la communicabilité du sens. Je peux dire à autrui ce qu'il en est d'une certaine expérience personnelle interne, par exemple d'une sensation ou d'une image mentale. Mais dans le cas d'une pensée, je n'ai pas à m'en tenir à un exposé de ce que c'est qu'avoir la pensée que j'ai eu. Je peux communiquer à autrui exactement cette pensée. Je fais cela en énonçant une phrase qui l'exprime, dont le sens est cette pensée, sans aucun contact auxiliaire entre un esprit et un autre à l'aide d'un intermédiaire non linguistique. Qui est plus, ce qui me permet d'exprimer ma pensée à l'aide de cette phrase, et qui permet à autrui de saisir la pensée ainsi exprimée, est exposé à tous, tout autant que l'élocution même de la phrase. L'objection à l'idée que la compréhension que nous avons les uns des autres dépend de l'occurrence de certains processus internes qui, par exemple, ont provoqué mon élocution, et que l'écoute de cette élocution provoque à son tour des processus semblables chez vous, est que, si cela était bien le cas, le fait que le sens que

1. Voir en particulier Frege, « Sense and Meaning », dans Frege, 1984, *op. cit.*, p. 159-160, et Frege, 1884/1950, § 58-60.

vous assignez à mon élocution soit le sens que je voulais qu'elle possède, ne serait rien de plus qu'une *hypothèse*, à savoir l'hypothèse selon laquelle les mêmes processus internes ont eu lieu en chacun de nous. Si une telle hypothèse ne pouvait être vérifiée de manière concluante, si elle n'était en fin de compte qu'un acte de foi, les pensées ne seraient pas en principe communicables. Il se pourrait toujours que j'assigne systématiquement à mes mots un sens différent de celui que vous leur associez, et donc que les pensées que vous croyez que j'exprime, ne soient pas celles que je pensais, moi, exprimer. Une telle possibilité ne pourrait jamais être écartée. Si, au contraire, l'hypothèse pouvait être vérifiée de manière concluante, soit par un éclaircissement de mes mots que j'aurais moi-même fourni, soit au terme d'une attention particulière portée à l'usage que j'en fais en d'autres occasions, l'hypothèse serait inutile. Elle ne serait rien de plus que la supposition selon laquelle nous parlons le même langage, un langage que nous comprenons vous et moi. C'est là une hypothèse requise si nous sommes capables de communiquer à l'aide de nos élocutions, mais elle n'est alors rien d'autre que l'hypothèse selon laquelle notre compréhension du langage est exposée à tous par notre usage du langage, par notre participation à une pratique commune, comme Frege pensait que c'était effectivement le cas.

Cet argument peut être dirigé contre l'idée que la théorie de la signification fait l'objet d'une connaissance implicite de la part des locuteurs, tout autant que contre le genre d'analyse en termes de processus psychologiques qui est la cible directe de la critique de Frege. J'ai néanmoins déjà répondu à cette objection. J'ai dit plus haut que la connaissance implicite attribuée aux locuteurs doit être manifestée par leur *usage* du langage, et que l'identification des caractéristiques spécifiques de l'usage qui manifestent la connaissance que possède un locuteur de chaque élément de la théorie de la signification, fait partie de la tâche du philosophe du langage. Un acte de foi est ici parfaitement inutile.

Il semble néanmoins que l'objection puisse être présentée différemment. Si la connaissance implicite du locuteur doit être manifestée par son usage effectif du langage, pourquoi ne pas décrire cet usage directement ? Recourons à la comparaison connue et souvent très utile du langage à un jeu de société. À première vue, lorsque deux personnes jouent aux échecs, il ne se passe rien de plus que le fait que les joueurs bougent les pièces sur l'échiquier, et les retirent parfois. Un coup au jeu d'échecs revêt néanmoins une importance qui n'est pas immédiatement apparente, une importance saisie par les joueurs en vertu de leur connaissance des règles du jeu. La question de savoir en quoi consiste la maîtrise d'une règle par un joueur est une question philosophique parfaitement légitime. Peut-il s'agir d'une simple capacité pratique, ou la maîtrise doit-elle reposer sur une connaissance ? Et si cette deuxième solution doit être retenue, la connaissance doit-elle être explicite, ou bien peut-elle être seulement implicite ? Notons que nous n'essayons pas pour autant d'expliquer l'importance d'un coup, autrement dit de ce qui fait qu'un jeu est un jeu, en nous en remettant à la maîtrise des règles. Nous nous contentons d'énoncer les règles, autrement dit nous décrivons la *pratique* consistant à jouer aux échecs. Conformément à l'objection que nous sommes en train de considérer, c'est exactement ce que nous devrions faire dans le cas du langage. La question de savoir en quoi consiste la connaissance qu'un locuteur possède de son langage est une question philosophique légitime ; et il se peut que nous devions invoquer la notion de connaissance implicite pour en donner une explication. Néanmoins, selon cette conception, nous n'avons nullement besoin de recourir à la notion de maîtrise du langage par un locuteur pour répondre à la question centrale de la philosophie du langage. Nous nous contentons de décrire la pratique sociale à laquelle sa maîtrise lui permet de participer, et n'avons par conséquent aucunement besoin d'invoquer la notion de connaissance.

Nous pourrions exprimer cet argument de la manière suivante. Imaginons que quelqu'un souhaite représenter une capacité pratique, disons celle de faire de la bicyclette, comme consistant en une connaissance pratique. Cette personne dira, par exemple, que lorsque le conducteur de la bicyclette prend un virage, il sait qu'il doit s'incliner selon un angle qui est une fonction de sa vitesse et du rayon de la courbe. Nous sommes bien sûr ici dans le genre de cas pour lequel j'ai déjà dit que nous n'avions *pas* besoin de recourir à la notion de connaissance implicite. La représentation de la capacité en termes de connaissance n'induit néanmoins aucune perplexité. Nous pouvons aisément transformer l'analyse de ce que le conducteur est censé savoir en une description de ce qu'il *fait*, notamment qu'il s'incline selon tel ou tel angle lorsqu'il prend son virage. Nous pouvons maintenant représenter l'objection formulée à l'encontre de la théorie de la signification à l'aide du dilemme suivant. Si la théorie de la signification doit être transformée en une description directe d'une pratique linguistique attestée, il vaut mieux qu'elle le soit, et nous avons alors éliminé tout recours à la notion de connaissance. Si, en revanche, nous ne pouvons la transformer en une telle description, l'idée que nous avons donné une représentation adéquate de la capacité pratique que possède un locuteur de parler une langue, en lui attribuant une connaissance implicite de sa théorie de la signification, perd toute sa plausibilité. Le recours à la notion de connaissance est donc, soit redondant, soit catégoriquement incorrect.

Je pense que cette objection, malgré sa force, est erronée. La meilleure façon de s'en rendre compte est de considérer à nouveau l'analogie avec un jeu. L'erreur que nous avons faite en discutant cette analogie, est d'avoir supposé que la notion de *règles* du jeu allait de soi. Ce que sont ces règles n'est pas non plus quelque chose qui s'offre à l'inspection immédiate ; en particulier, certaines régularités observables lui échappent. Imaginons un Martien qui observe des êtres humains jouant à un jeu de société, les échecs, ou n'importe quel autre. Supposons, de plus, qu'il ne reconnaisse pas que le jeu consiste en une activité rationnelle, ni que les joueurs soient des créatures rationnelles. Peut-être le concept de jeu lui fait-il défaut. Il peut néanmoins développer une théorie scientifique puissante du jeu conçu comme un aspect particulier du comportement humain. Il se peut qu'après avoir testé les joueurs, il soit à même de prédire dans le détail leurs coups respectifs. Parvenu à ce point, notre Martien en sait beaucoup plus qu'il n'est nécessaire pour pouvoir jouer. Mais il en sait également beaucoup *moins* : il est incapable de dire ce que sont les règles du jeu, ou quel est le but du jeu. Il ne possède même pas le concept de coup légitime, ou de ce que c'est que gagner ou perdre. Il pourrait simuler le jeu d'un être humain, mais malgré toute l'intelligence supérieure que nous lui attribuons, il ne pourrait pas mieux jouer qu'un être humain : il ne sait ni ce qu'est un coup légitime, ni ce qu'est une bonne stratégie.

Une analyse philosophique adéquate du langage doit décrire le langage comme une activité rationnelle de créatures auxquelles nous pouvons attribuer des *intentions* et des *desseins*. L'usage du langage est très certainement la manifestation primordiale de notre rationalité : c'est l'activité rationnelle *par excellence*. Lorsque nous cherchons à expliquer ce qui confère à une certaine activité le caractère d'un jeu, nous nous mettons dans la position de quelqu'un qui essaye de comprendre un jeu inconnu et qui, pour une raison ou une autre, ne peut communiquer avec les joueurs. Nous n'exigeons pas une théorie qui nous permettra de prédire les coups de chaque joueur, quand bien même nous pourrions l'obtenir. Nous avons simplement besoin de comprendre en quoi la pratique du jeu est une activité rationnelle. Nous voulons savoir ce qu'il faut savoir pour pouvoir jouer, et par conséquent, ce en quoi jouer à ce jeu consiste. L'analyse du langage proposée par une théorie causale du genre que Quine semble envisager, en termes d'un ensemble complexe de réponses conditionnées, n'est pas le genre de théorie dont nous avons besoin, ou que nous devrions chercher, même si nous savions comment l'obtenir[1]. Pour représenter la parole comme une activité rationnelle, nous devons la décrire comme quelque chose qui est soumis aux procédures ordinaires d'évaluation des motivations et des intentions déclarées. Une place doit donc être réservée à la distinction, essentielle à la compréhension d'une élocution, entre les raisons qu'a un locuteur de dire ce qu'il dit, et ce qu'il dit effectivement, autrement dit ce que ses mots signifient de par les conventions linguistiques que tout locuteur doit connaître. Une théorie purement causale ne laisse aucune place à une telle distinction. Le concept d'intention ne peut à son tour être appliqué que sur la base d'une distinction entre les régularités dont un locuteur qui se conduit

---

1. Le *locus classicus* de cette théorie causale en termes de signification-stimulus, est W.V. Quine, *Le mot et la chose*, trad. fr. J. Dopp et P. Gochet, Paris, Flammarion, 1977. Voir plus particulièrement le chapitre 2.

comme un agent rationnel engagé dans une action conscience qui est le produit de sa volonté, *fait usage*, et celles qui peuvent lui rester cachées, et qu'un psychologue ou un neurologue pourrait dévoiler. Seules les régularités dont le locuteur fait usage en parlant caractérisent le langage en tant que tel. Un locuteur ne peut faire usage que des régularités dont nous pouvons dire qu'il en a pris conscience, à plus ou moins grand degré, autrement dit, celles dont il a, au minimum, une connaissance implicite.

Si ce que je viens d'avancer est correct, il s'ensuit que la notion de connaissance ne peut, après tout, être exclue de la philosophie du langage. Il y a également une deuxième conséquence, qui concerne la question de savoir à quelles conditions le projet de construction d'une théorie de la signification pour un langage peut aboutir. Il s'ensuit en effet qu'une telle théorie ne peut être évaluée comme une théorie empirique ordinaire. Nous ne pouvons juger de sa correction du seul fait qu'elle s'accorde de manière satisfaisante avec le comportement linguistique observé. Le seul critère concluant pour sa correction tient plutôt dans le fait que les locuteurs, après y avoir réfléchi, sont prêts à reconnaître qu'elle est correcte, c'est-à-dire qu'elle incarne les principes qui les guident effectivement. Nous ne pouvons obtenir une telle théorie en nous en tenant à la seule observation. Nous avons besoin de la réflexion, et c'est seulement à l'aide de la réflexion que nous déciderons si elle réussit, ou si elle échoue.

P.F. STRAWSON

LA VÉRITÉ

Présentation, par Bruno Ambroise et Valérie Aucouturier

Ce texte, devenu confidentiel, marqua les années 1950 pour une double raison : anticipant les analyses des aspects pragmatiques du langage, il fut parmi les premiers à contester la conception sémantique de la vérité (CSV), défendue notamment par le positivisme logique. Il marqua également le début d'une longue controverse amicale entre Austin et Strawson sur la question de la vérité.

L'existence de cette controverse pourra surprendre ceux qui liront ce texte, car Strawson semble précisément reprendre des idées austiniennes pour résoudre le statut de certains énoncés comportant le mot « vrai ». Strawson va ainsi introduire le qualificatif de « performatif » pour spécifier certains usages de la phrase « c'est vrai », exprimant de cette manière l'idée que les énoncés du type « c'est vrai », « il est vrai que … » n'ont pas un usage assertorique (ils n'expriment rien), mais plutôt un usage confirmatif, comme une sorte d'acte consistant à agréer à l'assertion préalablement énoncée.

À l'origine, ce texte vise à critiquer les conceptions dites « sémantiques » de la vérité, introduites dans les années 1940 par A. Tarski et popularisées par Carnap. Ces conceptions sont représentées ici par ce que Strawson appelle la thèse 2, selon laquelle le mot « vrai » est toujours utilisé comme prédicat dans une phrase de second ordre qui parle d'une phrase de premier ordre (et en asserte quelque chose). « Vrai » est alors considéré comme une propriété sémantique. Par exemple, je dis d'abord « Le Périgord est pluvieux » et, dans une seconde phrase qui parle de cette première phrase, je dis qu'elle est vraie, dans le langage utilisé (en français), avec la formule suivante : « "Le Périgord est pluvieux" est vrai ». Ce faisant, je parle bien du langage utilisé : je fais une affirmation à son propos, et qualifie par « vrai » une propriété du langage.

Strawson attaque attaque également la conception élimi-nativiste de la vérité défendue un moment par P.F. Ramsey, généralement présupposée par la CSV, et selon laquelle le contenu sémantique d'un énoncé contenant le prédicat « est vrai » n'est pas modifié par l'omission du prédicat. Supposons ainsi que je dise 1) « Il est vrai que le Périgord est vert ». Selon cette analyse, il revient strictement au même de dire simple-ment 2) « Le Périgord est vert », de sorte que l'on peut dire que les deux énoncés font la même affirmation, ou que l'usage de (1) n'est jamais qu'une réitération de (2).

Or Strawson entend défendre d'une autre manière la conception éliminativiste, en considérant que, s'il est vrai que le contenu sémantique de « Le Périgord est vert » n'est pas modifié par l'adjonction de « Il est vrai que », cette dernière adjonction n'est pas pour autant neutre et consiste à faire un acte – ce qu'il va qualifier, empruntant l'expression d'Austin, de performatif. Il retient donc une partie de l'analyse élimina-tiviste, mais va rejeter complètement l'analyse sémantique.

Cette dernière repose essentiellement sur l'affirmation que le prédicat de vérité s'applique à des objets linguistiques (mots, phrases, énoncés, propositions, etc.) en en affirmant quelque chose. S'appuyant largement sur une analyse du langage ordinaire, Strawson montre qu'en réalité, nous ne parlons jamais de la phrase énoncée quand nous qualifions un énoncé de vrai : ce qui est vrai quand je dis « Le Périgord est vert », ce n'est pas la *phrase* mais le *fait* que le Périgord est vert. Une traduction en témoignerait. La vérité n'est donc pas une propriété sémantique, mais permet de parler de la réalité.

Comparant l'usage de « c'est vrai » à celui de « Oui » ou de « Ditto », Strawson montre que s'il faut certes présupposer l'énonciation d'une phrase pour utiliser le prédicat « c'est vrai », celle-ci n'est nécessaire qu'en tant qu'occasion pour l'usage du prédicat et non pas en tant qu'objet sur lequel porte le prédicat. Autrement dit, c'est l'*usage* de « c'est vrai » qui est conditionné par le préalable d'une énonciation (celle-ci est présupposée). Comme il s'agit de conditions pragmatiques, on comprend que la qualité de l'énoncé « c'est vrai » dans ce contexte est celle d'un accomplissement ou d'une performance. Strawson est alors justifié à dire que ce qui importe dans l'usage de « c'est vrai », ce n'est pas ce qui est affirmé par là – car rien n'est en réalité affirmé, sinon éventuellement ce qui l'était déjà –, mais plutôt l'acte que son usage accomplit : celui de donner son accord, de confirmer ce qui a été dit. Quand à l'énonciation « Le Périgord est vert », je réplique « C'est vrai » ou « Il est vrai que le Périgord est vert », je n'affirme rien de plus que la première énonciation, je me borne juste à acquiescer au moyen d'une locution qui a cette fonction – qui est performative. Ce qui importe donc bien dans l'usage du prédicat de vérité, c'est l'acte qu'il permet d'accomplir et nullement ce qu'il affirme.

LA VÉRITÉ [*]

Dans la discussion qui va suivre, je m'en tiendrai à la question de la vérité des assertions (*statements*) empiriques. Ma thèse positive est une élaboration de ce que P.F. Ramsey a défendu il y a longtemps[a]. L'aspect négatif de mon projet vise à critiquer une conception actuelle erronée – la Théorie Sémantique ou Méta-linguistique de la Vérité – qui, me semble-t-il, reproduit d'une façon nouvelle d'anciennes erreurs. Tant que cette théorie n'apporte qu'une simple contribution à la construction de langages artificiels et ne prétend pas être pertinente à l'égard de l'usage de langues naturelles, elle ne me préoccupe pas. Mais, selon moi, certains ont prétendu, et beaucoup l'ont même certainement pensé, que la théorie éclairait l'usage réel du mot « vrai », ou (ce qui, selon moi, revient au même) le problème philosophique de la vérité. Je pense qu'elle est *en effet* éclairante, mais je la crois également ment sérieusement égarante. Rien dans ce qui va suivre ne doit cependant conduire à supposer que le mot « vrai » n'est *jamais* employé comme le décrit la théorie sémantique. Il est assurément employé de cette façon pour des raisons techniques et il peut également l'être pour satisfaire des objectifs non-techniques ; mais je ne connais aucun de ces derniers.

Dans les discussions récentes au sujet de la vérité, l'une ou les deux de ces thèses sont communément soutenues :

[*] P.F. Strawson, « Truth », *Analysis* 6, 1949, traduction B. Ambroise et V. Aucouturier.

[a] P.F. Ramsey, *Foundations of Mathematics*, London, Kegan Paul, Trench, Trubner & co., ltd., 1931, p. 142-143.

Premièrement, le sens affirmatif (*assertive meaning*) de toute phrase (*sentence*) commençant par « Il est vrai que… » ne change pas lorsque la locution (*phrase*) « Il est vrai que » est omise. Plus généralement, dire qu'une assertion est vraie, ce n'est en rien produire une nouvelle assertion ; c'est faire la même assertion. J'appellerai ceci la Thèse 1.

Deuxièmement, dire qu'une assertion (*statement*) est vraie, c'est faire une assertion à propos d'une phrase d'un langage donné, à savoir le langage dans lequel la première assertion a été faite. C'est (en d'autres termes plus techniques) faire une assertion dans un méta-langage attribuant la propriété sémantique de la vérité (ou le prédicat sémantique « vrai ») à une phrase d'un langage-objet. La phrase-objet concernée doit toujours être écrite entre guillemets pour qu'il soit clair qu'on parle bien *de la phrase* ; et la locution « est vrai » doit toujours être suivie par une phrase comme « dans L », où « L » désigne le langage-objet concerné. J'appellerai ceci la Thèse 2.

De ces deux thèses, la première est vraie, mais inadéquate ; la seconde est fausse, mais importante. Ce qu'affirme la première est juste, ce qu'elle suggère est faux. Ce qu'affirme la deuxième thèse est faux, ce qu'elle sous-entend est vrai. La première thèse a raison d'affirmer que, dire qu'une assertion est vraie, ce n'est pas faire une nouvelle assertion ; mais elle a tort de suggérer que dire qu'une assertion est vraie, ce n'est pas faire autre chose que – ou ce n'est rien faire de plus que – faire une assertion. La deuxième thèse a raison de suggérer que, dire qu'une assertion est vraie, c'est faire autre chose qu'une simple assertion ; mais elle a tort d'affirmer que cette « autre chose » consiste à faire une autre assertion, à savoir une assertion au sujet d'une phrase.

Bien que ces deux thèses soient parfois maintenues par un même philosophe, on voit aisément qu'elle ne peuvent être toutes deux correctes. Car, s'il est vrai que dire 1) « Les papillons de nuit volent la nuit », c'est asserter la même chose que dire 2) « Il est vrai que les papillons de nuit volent la nuit », il est alors faux que dire (2) revient à dire quelque chose au sujet de la phrase française « Les papillons de nuit volent la nuit ». C'est-à-dire qu'il est faux que (2) doive strictement s'écrire : « "Les papillons de nuit volent la nuit" est vrai en français ». Si dire (2), c'est faire la même assertion que dire (1), alors dire (2) ne peut pas revenir à dire quoi que ce soit concernant une phrase française. Car dire (1) ne revient pas à dire quoi que ce soit à propos d'une phrase française, mais c'est dire quelque chose sur les papillons de nuit.

Indépendamment de cela, on constate combien il est égarant de dire que la locution « ... est vrai » est employée pour parler *de phrases* quand on la compare à d'autres locutions qui sont assurément employées pour parler de phrases (ou de mots, ou de locutions). Par exemple, quelqu'un dit, en français, « *Il pleuve* »[1] et quelqu'un d'autre le corrige en disant : « "*Il pleuve*"[2] est *incorrect* en français. L'expression juste est "*Il pleut*"[3] ». Ou encore, en critiquant le style d'un passage, quelqu'un dit : « La phrase "..." est *mal exprimée* ». De même, on peut demander ce que *signifie* une phrase ou dire qu'une phrase est *agrammaticale*, *mal formulée* (*misspelt*), *mal traduite*. Dans chacun de ces cas, il est naturel de dire qu'on parle *d'une phrase*. Si n'importe quelle assertion (*statement*) de cette sorte était traduite dans n'importe quel langage, la phrase dont on a parlé réapparaîtrait dans la traduction de

1. En français dans le texte.
2. En français dans le texte.
3. En français dans le texte.

l'assertion complète (*as a whole*), citée et non traduite. Sinon la traduction serait incorrecte. Mais il est parfaitement évident que la traduction correcte de n'importe quelle assertion contenant la locution « est vrai » (dans son usage ordinaire) ne contient jamais de phrase citée et non traduite à laquelle, dans la phrase originale, est *ajoutée* (*was applied*) la locution « est vrai ». La locution « est vrai » n'est pas *ajoutée à* (*applied to*) des phrases, car elle n'est *ajoutée à* (*applied to*) rien.

La vérité n'est pas une propriété des symboles, car ce n'est pas une propriété.

II

L'habitude de dire que la vérité est un concept « sémantique » (que « vrai » est un « prédicat sémantique ») n'aide pas à dissiper la confusion impliquée en disant que « vrai » est un prédicat s'appliquant à des phrases. Mais il est utile d'indiquer une des sources de confusion possible. Je ferai une brève digression afin d'examiner cette source. Pour éclairer l'usage du mot « sémantique », citons ce passage de *Introduction to Semantics* :

> Par *système sémantique*, nous entendons un système de règles, formulées dans un méta-langage et se référant à un langage-objet, de telle sorte que les règles déterminent une *condition de vérité* pour chaque phrase (*sentences*) du langage-objet (…) Pour le dire autrement : les règles déterminent la *signification* (*meaning*) ou le sens (*sense*) des phrases (*sentences*)[b].

b. R. Carnap, *Introduction to Semantics*, Cambridge (Mass.), Harvard UP, 1959, p. 22.

Remarquons que les expressions « condition de vérité » et « signification » sont employées comme synonymes. Et ceci suggère que même s'il n'existe aucun usage de la locution « est vrai » dans lequel celle-ci s'applique correctement à des phrases (est employée correctement pour en parler), il existe, ou pourrait exister, un usage de la locution « est vrai si et seulement si » dans lequel *cette* locution s'appliquerait correctement à des phrases (serait employée correctement pour en parler). C'est-à-dire que dans cet usage, cette locution serait synonyme de la locution « signifie que », qui *est* bien sûr employée pour parler de phrases. Supposons, par exemple, que nous voulions fournir des informations sur la signification de la phrase « Le monarque est décédé ». Nous le pouvons au moyen de la méta-assertion suivante :

1) « Le monarque est décédé » signifie que le roi est mort. Nous mettons ici la phrase « Le monarque est décédé » entre guillemets pour indiquer que nous parlons de cette phrase. Nous faisons une méta-assertion. Et cette méta-assertion est contingente, car il est contingent que la phrase en question ait cette signification en français ou même qu'elle ait une quelconque signification. Pour être vraiment précis, nous devons peut-être l'écrire ainsi :

1a) « Le monarque est décédé » signifie, en français, que le roi est mort.

Si nous devions traduire cette méta-assertion dans un autre langage, aucune des expressions qui la constituent ne resterait inchangée, sauf la phrase citée « Le monarque est décédé ». Elle resterait inchangée, sans quoi la traduction serait incorrecte. Or ma suggestion est que nous pourrions, sans perte d'intelligibilité, fournir la même information, exactement de la même façon, sauf que nous remplacerions la locution « signifie que » par la locution « est vrai si et seulement si ». Nous obtiendrions alors la méta-assertion contingente suivante :

> 2) « Le monarque est décédé » est vraie si et seulement si le roi est mort.

ou, plus précisément :

> 2a) « Le monarque est mort » est vraie en français si et seulement si le roi est mort.

Cette procédure semble intelligible. Tout ce que j'ai dit des assertions (1) et (1a) s'appliquera aux assertions (2) et (2a). Nous utiliserons la locution « est vrai si et seulement si » dans une assertion contingente pour parler d'une phrase. Considérons à présent un cas altéré de ces méta-assertions. Ce cas est instancié dans les phrases suivantes :

> 3) « Le monarque est décédé » signifie (en français) que le monarque est décédé.
> 4) « Le monarque est décédé » est vrai (en français) si et seulement si le monarque est décédé.

Il est difficile, et peut-être peu important pour notre projet actuel, de déterminer quel est le statut à accorder à de telles phrases. Les considérations suivantes pourraient nous inciter à les décrire de manière assurée comme des méta-assertions contingentes vraies :

> *a)* Bien qu'elles soient incapables de nous dire ce que signifie la phrase citée, elles nous fournissent des informations sur celle-ci. Quoiqu'il en soit, elles indiquent que la phrase citée a un sens en français [c]. Et ceci est contingent.

---

c. On peut imaginer un autre usage des assertions (3) et (4), par exemple où le langage-objet serait écrit et le méta-langage, parlé en français.

b) On pourrait obtenir ces assertions à partir de cas non altérés par un processus légitime de traduction, d'inférence et de retraduction. (Ou, plus simplement, leur traduction correcte, disons, en anglais, fournirait indubitablement une méta-assertion contingente).

c) Il est contingent qu'une phrase signifie ce qu'elle signifie, exprime la proposition qu'elle exprime[d].

Bien que ces considérations soient déterminantes contre l'affirmation que (3) et (4) sont « logiquement nécessaires »[e], elles constituent des fondements très inappropriés pour dire, sans restriction, qu'elles sont « vraies et contingentes ». En effet, qu'assertent-elles de contingent ? Si nous répondons, en nous appuyant sur *(a)*, qu'elles ne font qu'asserter que la phrase entre guillemets a un sens en français, alors leur forme (l'usage de l'expression « signifie que ») est profondément égarante. Si nous demandons ce qu'elles assertent de contingent, qui entre dans la catégorie (*under the head*) *(c)*, aucune réponse n'est possible. Personne ne peut *asserter* ce que dit une phrase sans l'aide d'une autre phrase.

d. Voir Lewy, « Truth and Significance », *Analysis*, vol. 8, n°2.

e. On pourrait être tenté de dire que (3) et (4) sont « nécessaires », puisqu'il semble auto-contradictoire de dire :

    3a) « Le monarque est décédé » ne signifie pas en français que le monarque est décédé.

Mais ce serait une erreur. Il serait contradictoire de dire qu'une phrase a à la fois une certaine signification et qu'elle n'en a aucune. Il serait contradictoire de dire qu'une phrase a et n'a pas de signification particulière, spécifiée. Mais (2a) ne fait ni l'un, ni l'autre. La forme (3) est propre à attribuer une signification spécifique et la forme (3a) à la refuser (*withholding*). Mais comme (3) n'attribue aucune signification spécifique, (3a) ne la refuse pas. (3a) n'est ni une assertion auto-contradictoire, ni une assertion fausse, contingente, mais c'est une pseudo-assertion.

Voici les raisons pour lesquelles je propose de continuer à se référer aux assertions (ou pseudo-assertions) comme (3) et (4) non pas comme à des assertions nécessaires, ni contingentes, mais simplement comme à des « cas altérés » (*degenerated cases*) de méta-assertions contingentes du type (1) et (2). La question n'est pas importante en elle-même, même s'il est important qu'aucune confusion n'en émerge.

L'étape suivante consiste à remarquer la similitude décevante entre l'usage de la locution « si et seulement si » dans ce type de méta-assertion contingente et son usage dans des expressions qui ne sont pas des assertions contingentes, mais des formules nécessaires ou définitionnelles. Voici un exemple d'une telle formule :

Le monarque est décédé si et seulement si le roi est mort.

Ici, la locution « est vrai » n'apparaît pas et aucune partie de cette expression n'est entre guillemets. La formule elle-même ne nous donne aucune information sur la signification de la phrase « Le monarque est décédé », alors que l'assertion selon laquelle il *s'agit* d'une formule nécessaire nous *donnerait* une telle information. Or, la similitude entre l'usage de la locution « si et seulement si » dans cette formule nécessaire et son usage en tant que *partie* de la locution « est vrai si et seulement si » dans des méta-assertions contingentes pourrait avoir constitué une tentation forte de distinguer parmi les cas altérés de telles méta-assertions et de considérer ce qui suit la locution « si et seulement si » comme le *definiens* de ce qui précède – c'est-à-dire de la locution « la phrase "…" est vraie (dans L) » – ; de considérer, par exemple, l'ensemble de l'expression (3) :

« Le monarque est décédé » est vraie si et seulement si le monarque est décédé.

comme une spécification ou une conséquence ou une partie[f] d'une définition générale de « ... est vrai » (ou de « ... est vrai dans L »). Et, de fait, c'est ce qu'on découvre : on trouve dit qu'une définition générale satisfaisante de la vérité doit avoir pour conséquence une expression du type suivant[g] :

5) « On est aujourd'hui lundi » est vraie si et seulement si on est aujourd'hui lundi.

6) « Londres est une ville » est vraie si et seulement si Londres est une ville.

Or, on a vu que des assertions telles que (5) et (6) sont des cas altérés de méta-assertions contingentes du type (2), qui emploient la locution « *est vrai si et seulement si* » comme synonyme de « *signifie que* ». C'est seulement *en tant que partie de la locution précédente* que l'expression « *est vrai* » est employée, dans ces assertions, pour parler de phrases. Aussi, comprendre les cas altérés comme des spécifications ou des parties d'une formule définitionnelle idéale de la locution « est vrai », c'est séparer la locution du contexte qui seul lui confère son usage méta-linguistique, et considérer le résultat

f. Par exemple, Tarski, dans *The Semantic Conception of Truth*, « Philosophy and Phenomenological Research », vol. 4, 1943-1944, p. 344, dit : « Toute équivalence de la forme (T) [(T) X est vrai si et seulement si p] obtenue en remplaçant "p" par une phrase particulière et "X" par le nom de cette phrase, peut être considérée comme une définition partielle de la vérité qui explique en quoi consiste la vérité de cette phrase individuelle-ci. La définition générale doit, en un sens, être une conjonction logique de toutes ces définitions partielles ».

g. Voir M. Black, étendant et critiquant Tarski, dans *Analysis*, vol. 8, n° 4, p. 51.

comme un modèle de l'usage général de « est vrai ». C'est être conduit à l'erreur consistant à supposer que la locution « est vrai » est normalement (ou strictement) utilisée comme un prédicat méta-linguistique. Ainsi mal interprétées comme des formules définitionnelles, des expressions telles que (5) sont à la fois fascinantes et égarantes. Elles sont égarantes car, comme on l'a vu, elles cristallisent la fausse Thèse 2. Elles sont fascinantes, car elles semblent indiquer que la Thèse 1 est vraie. En effet, une partie de l'expression à définir (c'est-à-dire la combinaison des guillemets et de la locution « est vrai ») *disparaît* dans le *definiens* sans être remplacée par rien. (Notons au passage combien il est étrange de dénommer cette définition-par-disparition « définition » !). De cette façon, on considère que l'idée selon laquelle « vrai » est une assertion redondante se combine d'une certaine façon avec l'idée selon laquelle « vrai » est un prédicat méta-linguistique des phrases, en même temps qu'elle en dépend. On peut alors exprimer l'idée-force de la théorie sémantique de la manière suivante : dire qu'une assertion est vraie, ce n'est pas dire quelque chose de plus *sur ce dont parle* l'assertion, mais c'est dire la même chose à ce propos *en employant une autre assertion, à savoir une assertion à propos d'une phrase*. Or, j'ai dit que la Thèse 1 était vraie. *A fortiori*, une version modifiée de la Thèse 1 est vraie. Je l'appellerai la Thèse 1A. Voici ce qu'elle dit :

> Dire qu'une assertion est vraie, ce n'est pas dire quelque chose de plus sur ce dont elle parle, mais, dans la mesure où c'est dire quelque chose à ce propos, c'est en dire la même chose.

Or la Thèse 1A, contrairement à la Thèse 1, est compatible avec la Thèse 2. La théorie sémantique consiste à affirmer 1A et 2. Je suggère que la théorie sémantique tire largement sa plausibilité de la vérité de 1A. On admet 2 pour les besoins de

1A. J'aimerais à présent montrer que la Thèse 1 non modifiée est vraie et que nous pouvons donc et devons affirmer 1A tout en rejetant 2, et donc en rejetant la théorie sémantique.

Concernant la confusion (*muddle*) que j'ai décrite plus haut – celle qui consiste à lire de façon méta-linguistique un cas altéré d'assertions contingentes en employant la locution *est vrai si et seulement si* comme une formule pseudo-définitionnelle dont le *definiendum* est une phrase citée suivie de la locution *est vrai* –, je ne soutiens pas que cette confusion représente la genèse de la théorie sémantique, mais je pense qu'elle peut également avoir contribué à la plausibilité de celle-ci.

III

La meilleure façon de montrer que la Thèse 1 est vraie consiste à corriger ce qui la rend inappropriée. La meilleure façon de le faire consiste à trouver les raisons supplémentaires qui ont conduit à la Thèse 2. Pour rendre évidents ces traits de la situation qui ont conduit à l'erreur consistant à dire que le mot « vrai » est employé de façon méta-linguistique (pour parler de phrases), je voudrais d'abord comparer l'usage de « vrai » avec celui de « oui ». Si vous et moi sommes assis en silence depuis un certain temps et que je dis soudain « Oui », vous me regarderez peut-être avec étonnement et répondrez « Je n'ai rien dit ». Un homme peut bien sûr se dire « oui » à lui-même, ce qui indiquera qu'il s'est ôté un doute de l'esprit ou qu'il a pris une décision. Mais normalement, on emploie « oui » pour répondre à une question ; et sans question, on ne saurait donner de réponse. Supposons à présent que vous demandiez : « Jones était-il là ? » et que je réponde « Oui ». Il n'y a aucune tentation d'aucune sorte de dire qu'en répondant ainsi je *parle de* la

phrase française « Jones était-il là ? ». Nous avons donc, dans
le cas de « Oui », un mot dont l'usage normal nécessite une
certaine occasion linguistique (une question), sans qu'on soit
tenté de dire qu'il est employé pour *parler de* la phrase dont
l'énonciation est l'occasion de son usage. La tentation est
même plutôt de poursuivre dans la direction opposée et de dire
qu'en répondant « Oui », je ne parle *de* rien, je ne fais aucune
affirmation, je ne fais que répondre. En un sens, c'est exact ;
mais en un autre, c'est erroné. Car vous pourriez parfaitement
rapporter notre dialogue en disant de moi : « Il a dit que Jones
était là ». Nous pouvons donc dire de l'usage ordinaire de
« Oui » : premièrement, qu'il exige une occasion linguistique,
à savoir une question ; deuxièmement, qu'il n'est pas employé
de façon méta-linguistique pour parler de la question, mais
pour y répondre ; troisièmement, qu'en admettant que nous
affirmons quelque chose en l'employant, le contenu de l'affirmation est le même que le contenu de la question. Imaginons à
présent un usage possible, et même vulgaire, de l'expression
« Ditto ». Vous faites une affirmation et je réponds « Ditto ».
Pour autant que j'affirme quelque chose, que je parle de
quelque chose, je parle de ce dont vous parlez et affirme ce
que vous affirmez. Bien sûr – et c'est une indication du caractère inadéquat de la Thèse 1 et de la raison de l'erreur méta-
linguistique – ce n'est pas *la même chose* de dire « Ditto » *que*
de faire l'assertion en question. Car, même si j'aurais pu faire
l'assertion avant que quiconque ne parle, dire « Ditto » avant
que quiconque n'ait parlé aurait été, pour moi, dépourvu de
signification. Comme « Oui », « Ditto » nécessite une occasion
linguistique. Mais une fois de plus, et résolument (*largely*), je
pense que, puisque l'expression « Ditto » ne consiste pas en
un sujet et un prédicat grammaticaux, il n'existe absolument
aucune tentation de dire qu'en employant « Ditto » ainsi je

parlerais *de la phrase* que vous avez employée et dont l'énonciation était l'occasion linguistique de l'usage que j'ai fait de cette expression. Je ne parle pas de ce que vous avez dit (du bruit que vous avez fait, de la phrase que vous avez dite ou de la proposition que vous avez exprimée). Je suis d'accord, j'endosse, j'adhère à ce que vous avez dit et, si vous n'aviez pas dit quelque chose, je ne pourrais pas accomplir *ces* activités, même si je pourrais *faire les affirmations* que vous avez faites. Or, l'expression « C'est vrai » fonctionne parfois exactement de la façon dont j'ai suggéré que l'expression « Ditto » fonctionnait. *A* dit « Jones était là », *B* dit « C'est vrai » et *C*, rapportant la conversation peut dire en toute correction : « *A* et *B* ont tous deux dit que Jones était là ». Mais le problème est que *B* n'aurait pas pu dire que Jones était là de la façon dont il l'*a* dit (c'est-à-dire en employant l'expression « C'est vrai ») si *A* n'avait pas préalablement prononcé la *phrase* « Jones était là » ou une phrase équivalente. C'est peut-être *ce* fait concernant l'usage (*cet* usage) du mot « vrai », allié au préjugé selon lequel toute phrase indicative doit décrire (être « à propos de » quelque chose), qui encourage ceux qui en ont eu assez de dire que la vérité était une propriété de propositions, à dire à la place qu'en employant le mot « vrai » nous parlons de phrases. (Ce que j'ai dit à propos de l'usage de « C'est vrai » s'applique, bien sûr, avec les modifications adaptées, à l'usage de « C'est faux ».)

Or, ceux qui affirment que « vrai » est un prédicat de phrases n'ont, en général, pas considéré ces cas simples de l'usage de « vrai » (et de « faux »), mais des cas plus troublants, qui mènent ou semblent mener à des paradoxes : comme le cas, par exemple, où quelqu'un prononce isolément la phrase « Ce que je suis en train de dire est faux » ou, écrit sur un tableau vierge de toute inscription, « Toute assertion inscrite sur ce tableau est fausse ». La solution en termes méta-linguistiques est de traiter ces phrases comme si elles faisaient des affirmations de second ordre concernant le fait :

> 1) qu'il existe une assertion de premier ordre écrite sur le tableau (ou que je suis en train de dire) ;

et :

> 2) que toute assertion de premier ordre écrite sur le tableau (ou que je suis en train de dire) est fausse.

Grâce à ces distinctions entre les ordres, la distinction entre méta-langage et langage-objet, on ne dit plus que les phrases troublantes engendrent des contradictions. Elles sont soit simplement fausses, car la part existentielle de ce qu'elles affirment est fausse ; soit, alternativement, elles sont considérées comme trivialement vraies, dès lors qu'on laisse de côté la part existentielle de l'analyse et qu'on les traite uniquement comme des hypothèses, car aucune assertion de premier ordre n'intervient. Cette solution réussit formellement à éviter les contradictions apparentes. Mais il me semble qu'elle n'accomplit ce succès qu'en répétant les erreurs fondamentales dont sont issues les contradictions elles-même, et également, et par conséquent, en entraînant les difficultés mentionnées au début de cet article. C'est-à-dire, premièrement, qu'elle implique l'idée selon laquelle dire qu'une assertion est vraie (ou fausse), c'est faire une autre assertion de second ordre (entrant ainsi en contradiction avec la Thèse 1) ; deuxièmement, elle rend (habituellement) improbable le fait de dire que cette assertion de second ordre est *à propos* d'une phrase ou de phrases. Or, l'intérêt de la discussion précédente sur l'usage réel de « oui », l'usage possible de « Ditto » et l'usage réel de « C'est vrai » est de montrer que ces expédients sont inutiles. Si personne n'a parlé et que je dis « Ditto », je ne fais ni une assertion fausse disant que quelque chose de vrai a été dit, ni une assertion vraie disant que rien de faux n'a été dit. Je ne fais aucune assertion, mais je produis une énonciation gratuite (*pointless*). Si quelqu'un a fait une assertion auparavant, le fait que je dise « Ditto » gagne une pertinence, est alors opportun. Et, si on veut, on peut dire qu'à présent je fais une assertion en répétant, d'une certaine façon, ce qu'a dit le locuteur. Mais je ne fais pas une assertion supplémentaire, une méta-assertion. Peut-être vaudrait-il mieux dire que mon énonciation n'est pas du tout une assertion, mais un accomplissement linguistique qui n'était pas opportun dans le premier cas et l'était dans le second. De sorte que, dans le premier cas, la performance était spécieuse (*spurious*) et que dans le second, elle était véritable. Pareillement, les mots « vrai » et « faux » nécessitent normalement que quelqu'un ait fait ou s'apprête à faire (à prononcer ou écrire) une certaine assertion, comme occasion pour que leur usage soit signifiant. (Il n'est pas nécessaire qu'on fasse l'assertion avant d'employer « vrai ». Celle-ci peut suivre l'usage de « vrai », comme c'est le cas dans l'expression « Il est vrai que … » – formulation que je discuterai plus loin). Mais, dans tous les cas, la clause indicative dont le prédicat grammatical est la locution « est vrai » ne fait en elle-même aucune sorte d'assertion (pas même une méta-assertion) et, *a fortiori*, elle ne peut faire l'assertion dont l'effectuation est nécessaire comme occasion d'un usage signifiant des mots « vrai » et « faux ». En l'état, ce n'est pas très précis. Car une phrase indicative, dont le prédicat grammatical est la locution « est vrai », peut parfois, comme je vais le montrer brièvement, être employée pour faire une méta-assertion implicite. Mais, lorsqu'il en est ainsi, la locution « est vrai » ne joue aucun rôle dans l'effectuation de cette méta-assertion. La locution « est vrai » n'a jamais pour rôle de faire des assertions. Et, une fois ceci vu, les paradoxes s'évanouissent sans qu'il n'y ait plus besoin de considérer les mots « vrai » et « faux » comme appartenant à cette machinerie. Les paradoxes émergent si l'on suppose que les mots « vrai » et « faux » peuvent être employés pour effectuer des affirmations de premier ordre. Il sont certes formellement résolus si l'on déclare que ces mots ne peuvent être employés que pour faire des affirmations de second ordre. Mais le paradoxe et la solution disparaissent si l'on suppose, plus radicalement, qu'ils ne sont pas employés pour faire des affirmations de quelque ordre que ce soit – qu'ils ne sont pas du tout employés pour faire des affirmations.

J'ai dit, cependant, que les phrases indicatives dont le prédicat grammatical est la locution « est vrai » ou la locution « est faux » peuvent être employées pour faire des méta-assertions implicites ; mais ces locutions ne jouent aucun rôle dans l'effectuation de ces méta-assertions. Pour clarifier ceci, considérons les phrases suivantes :

1) Ce que je suis en train de dire est faux.
2) Toutes les assertions en français sont fausses.
3) Ce qu'a dit le policier est vrai.

Il n'est certainement pas faux de considérer que chacune de ces phrases fait une méta-assertion *existentielle*, qui n'implique pas les mots « vrai » ou « faux ». La méta-assertion implicite pour ces cas pourrait s'écrire ainsi :

1a) Je viens de (je m'apprête à) faire une assertion.
2a) Certaines assertions sont en français.
3a) Le policier a fait une assertion.

Ces phrases sont toutes des phrases affirmatives de second ordre disant que des phrases affirmatives de premier

ordre ont été prononcées (*a*) par moi, (*b*) en français, (*c*) par
le policier.

On peut considérer que ces phrases affirmatives de second
ordre font partie de l'analyse des phrases (1), (2) et (3). De
toute évidence, elles ne constituent pas une analyse exhaustive. La phrase «Le policier a fait une assertion» n'a clairement pas le même usage que «Ce qu'a dit le policier est vrai».
Prononcer la seconde revient à accomplir quelque chose de
plus qu'affirmer la première. Quel est cet accomplissement supplémentaire? Considérons les circonstances dans
lesquelles nous pourrions employer l'expression «Ce qu'a dit
le policier est vrai». Au lieu d'employer cette expression,
j'aurais pu *répéter* l'histoire du policier. Dans ce cas, on aurait
dit que j'ai *confirmé* ce qu'a dit le policier. J'aurais cependant
pu faire exactement le même ensemble d'assertions que celles
que j'ai faites en répétant son histoire, mais *avant* que le policier ne parle. Dans ce cas, même si les affirmations que j'ai
faites ne sont pas différentes, je n'ai pas fait ce que j'ai fait dans
l'autre cas, à savoir «confirmer son histoire». Ainsi, confir--
mer son histoire, ce n'est rien dire de plus *à propos* de son
histoire ou des phrases qu'il a employées en la racontant, même
si cela ne peut être fait sans qu'il ait raconté cette histoire. Or,
contrairement au récit de confirmation que j'aurais pu dire, la
phrase «Ce qu'a dit le policier est vrai» n'a pas d'usage
hormis celui de confirmer l'histoire du policier[h]; mais, tout
comme le récit de confirmation, la phrase ne dit rien de plus
à propos de l'histoire du policier ou des phrases qu'il a

---

h. Ceci a besoin d'être précisé. Prononcée par un témoin, la phrase est une
confirmation, extorquée au coupable (*wrung from the culprit*), c'est un *aveu*.
Sans doute existe-t-il d'autres cas.

employées pour la raconter. Donc, en général, en employant de telles expressions, nous confirmons, nous adhérons, nous admettons, nous sommes d'accord avec ce que quelqu'un a dit. Mais (sauf lorsque nous faisons implicitement une méta-assertion existentielle dans l'effectuation de laquelle la locution « est vrai » ne joue aucun rôle) nous ne faisons aucune affirmation supplémentaire (*additional to theirs*), et nous n'employons *jamais* « est vrai » pour parler *de* quelque chose – *ce que les expressions ont dit* – ou *des* phrases employées pour le dire. Pour compléter l'analyse de la phrase entière (3) « Ce qu'a dit le policier est vrai », il faut alors ajouter à la méta-affirmation existentielle, une phrase qui n'est pas affirmative, mais performative (je me permets d'emprunter le mot de M. Austin[i]). Nous pourrions, par exemple, proposer comme analyse complète d'un cas l'expression : « Le policier a fait une assertion. Je le confirme », où, en prononçant les mots « Je le confirme », je ne décris pas quelque chose que je fais, mais je *fais* quelque chose[j]. Il existe alors une différence entre les cas plus compliqués dans lesquels la locution « est vrai » est précédée d'une locution descriptive et les phrases plus simples (par exemple « C'est vrai ») dans lesquelles la locution « est vrai » est précédée par un démonstratif. Les premiers peuvent être considérés comme impliquant une méta-assertion implicite, tandis que les seconds sont purement confirmatifs (ou de pures « acceptations »). Mais la locution « est vrai » n'a, dans aucun type de cas, une fonction affirmative (ou méta-affirmative).

---

i. Voir J.L. Austin, « Other Minds », *Proceedings of the Aristotelian Society*, Sup. vol. XX, p. 169-175, pour un exposé de quelques mots de ce type.

j. Voir aussi « Je l'admets ». *Dire* ceci, *c'est* accomplir l'acte d'admettre.

Il se peut qu'on éprouve encore un certain malaise à dénier l'existence d'une quelconque fonction affirmative ou descriptive de la locution « est vrai ». Pour apaiser partiellement ce malaise, je vais redire une chose familière : lorsque je dis « C'est vrai » en réponse à votre assertion, je fais, d'une certaine façon, une assertion, à savoir l'assertion que vous avez faite ; je décris quelque chose, à savoir, ce que vous avez décrit. Mais, souligner ce point reste cohérent avec le fait de dire que « C'est vrai » n'affirme rien en soi, ne fait pas de méta-assertion. Si un certain malaise persiste, il ne faut pas l'apaiser. Car sa source est l'ancien préjugé selon lequel toute phrase indicative est, ou fait[k], une assertion. Je le nomme préjugé, mais nous pourrions, à la place, en faire un critère. Et il n'y aurait même aucun mal à adopter ce critère pour l'« assertion », si nous pouvions simultanément distinguer le mot, dans cet usage strictement grammatical, et la logique de ses autres usages – cette logique qui nous pousse, pour une assertion donnée, à nous demander : Que concerne-t-elle ? Que décrit-elle ? Quelle est la propriété, ou quelle est la relation dont elle asserte qu'elle appartient à certaines entités – et quelles sont ces entités ? Si on se pose ces questions face à une phrase comme « Ce qu'a dit Pascal est vrai », nous sommes incités à chercher l'entité correspondante à *ce qu'a dit Pascal*. En regardant avec des yeux prudents, contemporains, nous ne trouvons que ses mots et nous sommes ainsi portés à dire qu'en employant cette expression, nous parlons des phrases françaises qu'il a écrites ou prononcées. C'est donc le désir

---

k. Tout au long de ce texte, j'ai employé des barbarismes modérés tels que « Cette phrase fait une assertion » pour abréger des expressions telles que « Quiconque a prononcé cette phrase a fait une assertion ».

démodé voulant que la locution « est vrai » soit une sorte de locution descriptive, qui nous conduit à la suggestion à la mode selon laquelle le mot « vrai » est un prédicat de deuxième ordre s'appliquant à des phrases de premier ordre. Il est plus important d'avoir une bonne raison de rejeter *cette* vision que de simplement la rejeter : cette raison tient précisément à ce que la locution « est vrai » n'est en rien descriptive. Si nous persistons à dire qu'elle décrit (est à propos de) quelque chose tout en niant qu'elle décrit des (est à propos de) phrases, nous nous retrouverons avec les vieilles questions générales sur la nature et les critères de la vérité, sur la nature des entités liées par une relation de vérité, etc. Plutôt que de demander « Quel est le critère de la vérité ? », mieux vaut demander « Quels sont les fondements de l'accord ? » – car on constate que ceux-ci ne sont pas moins variés que les sujets sur lesquels on peut se mettre d'accord. Et ceci nous dissuadera peut-être également de rechercher la différence distinguant une sorte d'énoncé et une autre en disant, par exemple, « Les énoncés éthiques ne sont ni vrais ni faux ». Il est correct de dire que des énoncés de toute sorte sont vrais ou faux tant qu'il existe un usage correct pour signifier l'accord ou le désaccord à leur propos au moyen des *expressions* « vrai » ou « faux ».

Bien entendu, la formulation que j'ai adoptée dans la discussion d'un des usages de « vrai » n'est pas immunisée contre une autre variante de cet argument issu de la grammaire qui conduit à traiter « vrai » comme un mot descriptif. Quelqu'un pourrait dire : afin que vous puissiez *confirmer* quoi que ce soit, il vous faut un *objet* de confirmation – une phrase ou une proposition. Et, accomplir cette activité sur cet objet, ce n'est rien d'autre qu'asserter que l'objet a la propriété ou se tient dans la relation à laquelle on se réfère par le mot « vrai ». Quiconque dit cela est en partie trompé par le fait que le verbe « confirmer » a besoin d'un objet grammatical et, en partie, par le fait que l'acte linguistique (de « confirmation ») ne nécessite pas un objet mais une *occasion* – fait que j'ai déclaré être l'élément vérace, mais incompris, de la théorie sémantique. Même cette affirmation – selon laquelle il doit y avoir, ou il faut penser, une sorte de signe-occasion de l'usage signifiant, ou authentique, du mot « vrai » – n'est pas tout à fait correcte si elle signifie qu'un énoncé parlé ou écrit doit apparaître, ou qu'on doit penser qu'il apparaît. Car il ne serait pas incorrect, bien que cela soit inhabituel, de dire : « Ce que vous pensez est vrai » lorsque rien n'a été dit. (Mais alors, on *peut* poursuivre une conversation avec des regards et des signes de tête.)

IV

Dans le débat philosophique concernant toute cette question, peu d'attention a été portée à l'usage réel de « vrai ». Et je souhaiterais conclure en distinguant de façon un peu plus détaillée certains de ses usages normaux. Je suis tenté de qualifier les usages mentionnés jusqu'ici de « performatifs ». Mais c'est un mauvais nom. Je considère qu'un mot performatif, au sens d'Austin, est un verbe dont l'usage, à la première personne au présent de l'indicatif, semble décrire une activité du locuteur alors qu'il *est*, en fait, cette activité. Il est clair que l'usage de « est vrai » ne semble décrire aucune activité du locuteur ; il *a semblé* que cela décrivait une phrase, une proposition ou une assertion. L'intérêt d'utiliser le terme d'Austin réside dans le fait que la locution « est vrai » peut parfois être remplacée[1], sans grand changement de signification, par une locution telle que « Je le confirme », qui est performative au sens strict. J'utiliserai le mot performatif substitutif comme titre pour chacun de ces cas et je parlerai, par exemple, des usages « confirmatifs, ou « admissifs » de « vrai ». Considérer le mot comme, par exemple, un instrument de confirmation est recommandable en raison de son économie. Nous pouvons, par son moyen, confirmer sans répéter.

Le mot a d'autres usages également non-descriptifs. Un de ses usages familiers est celui dans des phrases commençant par la locution « Il est vrai que », suivie par une proposition grammaticale, suivie du mot « mais », puis suivie d'une autre proposition grammaticale. On m'a fait remarquer que les mots « Il est vrai que … mais … » pouvaient dans ces phrases, être remplacés par le mot « bien que », ou, alternativement, par les mots « Je concède que … mais … ». Cet usage de la locution est concessif. Le caractère inapproprié du traitement méta-linguistique apparaît particulièrement ici.

L'usage purement confirmatif n'est probablement pas plus commun que les autres usages qui lui ressemblent mais qui, je pense, sont distincts. Un homme peut vous affirmer quelque chose, non pas pour que vous le confirmiez et éliminiez un doute à lui ou à d'autres, mais pour s'assurer que vous partagez sa croyance ou son attitude. Si, dans ce cas, vous dites « C'est vrai », vous ne *dites* pas, mais vous *indiquez* que vous partagez sa croyance. Il me semble naturel de décrire ceci simplement comme « donner son accord ». Une fois de plus, il me semble que nous employons très

---

1. Bien sûr, pas *simplement* remplacée. D'autre changements verbaux seraient nécessaires.

souvent la locution « C'est vrai » pour exprimer, non seulement qu'on est d'accord avec ce qui est dit, mais aussi qu'on sent la force et le caractère novateur de ce qui est dit. Nous prenons acte de l'impact de ce qui est dit comme nous pourrions le faire en disant : « Je n'avais jamais pensé à cela ». Contrastez ce cas avec le « C'est bien vrai » ironique avec lequel nous félicitons l'évidence. L'usage de « vrai » est ici effectivement ironique simplement parce que, normalement, nous l'employons pour exprimer un accord lorsque cet accord est mis en doute ou pour manifester (*register*) le sentiment d'une révélation. Parfois, dans des phrases commençant par « Est-il vrai que … ? » ou « Alors c'est vrai que … », nous pourrions conserver la qualité expressive de l'énoncé en substituant l'adverbe « vraiment » aux locutions citées à un endroit approprié de la phrase, pour manifester, comme cela se fait, l'incrédulité ou la surprise.

Le mot a sans doute d'autres fonctions, mais celles que j'ai mentionnées sont probablement aussi communes que les autres. Le point important est que l'accomplissement de ces fonctions (et, j'imagine, de toutes les autres fonctions non techniques que le mot peut avoir) n'engage pas l'usage de prédicats méta-linguistiques et que nous *pourrions*, sans trop faire violence à notre langage, les accomplir sans faire appel à aucune expression qui *semble* (comme le fait « C'est vrai ») faire une assertion. Par exemple, substituer « bien que » à « Il est vrai que … mais … » est un moyen évident de transférer l'usage concessif. Une extension de la pratique du candidat aux élections qui bafouille (*inarticulate*) et dont le discours était « Ditto pour M. X » pourrait être liée à l'usage confirmatif et, en partie, à l'usage expressif, et ainsi de suite. La sélection des expressions de substitution serait, bien-sûr, déterminée par des considérations publicitaires (*propagandist*) concernant leur capacité à encourager un minimum quiconque aurait peur de les confondre avec des locutions assertives ou avec des mots descriptifs à les employer.

Une dernière chose : une suggestion sur les raisons pour lesquelles l'étonnement au sujet de la vérité est communément entrelacé avec celui concernant la certitude. C'est avant tout lorsqu'un doute émerge, lorsque l'erreur ou la tromperie semble possible, lorsqu'on ressent un besoin de confirmation, que nous avons tendance à employer ces mots certifiants (*certifying*) dont « vrai » fait partie, et d'autres comme « certain », « connaître », « prouver », établir », « valider », « confirmer », « preuve », etc. De sorte que la question « Quelle est la nature de la vérité ? » conduit naturellement à la question « Comment tester la vérité ? ». La quête juridique ou historique de la vérité est la quête de la preuve qui apaisera le doute. La tentative philosophique cherchant à définir la vérité *en général* a eu tendance à devenir une tentative de définir ce qui *en général* apaise le doute, réellement et définitivement. Là où l'on trouve l'indubitable, on trouve le vrai. Et cette voie métaphysique emprunte différents chemins à la fin d'un desquels on trouve le Fait Atomique et à la fin d'un autre, l'Absolu.

Pour conclure, je répéterai qu'en disant que le mot « vrai » n'a pas, en lui-même, un fonction affirmative, je ne suis bien sûr pas en train de dire qu'une phrase telle que « Son assertion est vraie » est incorrecte. Le mot « assertion » peut, bien évidemment, être le sujet grammatical d'une phrase dont la locution « est vrai » est le prédicat grammatical. Je ne recommande pas non plus d'abandonner cet usage. Mais l'usage ne pose aucun problème.

JOHN L. AUSTIN

INJUSTE ENVERS LES FAITS

Présentation, par Bruno Ambroise

Ce texte s'inscrit dans le débat que J.L. Austin (1911-1960) engagea dans les années 1950 avec P.F. Strawson à propos de la vérité (voir le texte « La vérité », dans ce volume). S'inspirant de certaines idées d'Austin, Strawson voulait défendre une conception dite « performative » de la vérité, selon laquelle dire le vrai consistait simplement à endosser la responsabilité de l'affirmation (ou de l'assertion, si l'on veut utiliser un terme plus technique). Austin voulait quant à lui soutenir une version originale de la conception correspondantiste de la vérité, qui, tout en admettant le caractère d'engagement pertinemment noté par Strawson, ne perdait pas le rapport avec le réel : il concevait plutôt la vérité comme le résultat d'une évaluation en contexte de la corrélation, elle-même située dans un certain contexte, de phrases affirmatives ayant un certain sens (ou parlant de certaines situations) avec certaines situations typiques.

Austin (dans sa réponse à Strawson, également intitulée « La vérité »[1]) conserve l'idée que les énoncés susceptibles d'être évalués selon la dimension de la vérité parlent du monde : ils affirment quelque chose à son propos, qui se révèle vrai lorsqu'ils correspondent, dans la situation d'énonciation, aux « faits » dont ils parlent. Or Strawson consacre une bonne part de son analyse (dans la deuxième version de « Truth », non reproduite ici) à contester l'entente austinienne de la notion de « fait », car il considère que les faits sont des intermédiaires commodes entre le langage et le réel, qui permettent de dire la vérité à propos du réel, sans se confondre cependant avec le réel dont on parle.

Dans le texte qui suit, Austin entend précisément rendre justice aux « faits », en montrant que l'analyse de Strawson pose de nouvelles entités là où personne n'en a jamais vu. Pour le montrer, il utilise la méthode qui lui est chère, de « l'analyse du langage ordinaire ». Cette méthode va lui permettre de clarifier le terme de « fait » en examinant les différents usages qu'il sert. Cependant, le caractère « exotique » de ladite méthode par rapport à l'orthodoxie analytique tend parfois à empêcher de bien comprendre les idées austiniennes, qui se trouvent ici en creux dans la critique, plutôt que directement exprimées par leur auteur. C'est que les idées d'Austin se confondent ici avec la méthode d'analyse du langage ordinaire qu'il met en œuvre.

Austin part de l'analyse que Strawson propose des faits en montrant que sa formulation n'a, pour plusieurs raisons, aucun sens – c'est-à-dire n'a aucun sens dans le langage ordinaire :

1. Voir J.L. Austin, « La vérité », dans *Écrits philosophiques*, trad. fr. partielle L. Aubert et A.-L. Hacker, Paris, Seuil, 1994.

elle ne respecte pas les usages communs des mots, et par conséquent n'a pas de conditions déterminées de signification[1]. Pour le montrer, il s'appuie d'une certaine façon sur les intuitions linguistiques du lecteur, mais également sur le dictionnaire qui répertorie les usages (corrects, parce que communs) de la langue – méthode qui empêche au moins de tirer trop rapidement des conclusions philosophiques à partir de mauvaises analyses de faits linguistiques.

Strawson considère pour sa part que « fait » est une sorte d'entité correspondant naturellement aux énoncés affirmant quelque chose, mais n'est pas quelque chose qui se trouve dans le monde – thèse qu'il résume en disant que « les faits sont ce que les affirmations affirment, non ce sur quoi elles portent ». Austin conteste fortement la deuxième partie de cet argument, car tout en n'étant pas un réaliste des « faits », il maintient bel et bien que l'on parle du monde quand on parle des faits. Si une chose est un fait (« c'est un fait qu'il pleut »), cela implique *ipso facto* que cette chose se trouve dans le monde (« il pleut »). Telle est l'*implication* de l'usage du terme « fait ». Vouloir utiliser le mot « fait » dans ce sens, sans impliquer la réalité de ce dont on parle, ce serait un mauvais usage du terme.

Austin admet certes la première partie de l'analyse strawsonienne : quand une affirmation est vraie, elle dit un fait – précisément parce qu'elle dit ce qui se trouve dans le monde. (Et elle ne peut dire ce qui se trouve dans le monde que si, d'une façon ou d'une autre, à un degré ou un autre, elle y

---

1. Sur la méthode austinienne, nous nous permettons de renvoyer à B. Ambroise et S. Laugier, dans J.L. Austin, *Le langage de la perception*, *op. cit.*, Introduction.

correspond.) Autrement dit, c'est parce qu'une affirmation peut affirmer un fait (de manière vraie) qu'elle porte sur le réel.

Mais pour mieux faire comprendre ce point, Austin va procéder à une lecture « déflationniste » du terme de « fait », pour éviter de l'hypostasier comme une sorte d'entité intermédiaire entre les mots et le monde. D'une certaine façon, nous rappelle Austin, tout comme « exister », l'expression « être un fait » n'est pas utilisée comme un prédicat. Au contraire, l'histoire des usages de « fait » rappelle deux choses essentielles.

1) « C'est un fait qu'il pleut » est un usage dérivé de la signification initiale de « fait », selon laquelle « fait » identifie un état du monde. Cette formulation est en réalité un procédé permettant de nominaliser une proposition une fois qu'un verdict (positif) quant à sa vérité a été donné : c'est parce qu'(il est vrai qu') il pleut qu'on peut ensuite dire « c'est un fait qu'il pleut ». Mais cette nominalisation ne conduit nullement – au contraire – à faire du fait une entité intermédiaire. C'est au contraire un moyen commode pour parler du monde, une fois qu'on a étudié son état – ce faisant on parle à la fois, comme l'a dit Austin ailleurs, des mots *et* du monde.

2) Austin cautionne, sous certaines conditions, la validité de l'énoncé « Ce qu'il a affirmé était un fait » : quand ce qu'il a affirmé est avéré. Autrement dit, il s'agit là encore d'un *verdict* relatif à la vérité de l'affirmation (ce qui est dit), et certainement pas d'une définition de « fait » : le fait n'est pas ce qui est affirmé, même si lorsque ce qui est affirmé est vrai, c'est un fait. On le voit, il s'agit d'un usage équivalent à « être vrai », qui, parce que ce qui est vrai est ce qui est le cas, parle de la réalité et parle donc des faits : ce qui est vrai est donc un fait. Ce n'est qu'une constatation qui, là encore, ne conduit nullement à faire du fait une instance que produirait, d'une façon ou

d'une autre, l'affirmation. L'assertion ne fait jamais que dire des choses, qui lorsqu'elles sont vraies, parlent des faits – c'est-à-dire du réel.

Pour le dire autrement, l'usage du terme « fait » n'est pas un usage strictement référentiel, qui, pour être valide, doit identifier un objet qui serait le fait. Il ne s'agit ainsi pas, en l'utilisant, d'attribuer une propriété ou un prédicat, mais plutôt de qualifier ce qui est dit comme s'inscrivant dans le réel, tout comme l'usage de « vrai » sert à qualifier une assertion comme correspondant à l'état du monde. Là encore, comme l'avait déjà remarqué Wittgenstein, avec qui Austin est ici très proche, une des erreurs les plus communes des philosophes consiste à considérer que tous les mots fonctionnent comme des noms désignant des objets. Or tel n'est pas (toujours) le cas du mot « fait ».

C'est ainsi, on le voit, l'attention scrupuleuse au fonctionnement du langage qui permet d'éviter un certain nombre d'erreurs philosophiques, ou la création d'un certain nombre de mythologies, tout en donnant l'occasion à Austin de défendre une certaine forme de réalisme qui s'ancre dans l'usage même des mots.

INJUSTE ENVERS LES FAITS *

Ce texte revient sur une vieille controverse engagée avec Strawson à propos de la vérité. Bien sûr, les commentaires

---

* J.L. Austin, « Unfair to facts », dans *Philosophical Papers*, Oxford, Oxford UP, 1980, p. 154-174, traduction B. Ambroise.

s'ajoutant aux commentaires, les critiques aux critiques, ceux-ci ont tendance à s'émousser [*are subjects to the law of diminishing fleas*]; mais je pense qu'il reste des erreurs à relever et à corriger, des erreurs qui demeurent prévalantes dans certains domaines qui ont généralement leur importance. Dans ces propos antérieurs, j'apportais un soutien (mesuré) à l'expression commune selon laquelle une affirmation vraie est celle qui « correspond aux faits ». Je soutenais alors que je n'aimais pas cette terminologie, qui en soi n'a sans doute rien d'exceptionnel, et je lui préférais mon propre jargon, dans lequel n'apparaissaient pas les mots « faits » et « correspondre », pour décrire les conditions à satisfaire afin de dire d'une affirmation qu'elle est vraie. Je crois que, tout en émettant quelques réserves, Strawson acceptait cette description en général, mais soutenait néanmoins l'idée que dire d'une affirmation donnée qu'elle est vraie ne revient pas à affirmer que ces conditions sont satisfaites, mais plutôt à faire quelque chose d'autre consistant à endosser l'affirmation dite « vraie ». C'était le principal point d'achoppement entre nous, je pense, mais ce n'est pas ce qui nous intéressera ici.

En fait, Strawson vida son chargeur en tirant sur trois mots qui apparaissaient dans mon texte – « affirmation », « correspondre » et « faits » – en donnant parfois l'impression que j'avais même offert une description assez mythique des conditions mêmes qu'il faut obtenir pour dire d'une affirmation qu'elle est vraie. Il prétendait que la raison en était mon incompréhension de l'usage de ces trois mots. Je propose par conséquent d'en examiner un, à savoir le mot « fait » (dont je me souviens que Ryle disait à l'époque que je devais y faire plus attention). Je choisis le terme de « fait » car, bien que l'emploi de ce terme n'ait aucune importance dans mon explication de la vérité (je ne le mentionnais en effet que pour souligner sa tendance à provoquer la confusion), je pense bel et bien que l'explication donnée par Strawson lui-même est incorrecte et je n'ai jamais cru un instant, comme lui, que les « faits » sont des pseudo-entités et que le concept de « coller avec les faits » n'est d'aucune utilité.

En guise d'échauffement, je vais commencer par examiner les deux thèses les plus hardies et les plus négatives de Strawson, en essayant de montrer qu'elles sont totalement invraisemblables et qu'elles résultent d'une inattention à l'égard de l'usage ordinaire. J'examinerai ensuite ses affirmations les plus élaborées et les plus positives.

I. En parlant de ses thèses les plus hardies et les plus négatives, je fais référence aux affirmations suivantes :

> 1) Entre les « faits » et les choses-qui-se-trouvent-véritable-ment-dans-le-monde, telles que les objets, les personnes et les événements, il existe une différence de type logiquement fondamentale.
>
> 2) « Correspondre aux faits » n'est qu'une tournure idioma-tique, pour ainsi dire « assimilée » (*fused*), qu'il ne faut absolument pas prendre au pied de la lettre.

(1) Prenons la première de ces deux thèses. Comment montre-t-on qu'existe cette supposée différence de type ? À juste titre, Strawson souligne que « même si nous disons proba-blement qu'une affirmation correspond aux faits (qu'elle colle, concorde ou s'accorde avec eux) pour dire de façon diffé-rente qu'elle est vraie, nous ne disons jamais qu'elle corres-pond à l'objet ou à la personne dont elle parle »[a]. Je pense que cela vise notamment à critiquer mon analyse de « correspondre aux faits » en termes de personnes (entre autres choses), etc.,

---

a. « Truth », *Proceedings of the Aristotelian Society*, Sup. vol. XXIV.

auxquelles se réfère l'affirmation. Mais cette critique ne suffit pas, car cette analyse valait naturellement *dans son ensemble* comme une analyse de l'expression *complète* « correspondre aux faits » ; remplacer une part de l'*analysandum* par une partie de l'analyse est une façon bien connue d'opérer un raccourci dans l'analyse. Voici cependant un cas où, effectivement, « choses », « événements », etc., sont utilisés différemment du terme « faits ». Et on trouve sans aucun doute des différences importantes entre ces mots. Mais on y trouve également et avant tout des ressemblances importantes.

Par exemple, même si nous ne disons que rarement, et seulement de manière affectée qu'une « chose » (par exemple, la Marine allemande) est un fait, et même si nous ne disons jamais qu'une personne est un fait, il n'en reste pas moins que les choses et les personnes sont loin de constituer tout ce que l'homme ordinaire, et même Strawson, admettrait comme étant des choses-qui-se-trouvent-véritablement-dans-le-monde, quoi que cela veuille exactement dire. Communé-ment, on suppose que les phénomènes, les événements, les situations, les états de choses se-trouvent-véritablement-dans-le-monde, et Strawson lui-même admet que c'est le cas pour les événements. Pourtant, de toutes ces choses, nous pouvons sûrement dire qu'elles *sont des faits*. La défaite des Allemands est un événement et un fait – était un événement et un fait.

Strawson semble néanmoins supposer que tout ce dont on dit « est un fait » se trouve automatiquement *relégué hors* des choses qui se trouvent dans le monde. Ainsi :

Ce qui « rend l'affirmation » que le chat a la gale « vraie » n'est pas le chat, mais l'état du chat, c'est-à-dire le fait que le chat a la gale. Le seul candidat plausible pour occuper la posi-tion de ce qui (dans le monde) rend l'affirmation vraie est le fait qu'elle affirme; mais le fait affirmé n'est pas quelque chose qui se trouve dans le monde[b].

Je ne peux pas l'admettre, parce qu'il me semble assez évident :

> 1) que l'état du chat est un fait;
> 2) que l'état du chat est quelque-chose-qui-se-trouve-dans-le-monde, du moins si je comprends cette expression.

Comment Strawson peut-il en venir à dire que l'état du chat *n*'est *pas* quelque chose qui se trouve dans le monde ?

Il me semble que la confusion peut venir d'un manque d'attention qu'on peut très facilement avoir à l'égard de ce qu'on peut et de ce qu'on ne peut pas faire avec le mot « fait ».

Pour être pédagogue, nous pouvons commencer par dire au moins deux choses :

> a) ce qui rend vraie l'affirmation que le chat a la gale est l'état du chat (allié, bien sûr, aux significations des mots);
> b) ce qui rend vraie l'affirmation que le chat a la gale est le fait que le chat a la gale.

(Le second point me semble *un peu* inutile et mal fichu, mais passons.)

Mais de ces deux thèses, nous ne pouvons certainement pas inférer que :

> L'état (ou « l'état galeux ») du chat est *le fait que* le chat a la gale;

Ni que :

> L'état (ou « l'état galeux ») du chat est *le fait que* cette affirmation (ou « l'affirmation que le chat a la gale ») affirme.

b. Art. cit., p. 135.

Nous ne pouvons pas inférer ces deux choses car, pour quelque raison que ce soit, elles n'ont aucun sens. Je pense que, quelle qu'en soit la raison, nous ne disons *jamais* rien de la forme suivante :

> *x* est *le fait que* cette affirmation (ou « l'affirmation que S ») affirme – *quoi qu*'on substitue à *x*.

Nous ne disons rien non plus de la forme suivante :

> *x* est *le fait que S* – *quoi qu*'on substitue à *x* (il y a quelques exceptions à cela, par exemple : c'est un fait que *S* ; il est encore plus surprenant qu'il soit le cas que *S* ; ce que j'y objecte, c'est le fait que *S* ; la goutte d'eau qui a fait déborder le vase, c'est le fait que *S*).

Il me semble, peut-être à tort, que le « c'est-à-dire » de Strawson le conduit à supposer que l'état du chat *est* le fait que le chat a la gale, ce qui pour moi n'a aucun sens.

Le conforte en ceci sa conception, que je vais brièvement critiquer, selon laquelle « le terme "fait" est lié à une conjonction introduite par "que" ». Car il serait bien sûr tout à fait correct de dire que :

> L'état du chat *est un fait* ;

et si nous croyons qu'il faut ajouter une conjonction introduite par « que », alors nous demanderons *quel* fait et répondrons « Le fait que le chat a la gale ». Mais la question *quel* fait, tout comme sa réponse, n'a aucun sens.

En ayant ainsi réduit « l'état du chat » au « fait qu'affirme l'affirmation », Strawson est alors prêt à proclamer, sur la foi de son autre thèse principale selon laquelle « les faits sont ce que les affirmations affirment, non ce sur quoi elles portent », que l'état du chat est une pseudo-entité.

Pour résumer, selon moi :

> L'état du chat est un fait et quelque chose qui se trouve dans le monde.

Cela n'a aucun sens de dire : l'état du chat – ou, avec seulement quelques exceptions sans importance, n'importe quoi d'autre – *est le fait que* ce que vous voulez.

Le terme « fait » associé à « que » ne se comporte pas de la même façon lorsqu'il ne lui est pas associé.

> *x est un fait* est tout à fait correct
> x est le fait que est incorrect.

Je devrais dire (ou admettre ?) ici qu'il existe selon moi une différence importante et peut-être évidente entre le terme « fait » et, disons, le terme « événement » ou « phénomène » – une différence qui, pour autant que je le sache, pourrait valoir comme une différence de type logiquement fondamentale. Mais cela est loin d'empêcher les « faits » d'être « des-choses-qui-se-trouvent-dans-le-monde ». Il me semble au contraire que dire d'une chose qu'elle est un fait, *c'est* au moins dire précisément (entre autres choses) qu'elle est une chose se trouvant dans le monde – bien plus qu'il ne s'agit de la ranger dans un type particulier de choses-qui-se-trouvent-dans-le-monde, même si cela y contribue peut-être également dans une moindre mesure. À de nombreux égards, « être un fait » semble s'apparenter à « exister » par ces aspects qui ont conduit à soutenir que « l'existence n'est pas un prédicat ». On pourrait comparer :

> Les vaches sont des animaux
>   avec   Les fièvres sont des maladies
> Les vaches sont des choses
>   Les fièvres sont des états

> Les vaches existent
> > Les fièvres sont des faits
> > Il y a des choses telles que des vaches
> > > Il y a des états tels que des fièvres

Ou l'on pourrait dire : il est tout aussi exact et pourtant tout aussi bizarre de dire que «les faits sont des choses-qui-se-trouvent-dans-le-monde» que de dire que «les entités sont des choses-qui-se-trouvent-dans-le-monde». Ou on pourrait encore dire que «fait» ressemble à «personne» : les «personnes» ne sont bien sûr pas des faits et les faits ne sont pas des personnes, mais dire qu'untel ou untel est une personne ou un fait, c'est au moins dire pour une part qu'il est réel. (Dans l'ensemble, nous n'aimons pas, car on y trouve un oxymoron, «faits fictifs» ou «personnes fictives» – nous préférons les personnages fictifs. À cet égard, «fait» diffère bien d'«événement», par exemple.)

C'est de la pure spéculation, mais je crois qu'on pourrait montrer que certains des phénomènes étranges bien connus à propos du mot «fait» sont liés à cet aspect «existentiel» (dont une part a été bien exagérée) – par exemple, nous ne disons pas qu'«un fait a eu lieu à un moment donné» mais qu'«à un moment donné, c'était un fait».

(2) Dans un second temps, comment Strawson va-t-il s'y prendre avec l'expression, en bon français, «correspondre avec les faits» (et accessoirement avec un grand nombre d'autres expressions qui l'accompagnent)? Car il prétend que «exiger qu'une chose qui se trouve dans le monde corresponde à l'affirmation qui est vraie» est une exigence complètement *erronée* et que «fait» est le nom de la pseudo-entité inventée pour satisfaire cette demande creuse. Mais cela revient à traiter une saine expression française comme si elle était l'inven-

tion d'un philosophe et à traiter les «faits» comme s'ils se trouvaient dans la même position que les «propositions» considérées comme des pseudo-entités inventées pour satisfaire cette demande creuse : «Que signifient les phrases quand elles ont du sens?». Comment la langue anglaise en serait-elle venue à inventer une expression si peu heureuse? Il me semble que Strawson dispose ici de deux arguments, dont aucun ne marche.

Nous pourrions d'abord essayer de dire que «correspondre aux faits» est une tournure idiomatique «assimilée» qui est précisément équivalente à «être vrai». Elle ne devrait en aucun cas être comprise comme signifiant qu'une chose «correspond» à quoi que ce soit au sens où elle le signifie ordinairement, ou comme impliquant qu'il existe des choses telles que des «faits» ou qu'une chose est liée d'une certaine façon à une autre chose (c'est pour cette raison, je suppose, qu'on ne fait aucun commentaire *du tout* sur une affirmation lorsque nous disons qu'elle «correspond aux faits», tout comme lorsque nous disons qu'elle «est vraie».) Cela me semble assez incroyable – pourquoi *ne devrions-nous pas* signifier par là qu'il existe un certain type de relation entre une chose et une autre (sans aucun doute plus compliquée qu'elle n'en a l'air)? En fait, Strawson admet que lorsque je dis d'une carte qu'elle correspond à la topographie de la campagne, je *suis en train de parler* d'une relation entre une chose et une autre; malgré cela, il maintient que je *ne* le fais *pas* lorsque je dis qu'une affirmation correspond aux faits. Mais en quoi cela est-il plausible? Car nous devons nous souvenir qu'il est tout à fait possible de dire qu'une carte ne correspond pas aux faits (par exemple, une carte de la situation) et qu'une affirmation ne correspond pas à la topographie. (Ou devrions-nous alors remettre en cause le fait, précédemment admis, que «correspondre» signifie bien une relation dans le cas des cartes – disons que la topographie est ce que les cartes cartographient et non pas ce sur quoi elles portent, etc. ?)

Une deuxième ligne d'argumentation, assez différente, prend la forme suivante. Aux expressions en bon français «correspondre aux faits» ou «coller avec les faits», nous substituons les expressions assez peu françaises «correspondre au *fait que ceci ou cela est le cas*» ou «colle avec *le fait que ceci ou cela est le cas*» et entreprenons de proclamer qu'elles sont équivalentes. Cette méthode semble devenir très à la mode. Strawson écrit: «Qu'est-ce qui pourrait mieux coller avec le fait qu'il pleut sinon l'affirmation qu'il pleut? Bien sûr, les affirmations collent avec faits. Ils sont faits les uns pour les autres.» Mais en réponse à ceci, on pourrait répondre qu'il n'y a assurément aucun sens à se demander si l'affirmation que S colle avec le fait que S, ni à affirmer qu'elle y arrive ou pas. Et je peux ajouter qu'il me semble également n'y avoir aucun sens, n'en déplaise à Melle Edna Daitz, à se demander si l'affirmation que S colle ou correspond au fait que F, lorsque «F» est différent de «S» et non pas identique (même s'il y a bien sûr un sens à se poser une question qui a l'air plutôt semblable, à savoir si l'affirmation que S *cadre avec* ou «*fait justice au*» fait que F («F»? «S»)). D'ailleurs, même si nous admettons l'expression: «l'affirmation que S colle avec le fait que S», nous ne pouvons certainement pas admettre la suggestion selon laquelle «les affirmations et les faits sont faits *les uns pour les autres*». Pour commencer, il est évident que certaines affirmations *ne collent pas* avec les faits; nous n'avons pas besoin d'en dire plus. Mais même si nous la comprenons comme «Les affirmations *vraies* collent avec les faits» ou «Les affirmations *vraies* et les faits sont faits les uns pour les autres», nous ne pouvons pas admettre qu'il y a plus de sens – ou, s'il y en a un, qu'il est plus malicieux – de dire qu'ils sont « faits les uns pour les autres » qu'il n'y en aurait à dire, en se fondant sur le fait que « les tirs bien ajustés touchent au but », que les tirs (bien ajustés) et les cibles sont faits les uns pour les autres.

Avant d'aller plus loin, on pourrait se demander pourquoi s'en faire : pourquoi pousser ce cri : « Injustice (faite aux faits) ! » ? Je pense qu'il y a deux raisons.

1. Il semble qu'il fut inopportun de dire par le passé que « les faits ne sont pas des-choses-qui-se-trouvent-dans-le-monde ». Cela a par exemple conduit Bradley, qui a fait preuve d'une acrimonie totalement imméritée à l'égard des faits, à commettre des erreurs concernant le problème central. Même si, d'un autre côté, suggérer qu'« il n'y a pas de faits » provoque certainement à certains égards un choc salutaire.

2. La chose suivante est, selon moi, beaucoup plus importante. L'expression « coller avec les faits » n'est en rien une expression idiomatique isolée dans notre langage. Elle semble être liée de manière très intime à tout un ensemble d'adverbes et d'adjectifs utilisés dans l'appréciation des affirmations – pensons à « précis », « exact », « grossier », « rigoureux » et à leurs semblables, ainsi qu'aux adverbes apparentés. Ils sont tous liés aux concepts d'accord [*fitting*] et de mesure dans des contextes ordinaires, et ce n'est certainement pas un hasard si on les a repris en groupe dans le champ des affirmations et des faits, avec le fait de coller et de correspondre. Si, dans une certaine mesure, l'usage de cette galaxie de termes liés aux affirmations *peut* résulter d'un décalque, personne ne nierait pour autant qu'il s'agit de notions sérieuses et importantes, qui peuvent et doivent être élucidées. J'irai assurément beaucoup plus loin et prétendrai – comme je l'ai fait précédemment – qu'il s'agit des termes importants qu'il faut élucider lorsque

nous nous intéressons à la question de la vérité, tout comme ce n'est pas le terme « liberté » mais les notions de « contrainte » et de « chance » qu'il faut élucider lorsque nous nous interrogeons sur la « liberté ». Tous ces termes sont pourtant généralement dédaignés, tout comme l'expression prétendument inutile « coller avec les faits ».

Donnons-en une illustration. Dans son excellent livre sur Berkeley, Warnock explique que Berkeley reproche au langage ordinaire de ne pas coller avec les faits (ou, comme il dit à d'autres moments, d'être trop grossier, inexact, lâche ou encore imprécis). Warnock juge alors qu'il s'agit d'une confusion car « coller (précisément ?) avec les faits » est tout simplement équivalent à « être vrai » – et ramène le concept à la vacuité par le même moyen que Strawson. Il demande, par exemple,

> Quelle affirmation pourrait éventuellement coller plus exactement avec le fait qu'il y a une table dans mon bureau que l'affirmation « Il y a une table dans mon bureau » ?[c].

Et il dit :

> Il est vraiment tautologique de dire que toute affirmation vraie colle exactement avec les faits ; elle colle exactement avec les faits, ou avec ce fait, qu'elle affirme.

Il serait vraiment peu raisonnable de reprocher à une affirmation de ne pas réussir à affirmer des fait qu'elle n'affirme pas[d].

Ayant fait subir ce traitement à « coller avec les faits », Warnock considère apparemment qu'il en va de même avec

c. G.J. Warnock, *Berkeley*, London, Pelican Book, 1953, p. 240.
d. *Ibid.*

tout le reste – le caractère inexact, lâche, etc. (alors qu'il ne fait aucune distinction parmi eux !) – et nous offre ce seul reproche raisonnable qu'on puisse faire aux affirmations, et que, par confusion, Berkeley, par exemple, aurait très bien pu vouloir faire : l'affirmation est « logiquement complexe » et peut être analysée en expressions plus verbeuses mais logiquement plus simples. Selon lui, une telle analyse ne « colle pas mieux avec les faits », mais elle est plus explicite ou plus détaillée – moins concentrée. Bon, il se peut que cela arrive effectivement (s'il s'agit d'un phénomène unique ?). Peut-être est-ce ce que Berkeley avait en tête ; encore faudrait-il le prouver. Mais, quoi qu'il en soit, le caractère inexact, le caractère lâche, etc. se rencontrent tout autant, ils sont importants, distincts et ce n'est pas cette petite comédie tordue qu'on fait jouer à « coller avec les faits » qui permet de les ignorer.

II. Je vais maintenant exposer ce que je pense être les principales réserves positives de Strawson sur le mot « fait ». Je crois que d'autres partagent également les mêmes opinions.

1) « Le fait, nous dit Strawson, est lié aux propositions introduites par "que" »[e]. C'est quelque chose qu'il n'explique pas beaucoup. Mais je crois que cette affirmation est censée porter sur l'usage de la langue française, et l'impression qu'il donne à ses lecteurs – et je pense à lui-même – est que nous pourrions toujours au moins insérer une conjonction introduite par « que » lorsque nous rencontrons le mot « fait » dans une phrase où il n'est pas accompagné par une conjonction de ce type, et cela même si, en réalité, nous ne l'en « dotons » pas (mentalement, d'une certaine façon). Nous avons déjà vu deux exemples où Strawson procède de la sorte.

e. *Proceedings of the Aristotelian Society*, Supplementary vol. XXIV.

2) « Les faits, nous dit Strawson, sont ce qu'affirment les affirmations (lorsqu'elles sont vraies); ils ne sont pas ce sur quoi portent les affirmations. » Cela semble être une thèse philosophique, fondée sur la thèse linguistique I énoncée ci-dessus. C'est cette thèse philosophique qui le conduit à dire que les faits ne sont pas des choses-qui-se-trouvent-vraiment-dans-le-monde, mais des pseudo-entités.

Confrontons maintenant (1), « le fait est lié aux propositions introduites par "que" », avec les données du dictionnaire. Si cette liaison existe, alors je crains que le fait ne mène une double vie. Il n'est pas un enfant légitime, il s'agissait d'un mariage de convenance et lui-même continue à profiter d'une belle vie de célibataire.

Le dictionnaire (*Oxford English Dictionary*[1]) ne tient pas tellement compte de « le fait que ». Il nous apprend que « le fait que », comme « le fait de », sont des formules linguistiques récentes permettant d'éviter l'utilisation des gérondifs comme sujets des phrases ou comme domaines des prépositions; par exemple, pour éviter de dire « Je ne me rendais pas compte de l'exposition de la cuisine aux quatre vents » ou « L'exposition de la cuisine aux quatre vents le gênait », nous disons « Je ne me rendais pas compte du fait que la cuisine était exposée aux quatre vents » ou « Le fait que la cuisine était exposée aux quatre vents le gênait »; on le compare [en anglais] avec « les circonstances selon lesquelles ». On ne trouve en anglais

---

1. Les observations d'Austin portent naturellement sur la langue anglaise, d'où son utilisation d'un dictionnaire de la langue anglaise. Mais la consultation d'un dictionnaire de la langue française permet de confirmer ses observations. Voir « fait », dans *Le Nouveau Petit Robert*; voir également sur les remarques grammaticales, Grévisse, *Le bon usage – Grammaire Française*, A. Goose (éd.), Bruxelles, De Boeck-Duculot, 1993.

aucun usage de « le fait de » avant le XVIIIe siècle ; on n'y trouve aucun usage de « le fait que », mais peut-être est-il même plus tardif. Je crois que si nous consultons ne serait-ce que les philosophes du XVIIIe siècle, nous pourrions facilement nous convaincre que « le fait que » n'était pas en usage. Par ailleurs, le compte-rendu offert par le dictionnaire souffre de l'expérience que nous faisons de la tendance désormais générale à adopter de nouvelles constructions similaires en « -que » (ou en « selon laquelle ») avec d'autres mots, comme « circonstance », « événement » ou « situation ». (Un trait plus tardif de ces usages est bien sûr qu'en anglais, ils perdent la mention du « que » – nous avons ainsi désormais « au cas où » [*in case*] et « dans l'hypothèse où » [*in the event*].)

Finissons l'histoire de ce mot avec l'aide du dictionnaire. Pendant les 200 premières années où il fut usité (les XVIe et XVIIe siècles), il signifiait (en anglais) l'action ou l'acte, soit la chose faite, soit la réalisation de la chose, et plus particulièrement une action criminelle. Au cours du XVIIIe siècle, cet usage s'estompa au profit d'une signification plus large qui avait déjà commencé à apparaître au XVIIe siècle (voir « exploit ») : un fait devint alors *quelque chose qui s'était vraiment passé* (même le Latin classique a étendu le sens de *factum* pour signifier « événement » ou « occurrence »^f) ou quelque chose qui était vraiment le cas (une extension supplémentaire de la signification de « *factum* » que l'on trouve dans le Latin scolastique). *D'où* il en vint à signifier par la suite une chose *dont on savait qu'*elle avait vraiment eu lieu, et par conséquent (si l'on suit le dictionnaire) une *vérité* particulière connue par obser-

f. L'événement, ou l'occurrence, réel(le), bien sûr.

vation ou par un témoignage authentique – non pas seulement inférée ou connue par conjecture ou sous forme de fiction.

De cette brève histoire, je retiens comme évident que : 1) « fait » était à l'origine un nom valant pour « quelque chose se trouvant dans le monde », si nous admettons qu'une action passée ou qu'un réel événement (ou occurrence) passé est « quelque chose se trouvant dans le monde » – et il n'y a strictement aucune raison de douter que c'est souvent le cas. 2) Toute lien existant entre « fait » et « connaissance », et plus encore entre « fait » et « vérité » (notamment l'usage d'« un fait » comme équivalent à « une vérité ») est un lien dérivé et relativement tardif dans l'histoire des termes. 3) L'expression « le fait que » est encore plus tardive et fut introduite comme un moyen grammatical pratique, en raison de la signification déjà donnée à « fait ». Expliquer la signification de « fait » par l'expression « le fait que », c'est inverser l'ordre des choses – tout comme le ferait une explication de « circonstances » par « les circonstances dans lesquelles » (ou de « situation » par « la situation dans laquelle » et ainsi de suite ; on peut en fait suspecter qu'il s'agit d'une méthode assez générale conduisant à mal comprendre ou à mal se représenter le fonctionnement du langage).

Par ailleurs, je devrais considérer comme une évidence généralement admise que 4) lorsque « les faits » ou « un fait » apparaît dans l'anglais moderne, il s'agit en général de l'usage du XVIIIe siècle. Lorsque nous disons « l'état galeux du chat est un fait », nous voulons dire que c'est l'état réel des choses. Lorsque nous demandons « Quels sont les faits ? », nous voulons dire « Quel est l'état réel des choses ? », « Que se passe-t-il vraiment ? », ou des choses similaires. C'est également la signification actuelle des expressions communes comme « un fait *accompli* », « il n'a pas vécu les faits dont il parle ». Et

finalement, je considère que 5) l'expression « le fait que *S* »
signifie « un certain fait (ou une occurrence véritable, etc.), à
savoir celui qui est correctement décrit (ou rapporté) en disant
actuellement "*S*" (ou à d'autres moments, "*S*" en accordant le
temps des verbes) ». C'est à cela que je faisais référence lorsque
je disais que « le fait que » est une façon concise de parler
en même temps des mots et du monde. C'est un usage qui
ressemble grammaticalement à l'usage des noms propres
mis en *apposition*, comme lorsque nous disons « La personne
César », que nous devons interpréter comme « une certaine
personne (ou un homme réel), à savoir celle désignée par le
nom "César" ».

Deux choses supplémentaires sont claires à propos du
« fait que » :

6) « Le fait que *S* » et « *Le fait qu*'il a affirmé » ne
comportent pas deux occurrences semblables de « le fait que ».
En d'autres termes, même si « le fait » était lié aux conjonctions introduites par « que », ces dernières ne sont pas toutes
identiques.

7) J'ai l'impression – même si je dois avouer que je ne peux
pas l'expliquer suffisamment, probablement parce que je ne
dispose pas de la bonne terminologie – que cette explication de
la forme spéciale de l'expression « le fait que *S* » devrait d'une
certaine façon rendre compte a) de notre incapacité à dire des
choses de la forme « l'état galeux du chat *est* le fait que le chat a
la gale » (ou « la possession de la gale par le chat *est* le fait que
le chat a la gale ») ; et probablement de la même façon b) de la
bizarrerie de la question, posée par Ramsey et Moore, de
savoir si « le fait que *S* » est un nom, une description, ou que
sais-je encore.

Comparons une fois encore les faits et les personnes : y a-t-
il un parallèle entre :

« Cicéron » « Le chat a la gale »
Cicéron Le chat ayant la gale / L'état galeux du chat
La personne Cicéron Le fait que le chat a la gale

Ainsi (a) : dire « l'état galeux du chat *est* le fait que le chat a la gale » revient à dire « Cicéron est la personne Cicéron ». Ces deux formulations ne sont pas faites pour être combinées de cette façon ; mais pourquoi ? À cet égard, « Tullius est la personne Cicéron » ne convient pas mieux ; convient plutôt « "Cicéron" est le nom de la personne Cicéron ».

« Tullius » est un nom pour la même personne que « Cicéron » ; de la même façon, « l'Everest est si haut » est une affirmation pour le même fait que « le Gaurisankar est si haut ». « L'Everest est si haut » est l'affirmation du fait que l'Everest est si haut.

Mais également (b) : se demander si « le fait que *S* » est un nom ou une description revient à se demander si « la personne Cicéron » est un nom. Or il semble que nous manquions d'un terme pour ce type d'expression et d'une description de son rôle et de ses limites.

Demandons-nous maintenant ce que voulait vraiment soutenir Strawson lorsqu'il disait que « les faits sont liés à des conjonctions introduites par "que" ». Il pensait à l'usage qu'il a en liaison avec certains verbes.

« Les faits, nous dit-il, sont connus, affirmés, appris, oubliés, négligés, commentés, communiqués, ou notés. (Chacun de ces verbes peut être suivi d'une conjonction introduite par "que" ou par "le fait que") »[g]. Je trouve que ce n'est pas très clair :

g. *Proceedings of the Aristotelian Society*, Sup. vol. XXIV, p. 136.

1. On ne sait pas si cela veut dire qu'*à chaque fois* que nous avons une phrase où se trouve un de ces verbes qui a « fait » comme objet, nous pourrions remplacer l'objet par une conjonction introduite par « que » ou par « le fait que », ou que nous pouvons *parfois* le faire.

2. On ne sait pas s'il est important que le « fait » apparaissant dans la phrase originale en tant qu'objet d'au moins un des verbes qui la composent doit être singulier ou pluriel, accompagné, ou non, d'un article défini ou indéfini.

3. On ne sait pas si, lorsque nous substituons en effet une conjonction introduite par « que » ou par « le fait que », il faut considérer, ou non, que la signification de la phrase originale s'en trouve modifiée. Mais je pense que l'impression que Strawson donne à ses lecteurs et à lui-même est que, lorsque on a affaire à un de ces verbes, l'on peut former en un anglais correct les trois formulations suivantes de manière relativement interchangeable.

> a) *La formulation-en-fait* : il a (participe passé du verbe) un/le/des fait(s).
> b) *La formulation-en-que* : il a (participe passé du verbe) que S.
> c) *La formulation-en-le-fait-que* : il a (participe passé du verbe) le fait que S.

Mais on va découvrir que les verbes qu'on trouve dans sa liste se comportent de manière différente selon le type de formulation utilisé. (Avec certains, tels que « commenter », il n'est pas vrai que toutes ont un sens : on ne peut pas « commenter que ».)

Le meilleur exemple de ce que recherche Strawson semble être le verbe « oublier » :

> Il a oublié un fait/les faits
> Il a oublié que S
> Il a oublié le fait que S

Ces trois énoncés semblent être formulés en bon anglais et raisonnablement interchangeables – naturellement, les deux derniers précisent ce que le sujet a oublié alors que le premier ne le fait pas, mais le rapprochement semble loyal et n'a pas à être rejeté.

Bien sûr, c'est également avec le verbe « affirmer » que ces trois formulations ont un sens (même si elles ne sont pas toutes aussi usuelles) :

> Il a affirmé un fait
> Il a affirmé que S
> Il a affirmé le fait que S.

Mais on trouve ici une grande différence entre la seconde formulation et les deux autres. Avec « oublier », la *formula-tion-en-fait* implique la *formulation-en-que* et inversement ; mais ce n'est pas le cas avec « affirmer ». « Il a affirmé que S » n'implique pas « Il a affirmé un fait ».

Pareillement, certaines formulations ont un sens avec « affirmer », mais n'en ont pas de la même manière avec « oublier » ou « savoir » :

> Ce qu'il a affirmé était un fait
> En affirmant que S, il a affirmé un fait

Mais on ne peut pas avoir :

> Ce qu'il a oublié/su était un fait [h]
> En oubliant que S, il oubliait un fait

---

h. On trouve là un des ressorts de la blague sur les Bourbons qui « n'oubliaient rien ».

Cela montre bien sûr que «affirmer» n'est pas, à la différence de «savoir» et «oublier», un verbe de succès ou d'action[1], au sens de Ryle. *Savoir que* ou *remarquer que*, c'est connaître ou remarquer un fait; mais *affirmer que*, ce n'est pas nécessairement affirmer un fait. «Affirmer» peut bien être lié à des conjonctions introduites par «que», mais «fait» n'est lié à aucune.

Naturellement, tout cela est bien connu. Mais cela suffit également à faire peser de sérieux doutes sur l'idée que «les affirmations et les faits sont faits les uns pour les autres». Même «le savoir et les faits sont faits l'un pour l'autre» ou «l'étourderie et les faits sont faits l'un pour l'autre» recèleraient plus de vérité – bien qu'on serait alors enclin à protester en remarquant qu'il peut très bien y avoir des faits que personne ne connaît ou ne connaîtra et qu'il est curieux de dire que les faits sont faits pour le savoir.

Strawson produit également une liste d'autres verbes, censés ne pas être liés à des conjonctions introduites par «que». Il suggère qu'ils sont liés à des choses-qui-se-trouvent-dans-le-monde (des choses, des personnes, des événements), mais pas à des faits. Ces verbes sont «remarquer», «entendre», «voir», «casser», «renverser», «interrompre», «prolonger», etc. Mais nous pouvons certainement remarquer des faits. Et les observer et en prendre connaissance. Je ne vois pas en quoi on a affaire ici à une distinction nette.

Néanmoins, je pense qu'en général, le dictionnaire et les problèmes qui surgissent lorsqu'on introduit sans discrimination des conjonctions introduites par «que» nous en ont

---

1. Nous reprenons la traduction française de «success ou achievement words», dans G. Ryle, *La notion d'esprit*, Paris, Payot, 2005.

appris suffisamment pour abandonner l'idée que les faits sont liés à des conjonctions introduites par « que ». Venons-en maintenant à la seconde idée, qui était la suivante :

> Les faits sont ce qu'affirment les affirmations (lorsqu'elles sont vraies) ; ils ne sont pas ce sur quoi portent les affirmations.

Prenons d'abord la deuxième partie de l'affirmation, que je ne commenterai pas beaucoup. La première impression que j'ai est que « sur » ou « à propos » est un mot beaucoup trop vague pour jouer le rôle que Strawson veut lui faire jouer. Si nous prenons d'autres verbes, par exemple, les faits sont à la fois les choses que nous oublions et à propos desquelles nous avons des oublis, ils sont à la fois ce que nous savons et ce sur quoi nous savons des choses (ou « ce » dont nous avons un savoir) ; verbalement, nous pouvons dire que « le nombre des planètes » est à la fois ce sur quoi porte l'affirmation et ce que l'affirmation affirme. De plus, je pense que Strawson admet-trait qu'une affirmation puisse porter sur un fait ou sur le fait que… Toutefois, je ne souhaite pas défendre l'idée que Strawson ne pourrait pas rendre plausible cette partie de sa doctrine.

Ce que je soutiendrai, par contre, c'est que la première partie de l'affirmation – « les faits sont ce qu'affirment les affirmations (lorsqu'elles sont vraies) » – est particulièrement trompeuse. Sans doute devrions-nous admettre que « les affir-mations vraies affirment des faits » ; mais si nous le formulons à la manière de Strawson, nous aurons certainement l'impres-sion qu'il s'agit, d'une manière ou d'une autre, d'une « défini-tion » des faits. Cela donne l'impression (et je pense que telle en est l'intention) de réduire les « faits » à un accusatif d'objet si profondément et définitivement interne que leur statut d'« entités » en est irrémédiablement compromis.

Strawson représente les choses comme si nous nous demandions : « Qu'affirment les affirmations vraies ? » et comme si nous nous donnions cette réponse erronée et inutile : « des faits » ; tout comme les philosophes sont censés s'être demandés : « Que signifient les phrases signifiantes ? » et s'être donnés la réponse erronée : « des propositions ». Pourtant, rien dans la forme de ces questions ne les rend, elles et leurs réponses, nécessairement erronées. Strawson lui-même est par exemple prêt à demander : « À quoi réfèrent les affirmations ? » et à répondre : « À des choses, des personnes ou des événements ». Nous n'avons donc pas plus à prendre notre réponse (par exemple : les choses sont ce à quoi réfèrent les affirmations) comme une définition des « choses » ou à la prendre d'une manière malsainement analytique.

Pour nous soustraire au caractère hypnotique de l'accusatif d'objet interne – cette vague menace d'analyticité –, prenons quelques exemples parallèles :

> Les naissances sont ce que les certificats de naissance, lorsqu'ils sont bons, certifient.
> Les personnes sont ce dont les noms, lorsqu'ils sont portés, sont les noms.
> Les femmes sont ce avec qui les hommes, lorsqu'ils se marient, se marient.
> Les épouses sont ce que les hommes, lorsqu'ils sont époux, épousent.
> Les animaux sont ce que les peintures, lorsqu'elles sont fidèles, dépeignent.
> Les modèles sont ce que les portraits, lorsqu'ils sont fidèles, portraiturent.
> Les événements sont ce que les narrations, lorsqu'elles sont vraies, narrent.
> L'Histoire est ce que les narrations historiques, lorsqu'elles sont vraies, narrent.

À laquelle de ces phrases doit-on considérer que la phrase de Strawson ressemble (à supposer qu'elle ressemble à l'une d'entre elles)? Ressemble-t-elle en particulier à «Les événements sont ce que les narrations, lorsqu'elles sont vraies, narrent»? Y aurait-il alors un sens à poursuivre ainsi: «Ils ne sont pas ce sur quoi portent les narrations»? En tout cas, une chose est évidente, c'est que, quels que soient les accusatifs d'objet interne, l'analyticité ou que sais-je encore, impliqués dans ces expressions, aucune de ces dernières n'a la la moindre tendance à nous convaincre que les naissances, les personnes, les événements, les femmes (et même les épouses), les animaux (ou même les modèles) ne sont pas «des choses ou des épisodes qui se trouvent à la surface du globe».

Pourquoi alors se soucier des «faits»?

Si l'on y regarde de plus près, il semble qu'on rencontre une problème avec l'expression «ce qu'affirment les affirmations». Comment doit-on la prendre?

Accordons d'emblée que «les affirmations vraies affirment des faits» et que, d'une certaine façon ou en un certain sens, c'est, si vous voulez, «vrai par définition» – même si l'on garde bien sûr une ouverture d'esprit quant à savoir de *quelle* définition il s'agit: celle, par exemple, du «fait» ou celle de l'«affirmation». Mais si maintenant nous formulons les choses de la manière suivante:

Les faits sont ce que les affirmations vraies affirment,

il faut comprendre que cette variété de «ce que» («ce que les affirmations affirment», «ce qu'il a affirmé») est hautement ambiguë – ou plutôt qu'il existe différents usages de l'expression «ce qu'il a affirmé».

Pour prendre une illustration, comparez:

a) ce qu'il a affirmé était vrai (ou « était une vérité »).

b) ce qu'il a affirmé était un fait.

Dans ces deux phrases, « ce qu'il a affirmé » n'a pas le même rôle grammatical. Car dans (a), nous pouvons substituer « son affirmation » à l'expression « ce qu'il a affirmé », alors que nous ne pouvons pas le faire dans (b). « Son affirmation était un fait », à supposer que cela ait un sens, voudrait dire quelque chose d'assez différent de « ce qu'il a affirmé était un fait »[i].

Ou encore, comparez à la fois (a) et (b) avec un autre usage de « ce qu'il a affirmé ». En réponse à la question « Qu'a-t-il affirmé ? », on peut nous répondre « (Il a affirmé) que S », c'est-à-dire qu'on nous répond :

c) ce qu'il a affirmé était que S.

Il est évident que cela diffère de l'usage de « ce qu'il a affirmé » dans (a) et (b); mais la différence peut ressortir en considérant combien il serait aberrant de répondre « Un fait » ou « Une vérité » à la question « Qu'a-t-il affirmé ? ». Au contraire, on ne pourrait donner cette réponse qu'à des questions d'un type totalement différent, des questions fermées n'admettant comme réponses que « oui » ou « non », telles que : « Ce qu'il a affirmé était-il un fait ? » ou « Ce qu'il a affirmé était-il vrai (une vérité) ? ».

---

i. Cela s'accorde naturellement avec le fait que dans « Il est vrai que S », nous pouvons insérer « d'affirmer » après « est vrai »; alors que dans « C'est un fait que S », nous ne pouvons pas insérer « d'affirmer ». Strawson dit qu'il n'y a qu'une différence de style entre « Il est vrai que » et « C'est un fait que »; il admet pourtant lui-même que le premier « lorgne sur » la réalisation d'une affirmation, mais pas l'autre.

En réalité, nous pouvons distinguer au moins cinq usages différents, et pertinents ici, de « ce que » avec « affirmer ». À cet égard, « affirmer » est un exemple typique d'un large groupe de mots utilisés pour parler de la communication et je vais illustrer ces cinq usages différents en utilisant le verbe analogue « annoncer » [*signal*].

Prenons une situation-modèle simple dans laquelle tout ce que l'on nous demande de faire consiste à annoncer des cibles à mesure qu'elles surgissent sur le champ de bataille. Les cibles sont de différents types distinctifs et on dispose d'une annonce déterminée (disons, un drapeau d'une couleur spécifique) pour chaque type différent. Tout se passe alors très bien – les cibles ne cessent de surgir et nous n'arrêtons pas de brandir nos drapeaux, la convention référentielle étant celle, très simple (non-« verbale » ou plutôt non-« vexillologique »), voulant que chaque annonce se réfère à ce qui occupe au même moment le champ de bataille. Dès lors, de quelle façon pouvons-nous utiliser l'expression « ce que nous annonçons » ?

I) On trouve deux usages pour l'expression « Ce que nous annonçons est toujours … », qui ne sont peut-être pas très utiles, ni très courants, si ce n'est pour des objectifs pédagogiques. Nous avons :

> 1) « Ce que nous annonçons est toujours une cible ». (Voir « Ce que nous affirmons est toujours un fait ».)
> 2) « Ce que nous annonçons est toujours une annonce ». (Voir « Ce que nous affirmons est toujours une affirmation ».)

Ces deux énoncés n'entrent pas en conflit ; il n'est pas non plus nécessaire ou légitime, pour les « réconcilier », d'en conclure que « les cibles sont des annonces » : elles *n*'en sont *pas*, de la même façon que les faits ne sont pas des affirmations. Il suffit simplement de comprendre que « ce que nous annonçons » a deux usages – ou que « annonce » peut admettre deux types d'accusatifs différents, qui sont tous les deux des accusatifs d'objet interne (ce qui est en soi intéressant). (1) veut dire que chaque fois que nous annonçons quelque chose, nous annonçons une cible, que les annonces sont en tant que telles des annonces de cibles. De la même façon, lorsque nous affirmons quelque chose, nous l'affirmons comme un fait ; les affirmations sont comme telles des affirmations de faits[j].

(2) a bien sûr une valeur hautement pédagogique, mais inoffensive. Il serait très pédagogique de dire « nous annonçons des annonces » ou « nous affirmons des affirmations » – même si cela reviendrait au même que de dire que « nous projetons des projets ». Ce type de remarques nous apprend que, lorsque nous disons « nous projetons (annonçons, affirmons, etc.) telle ou telle chose », il y a une certaine chose dont nous pouvons dire qu'elle est notre projet (notre annonce, notre affirmation, etc.). (1) et (2) n'ont pas d'autre usage que celui qui consiste à donner des instructions sur la signification et l'usage du verbe « annoncer » et du substantif « annonce ».

II) Allons maintenant plus loin. Lorsque nous *n'*utilisons *pas* le « toujours » et le « nous » de la généralisation pédagogique, nous utilisons « ce que nous annonçons (affirmons) » de manière assez différente, comme suit :

> 3) « Ce que nous annonçons est parfois, mais pas toujours, une cible »
>
> « Ce que nous affirmons est parfois, mais pas toujours, un fait »

j. Nous excluons bien sûr ici l'expression « affirmer une opinion » du champ d'études. L'expression est en soi intéressante mais n'a pas de pertinence ici.

4) « Ce que nous annonçons est parfois, mais pas toujours, (une annonce) correct(e) »

« Ce que nous affirmons est parfois, mais pas toujours, vrai (une vérité) »

C'est l'usage (3) que nous faisons de l'expression lorsque nous disons, par exemple, « Ce qu'il a affirmé était alors un fait, mais ce qu'elle a affirmé ensuite n'en était pas un » ; et c'est l'usage (4) que nous faisons de l'expression lorsque nous disons, par exemple, « Ce qu'il a affirmé était alors vrai, mais pas ce qu'elle a affirmé ensuite ».

Les usages de « ce que nous annonçons » dans (3) et (4) sont naturellement *liés*, mais ils *ne* sont *pas* identiques. S'ils étaient *identiques*, nous devrions aboutir à l'absurde conclusion selon laquelle :

Une cible est (une annonce) correct(e)

et la conclusion, qui est selon moi tout aussi absurde, selon laquelle :

Un fait est une affirmation vraie (une vérité).

La véritable connexion existant entre (3) et (4) n'est pas aussi simple, même si elle est assez simple :

Si et seulement si, et parce que, ce que nous annonçons (3) est une cible, alors ce que nous annonçons (4) est correct ; et, de manière dérivée, si et seulement si, mais pas parce que ce nous que annonçons (4) est correct, alors ce que nous annonçons (3) est une cible.

Il existe un lien évident entre « ce que nous annonçons » au sens (3) et « ce que nous signalons » au sens pédagogique (1) ; de la même façon, ce lien est évident entre le sens (2) et le sens (4). Peut-être devrions-nous même dire qu'en fait la différence entre (1) et (3), de même qu'entre (2) et (4), n'est pas tant une différence entre des sens ou des usages de « ce que nous annonçons » qu'une différence entre des sens ou des usages de « ce que nous annonçons *est* ». Mais il existe en tout cas une distinction radicale entre « ce que nous annonçons » au sens (1) et (3) d'une part, et « ce que nous annonçons » au sens (2) et (4) d'autre part – entre ce que nous annonçons comme une *cible* (véritable ou hypothétiquement posée de manière pédagogique) et ce que nous annonçons en tant qu'*annonce* (correcte ou incorrecte). Et de la même manière que, dans le cas de l'annonce, nous ne sommes en rien tentés de dire :

> « Les cibles ne sont pas des choses qui se trouvent dans le monde »
> « Les cibles sont des annonces (correctes) »,

on ne devrait pas être tenté de dire :

> « les faits ne sont pas des-choses-qui-se-trouvent-dans-le-monde »
> « Les faits sont des affirmations vraies ».

III) Mais, pour finir, on trouve pourtant encore un autre usage de « ce que nous annonçons » ou de « ce que nous annonçons est », où « ce que nous annonçons » n'est pas *toujours x*, comme dans (1) et (2), ni toujours soit *x* soit *non-x*, comme dans (3) et (4).

Dans cet usage (5) :

> – Ce que nous annonçons est maintenant rouge, maintenant vert, maintenant violet
> – Ce que nous affirmons est maintenant que *S*, maintenant que *T*, maintenant que *U*.

Donc, pour résumer,

> Les faits sont ce que les affirmations vraies affirment

est comme :

> Les cibles sont ce que les annonces correctes annoncent,

et ne tend pas plus à prouver que les faits sont des pseudo-entités qu'il ne prouve que les cibles en sont. Et si nous décidons de dire que chacun se définit dans les termes de l'autre, nous devrons également dire l'inverse.

Ou encore, à partir des deux banales remarques suivantes :

> (1) Il a affirmé un fait
> (2) Il a affirmé que S,

nous pouvons en effet conclure :

> « ce qu'il a affirmé était un fait »
> « ce qu'il a affirmé était que S ».

Mais nous ne pouvons pas, à partir de ces remarques, construire l'inférence suivante :

> un fait est que S ou que T, etc.

(qui en fait une « entité fausse »), parce que « ce qu'il a affirmé » ne signifie pas la même chose dans les deux cas.

DONALD DAVIDSON

UNE THÉORIE COHÉRENTISTE
DE LA VÉRITÉ
ET DE LA CONNAISSANCE

Présentation, par Valérie Aucouturier

Se situant dans le sillage de Quine, tout en en rejetant l'empirisme (voir « Sur l'idée même de schème conceptuel »[1]), le présent article de Davidson entend défendre une « théorie cohérentiste de la vérité et de la connaissance », selon laquelle la vérité de nos croyances et énoncés (ou leur élévation au rang de connaissance) ne peut être présumée qu'en vertu de la cohérence, au sein de notre système de croyances, de nos croyances entre elles. Il recourt pour le montrer à sa thèse bien connue de l'interprétation radicale, selon laquelle l'interprète des paroles d'un locuteur attribue nécessairement des connaissances vraies à ce locuteur pour pouvoir seulement le comprendre.

1. Dans D. Davidson, *Enquiries into Truth and Interpretation*, Oxford, Oxford UP, 2001, trad. fr. P. Engel, Nîmes, J. Chambon, 1993.

Cette théorie cohérentiste refuse d'admettre les tentatives visant à *fonder* la connaissance, notamment les tentatives empiristes et toutes celles qui reposent sur des théories de la perception voulant fonder les croyances sur les sensations (qui ne sont pourtant pas du même ordre qu'elles). En effet, Davidson estime que toute théorie cherchant à fonder nos croyances sur le témoignage de nos sens ne saurait échapper à l'objection sceptique selon laquelle il se pourrait bien que nos sens nous trompent toujours, auquel cas ceux-ci ne seraient pas en mesure de *justifier* notre croyance. Davidson entend remplacer cette conception fondationnaliste par une conception causale, selon laquelle nos croyances seraient plutôt *causées* par nos sensations, en un sens qui ôte à ces sensations tout rôle fondationnel ou épistémique. Nos sensations ne *justifient* donc pas nos croyances, elles les *causent*. Il faut, selon lui, débarrasser ce lien causal de toute valeur justificative, c'est-à-dire ne pas prendre nos sensations pour des raisons de croire.

Malgré l'abandon de la *justification* des croyances par les sensations, Davidson estime qu'une théorie de la vérité doit être correspondantiste, même si elle ne peut s'empêcher d'être cohérentiste ; en fait, c'est précisément le cohérentisme qui doit permettre de soutenir le correspondantisme. C'est la raison pour laquelle, malgré son attachement au cohérentisme de Rorty, Davidson souhaite proposer une nouvelle forme de réalisme. Il s'agit d'un réalisme qui ne s'appuie pas sur l'existence supposée du monde extérieur, qui viendrait fonder sa connaissance. Mais il se distingue également du réalisme interne de Putnam, en ce qu'il refuse précisément d'opérer une distinction entre un monde objectif et un schème conceptuel, qui permettrait de l'appréhender selon une certaine perspective épistémique.

La théorie cohérentiste repose sur l'axiome selon lequel rien ne peut justifier une croyance sinon une autre croyance. Autrement dit, seule une raison peut venir modifier l'ordre conceptuel, en ce qu'elle peut apporter une justification à ce changement ; jamais une cause ne peut le faire. Dès lors, il n'y a plus à vouloir fonder la connaissance, que ce soit sur quelque chose qui serait extérieur à elle ou sur des énoncés plus primitifs, qui se trouveraient dans une prétendue plus grande proximité avec le monde. Par conséquent, la coupure entre le monde et nos croyances s'évanouit, puisqu'il n'y a aucune raison de douter que nos croyances sont vraies. Bien sûr, il est toujours possible qu'une croyance soit fausse : il s'agit alors d'une croyance qui serait incohérente par rapport aux autres au sein de l'ordre conceptuel. Mais comment justifier la validité de l'ensemble global des croyances d'un individu ? Comment faire face à l'objection sceptique considérant qu'il reste encore possible que toutes mes croyances, qu'elles soient ou non cohérentes, soient fausses ?

Dans le cadre de réflexion davidsonien, la réponse apportée doit être une *raison* de ne pas douter, et non pas une preuve. Cette réponse s'appuie sur la compréhension davidsonienne de l'interprétation radicale, qui dérive de l'idée quinienne de traduction radicale (exposée dans « Le mythe de la signification », dans ce volume), selon laquelle on impose toujours son propre schème conceptuel et sa propre logique à un langage étranger, dès lors qu'on cherche à le comprendre (ou à le traduire). Davidson adapte cette idée de la manière suivante. On admet que le langage est le moyen de connaître les croyances d'autrui. Pour comprendre les croyances d'autrui, il convient donc de comprendre son langage et ce qu'autrui veut dire en l'utilisant ; il s'agit de déterminer les significations qu'il entend donner aux mots qu'il emploie. Mais comment faire pour identifier les significations des mots d'autrui (et subséquemment ses croyances), sinon en recourant à ce qui nous est observable lorsque nous sommes en position d'interprète de ces mots? Or plusieurs choses sont simultanément observables : certains énoncés, l'assentiment que le locuteur leur donne et la situation du monde dans lequel il le donne. C'est-à-dire qu'il nous faut considérer que le locuteur donne son assentiment aux énoncés qu'il considère comme *vrais*. Cette observation nous permet donc de déterminer, en tant qu'interprètes, les conditions de vérité des énoncés proférés par le locuteur. Or, en tant qu'interprètes, nous sommes contraints, pour pouvoir comprendre le locuteur, d'appliquer le «principe de charité» consistant à rendre cohérentes les croyances d'autrui – consistant ainsi à accorder les énoncés d'autrui avec nos propres énoncés et donc avec notre propre logique pour pouvoir les comprendre. Par conséquent, dès lors qu'il se place au niveau de la cohérence globale des énoncés qu'il interprète et qu'il a saisi leurs conditions de vérité, l'interprète peut déterminer la vérité ou la fausseté d'un énoncé donné du locuteur.

On comprend donc que la cohérence des énoncés (et des pensées identifiées subséquemment) d'un locuteur dépend de l'interprétation qu'on en donne. Ce qui permet qu'ils s'accordent. Mais ne pourraient-ils pas tous les deux s'entendre à propos de croyances fausses? C'est impossible, car la présupposition d'un tel point de vue n'a pas de sens dès lors qu'on admet qu'il faut toujours interpréter les croyances d'un locuteur et qu'on ne peut jamais sortir du cercle de la cohérence des pensées interprétées. Il est logiquement inadmissible, dès lors que l'on ne peut sortir de ce que McDowell appellera «l'espace des raisons», de présupposer un ensemble de croyances généralement faux, car ce serait saper le travail même de l'interprète qui s'appuie nécessairement sur cet ensemble pour comprendre l'autre. Il n'y a donc pas de sens à considérer que l'on puisse généralement se tromper, sauf à ne pas vouloir admettre que l'on comprend généralement autrui.

Par conséquent, l'ensemble des croyances que l'on tient à l'égard du monde est globalement *justifié* et il s'accompagne d'une forte présomption en faveur de leur vérité.

UNE THÉORIE COHÉRENTISTE
DE LA VÉRITÉ
ET DE LA CONNAISSANCE [*]

Dans ce texte, je défends une théorie qui pourrait à juste titre être qualifiée de théorie cohérentiste de la vérité et de la connaissance. La théorie que je défends n'entre pas en concurrence avec une théorie correspondantiste; sa défense dépend au contraire d'un argument visant à montrer que la cohérence implique la correspondance.

C'est évidemment une question importante. Si la cohérence permet de tester la vérité, il y a là un lien direct avec l'épistémologie, car nous avons des raisons de croire que bon nombre de nos croyances sont cohérentes entre elles, et, dans ce cas, nous avons de bonnes raisons de croire que beaucoup d'entre elles

[*] D. Davidson, « A Coherence Theory of Truth and Knowledge », dans E. Lepore (ed.), *Truth and Interpretation*, London, Blackwell, 1989, p. 307-309, traduction V. Aucouturier.

sont vraies. Lorsque les croyances sont vraies, il semble alors que les conditions premières de la connaissance sont satisfaites.

On pourrait éventuellement essayer de défendre une théorie cohérentiste de la vérité sans pour autant défendre une théorie cohérentiste de la connaissance ; cette théorie pourrait peut-être s'appuyer sur l'idée que celui qui possède un ensemble cohérent de croyances pourrait n'avoir aucune raison de croire que ses croyances sont cohérentes. Il est possible, bien que peu probable, que quelqu'un qui aurait des croyances vraies et de bonnes raisons de les avoir ne saisisse pas la pertinence des raisons qu'il a de les croire. On pourrait considérer que cette personne possède une connaissance qu'il ignore posséder : il pense être un sceptique. En un mot, c'est un philosophe.

Abstraction faite des cas aberrants, c'est la signification qui lie la vérité et la connaissance. Si les significations sont données par des conditions objectives de vérité, on peut se demander comment nous pouvons savoir que ces conditions sont satisfaites, car ceci semble exiger une confrontation entre nos croyances et la réalité ; et l'idée d'une telle confrontation est absurde. Mais si la cohérence permet de tester [*is a test of*] la vérité, alors le test de la cohérence permet de déterminer si les conditions de vérité objectives sont satisfaites, et nous n'avons plus besoin d'expliquer la signification sur la base d'une confrontation possible. Voici mon slogan : correspondance sans confrontation. À partir d'une épistémologie correcte, on peut être réaliste dans tous les domaines. On peut admettre que les conditions de vérité sont la clé de la signification, on peut adopter une conception réaliste de la vérité, et on peut soutenir que la connaissance porte sur un monde objectif indépendant de notre pensée ou de notre langage.

Comme il n'existe pas, à ma connaissance, de théorie méritant d'être désignée comme «la» théorie cohérentiste, permettez-moi de caractériser le type de position que je souhaite défendre. Tout ensemble cohérent d'énoncés interprétés ne contient évidemment pas que des énoncés vrais puisque l'un de ces ensembles pourrait ne contenir que l'énoncé cohérent s et un autre de ces ensembles seulement la négation de s. Et l'ajout d'énoncés, tout en maintenant la cohérence, ne sera d'aucune aide. Nous pouvons imaginer des descriptions d'états sans fin – des descriptions qui soient les plus cohérentes possibles – ne décrivant pas notre monde.

Ma théorie de la cohérence concerne les croyances ou les énoncés considérés comme vrais par quelqu'un les comprenant. Je ne veux pas dire, pour le moment, que tout ensemble cohérent de croyances possibles est vrai (ou est principalement constitué de croyances vraies). Je me tiens à l'écart de cette idée car le champ du possible n'est pas clairement délimité. On pourrait, à l'extrême, soutenir que le plus grand éventail possible d'ensembles de croyances est aussi large que le plus grand éventail possible d'ensembles d'énoncés; il n'y aurait alors aucune raison d'exiger qu'une théorie défendable de la cohérence concerne des croyances plutôt que des propositions ou des énoncés. Mais il existe d'autres manières de concevoir ce qu'il est possible de croire et ceci justifie qu'on puisse dire que non seulement tous les systèmes de croyance cohérents existants sont en grande partie corrects, mais que tous les systèmes de croyance cohérents possibles le sont également. La différence entre les deux notions de ce qu'il est possible de croire dépend de ce que nous supposons à propos de la nature de la croyance, son interprétation, ses causes, son détenteur, et ses structures [patterns]. Pour moi, les croyances sont les états de personnes ayant des intentions, des désirs, des organes sensoriels ; ces états sont causés par des événements et causent des événements dans et hors des corps de ceux qui en jouissent [*entertainers*]. Mais, en dépit de toutes ces contraintes, les gens croient beaucoup de choses et pourraient en croire davantage. La théorie cohérentiste s'applique à tous ces types de cas.

Bien sûr, certaines croyances sont fausses. Le concept de croyance pose particulièrement problème eu égard à l'éventuel fossé qu'il introduit entre ce qui est considéré comme vrai et ce qui l'est. Aussi puissante et vraisemblable soit la définition qu'on en donne, la simple cohérence ne peut donc garantir que ce qui est cru est le cas. Tout ce qu'une théorie cohérentiste peut soutenir est que la plupart des croyances au sein d'un ensemble cohérent et complet de croyances sont vraies.

Au mieux, on pourra considérer comme allusive cette façon de défendre cette position car il n'existe aucune façon efficace de compter les croyances, et par conséquent aucune signification précise de l'idée selon laquelle la plupart des croyances d'une personne sont vraies. Pour dire les choses un peu mieux, on présume aisément d'une croyance qui est cohérente avec une masse importante de croyances qu'elle est vraie. Chaque croyance au sein d'un ensemble cohérent de croyances est justifiée à la lumière de cette présomption, autant que peut l'être chaque action intentionnelle considérée par un agent rationnel (dont les choix, les croyances et les désirs sont cohérents au sens de la théorie bayesienne de la décision). Donc, comme nous l'avons déjà dit, si la connaissance est une croyance vraie justifiée alors il semblerait que toutes les croyances vraies d'un croyant cohérent [*consistent believer*] forment une connaissance. Bien qu'elle soit trop vague et trop hâtive pour être vraie, j'aimerais soutenir l'idée que cette conclusion contient une part profonde de vérité. En attendant, relevons simplement les nombreux problèmes à traiter. Que réclame au juste la cohérence? Quelle proportion d'induction doit-on inclure, quelle proportion de la véritable histoire de la preuve par l'évidence (s'il en existe une) doit entrer en compte? Puisqu'aucun individu ne possède un corps complet de convictions, avec *quelles* croyances faut-il être cohérent pour pouvoir présumer qu'il s'agit de la vérité? Considérons à présent ces problèmes sous un meilleur angle.

Je n'espère bien entendu pas définir la vérité en termes de croyance et de cohérence. La vérité est admirablement transparente comparée à la croyance et à la cohérence, et je la considère comme un concept primitif. La vérité, appliquée à l'énonciation d'énoncés, montre la dimension décitationnelle que renferme la Convention T de Tarski, et ceci suffit à fixer son domaine d'application. Celui-ci est, bien sûr, relatif à un langage ou à un locuteur; la vérité ne se limite donc pas à la Convention T, elle inclut ce qui se transmet d'un langage à un autre et d'un locuteur à un autre. La Convention T et les énoncés banals qu'elle déclare vrais – comme «L'herbe est verte», énoncé par un locuteur français, est vrai si et seulement si l'herbe est verte – révèlent que la vérité d'un énoncé ne dépend que de deux choses: ce que signifient les mots tels qu'on les dit et la manière dont le monde est organisé. Elle n'est pas en prime relative à un schème conceptuel, une façon de voir les choses ou une perspective. Deux interprètes, aussi distincts soient-ils par leur culture, leur langage et leur point de vue, peuvent ne pas s'entendre sur la vérité d'une énonciation mais seulement s'ils sont en désaccord sur l'état du monde qu'ils habitent ou sur le sens de l'énoncé.

Nous pouvons, je pense, tirer deux conclusions de ces simples réflexions. Premièrement, la vérité est la correspondance avec l'état des choses. (Il n'existe aucune manière directe et non égarante d'affirmer ceci, il est nécessaire de faire un détour par le concept de satisfaction qui sert à caractériser la vérité[a].) Donc, pour qu'une théorie cohérentiste de la vérité soit acceptable, elle doit être cohérente avec une théorie de la correspondance. Deuxièmement, une théorie de la connaissance qui nous donne la possibilité de connaître la vérité doit être une forme de réalisme qui ne soit ni relative, ni interne. Donc, pour qu'une théorie cohérentiste de la connaissance soit acceptable, elle doit être cohérente avec cette forme de réalisme. Ma forme de réalisme n'est semble-t-il ni le réalisme interne de Putnam, ni son réalisme métaphysique[b]. Ce n'est pas un réalisme interne car un tel réalisme rend la vérité relative à un schème conceptuel et je ne pense pas que cette idée soit intelligible[c]. L'inintelligibilité du dualisme d'un schème conceptuel et d'un « monde » attendant qu'on s'occupe de lui est, en fait, une raison majeure d'accepter une théorie cohérentiste. Mais mon réalisme n'est certainement pas le réalisme métaphysique de Putnam, car *il* s'en distingue par son caractère « radicalement non-épistémique », ce qui sous-entend que toutes nos pensées et toutes nos théories les plus fouillées et les plus établies peuvent être fausses. Je pense que l'indépen-

a. Voir mon article « True to the Facts », dans *Inquiries into Truth and Interpretation*, Oxford, Oxford UP, 2001, Essay 3 [« Vrai en vertu des faits », dans *Enquêtes sur la vérité et l'interprétation*, trad. fr. P. Engel, Nîmes, J. Chambon, 1993, Essai 3, p. 69-92 et « Afterthought », dans *The essential Davidson*, Oxford, Oxford UP, 2006, p. 238-241].

b. H. Putnam, *Meaning and the Moral Sciences*, London, Routledge and Kegan Paul, 1979, p. 125.

c. Voir mon article « Sur l'idée même de schème conceptuel », dans *Enquêtes sur la vérité et l'interprétation*, *op. cit.*, Essai 13, p. 267-289.

dance entre croyance et vérité exige seulement que *chacune* de nos croyances puisse être fausse. Mais une théorie cohérentiste ne peut bien sûr pas consentir à ce qu'elles soient toutes fausses.

Mais pourquoi pas? Il est peut-être évident que la cohérence d'une croyance avec un corps substantiel de croyances augmente ses chances d'être vraie, à condition qu'on ait des raisons de supposer que le corps de croyances en question est vrai ou l'est en grande partie. Mais comment la cohérence elle-même peut-elle fonder à croire? Il se peut que le mieux que nous puissions faire pour justifier une croyance soit de faire appel à d'autres croyances, mais nous devrions probablement admettre en conséquence le scepticisme philosophique, peu importe combien nos croyances demeurent en pratique inébranlables.

Voici le scepticisme dans une de ses formes les plus traditionnelles. Le sceptique se demande : «Pourquoi mes croyances ne pourraient-elles pas à la fois s'accorder ensemble et être globalement fausses au sujet du monde réel?». La simple reconnaissance du fait qu'il est absurde ou même pire d'essayer de *confronter* nos croyances une à une ou toutes ensemble avec ce sur quoi elles portent ne répond pas à la question, et ne montre pas plus que cette question est inintelligible. En bref, même une théorie modérée de la cohérence comme la mienne doit fournir au sceptique une raison de supposer que nos croyances cohérentes sont vraies. Le partisan d'une théorie cohérentiste ne peut admettre que celle-ci soit assurée hors du système de croyances, quoique rien dans ce système ne puisse fournir le moindre soutien en dehors du fait qu'on peut montrer qu'il repose ultimement ou dans son ensemble sur quelque chose d'indépendamment fiable.

On distingue communément les théories cohérentistes des autres théories en se référant à la question de savoir si la justification peut ou non s'achever. Mais ceci ne définit aucune position, ceci suggère simplement une forme que pourrait prendre l'argument. Car certains théoriciens de la cohérence estiment que certaines croyances peuvent servir de base au reste même si l'expression de raisons n'a pas de fin et bien qu'il soit possible de maintenir l'insuffisance de la cohérence. Ce qui fait la spécificité d'une théorie cohérentiste est la simple affirmation que rien hormis une autre croyance ne peut compter comme raison d'avoir une croyance. Ses partisans considèrent que l'exigence d'un fondement ou d'une source de justification d'une autre espèce est inintelligible. Comme l'exprime Rorty : « Rien ne peut valoir comme justification à être rapporté à ce que nous avons déjà accepté, et il n'existe aucun moyen de transcender nos croyances et nos catégories linguistiques qui nous permettrait de mettre en place une autre pierre de touche que la cohérence »[d]. Je suis sur ce point, comme vous pouvez le constater, d'accord avec Rorty. Ce qui nous sépare, si c'est le cas, est la question de savoir s'il reste à se demander comment, étant donné que nous n'avons « aucun moyen de transcender nos croyances et nos catégories linguistiques qui nous permettrait de mettre en place une autre pierre de touche que la cohérence », nous pouvons néanmoins connaître et parler d'un monde objectif public que nous n'aurions pas fabriqué. Je pense, contrairement à Rorty, que cette question subsiste. Si c'est bien le cas, il doit penser que je fais une erreur en essayant d'y répondre ; il en est pourtant ainsi.

Ceci nous donne à présent l'occasion de reconsidérer très rapidement un certain nombre de raisons d'abandonner la

---

d. R. Rorty, *L'homme spéculaire*, trad. fr. T. Marchaisse, Paris, Seuil, 1990, p. 204.

recherche d'un fondement de la connaissance hors du champ de nos croyances. Par « fondement », j'entends spécifiquement un fondement épistémologique, une source de justification.

Les tentatives qui méritent d'être prises au sérieux essaient, d'une manière ou d'une autre, de fonder la croyance sur le témoignage des sens : la sensation, la perception, le donné, l'expérience, les sense data, le déroulement des événements. De telles théories doivent toutes expliquer au moins deux choses : quelle est au juste la relation entre sensation et croyance qui autorise la première à justifier la seconde ? Et pourquoi devrions-nous penser que nos sensations sont fiables, autrement dit, pourquoi devrions nous avoir confiance en nos sens ?

L'idée la plus simple consiste à identifier certaines croyances à des sensations. Ainsi, Hume n'a semble-t-il pas fait la distinction entre la perception d'un point vert et percevoir qu'un point est vert. (Une ambiguïté du mot idée l'a ici beaucoup aidé.) D'autres philosophes ont relevé la confusion de Hume, mais ils ont essayé d'obtenir les mêmes résultats en réduisant à néant le fossé entre perception et jugement et en tentant de formuler des jugements n'allant pas au delà de l'affirmation que la perception, la sensation ou la présentation existe (quoiqu'ils puissent vouloir dire). De telles théories ne justifient pas les croyances sur la base des sensations mais essaient de justifier certaines croyances en soutenant qu'elles ont exactement le même contenu épistémique qu'une sensation. Cette conception engendre deux difficultés. Premièrement, si le contenu des croyances basiques n'excède pas celui de la sensation correspondante, on ne peut d'aucune façon s'appuyer sur elle pour en inférer un monde objectif ; et deuxièmement, de telles croyances n'existent pas.

Il est plus plausible d'affirmer que nous ne pouvons nous tromper sur la façon dont les choses nous apparaissent. Si nous croyons avoir une sensation, nous en avons bien une. Ceci est considéré comme une vérité analytique ou un fait de l'usage du langage.

Cette connexion supposée entre les sensations et certaines croyances est difficile à expliquer sans inviter au scepticisme vis-à-vis des autres esprits ; et, en l'absence d'explication adéquate, il y a de quoi douter du fait que cette connexion puisse être impliquée dans la justification. Mais quoiqu'il en soit, suivant cette position, la façon dont les sensations justifient la croyance en ces sensations n'est pas claire. Le point essentiel est plutôt qu'une telle croyance ne réclame aucune justification car l'existence de la croyance implique celle de la sensation et donc l'existence de la croyance implique sa propre vérité. À moins d'ajouter autre chose, on en revient à une autre forme de théorie de la cohérence.

Le fait qu'on insiste sur la sensation ou sur la perception dans les questions d'épistémologie dérive d'une idée évidente : les sensations sont ce qui lie le monde et nos croyances et elles sont potentiellement justificatrices car nous en sommes souvent conscients. Le problème auquel nous nous sommes heurtés est que la justification semble dépendre de cette conscience qui n'est rien d'autre qu'une croyance supplémentaire.

Essayons une piste plus audacieuse. Supposons que nous disions que les sensations elles-mêmes, verbalisées ou non, justifient certaines croyances allant au-delà de ce qui est donné par la sensation. Donc, sous certaines conditions, le fait de voir une lumière verte clignoter peut justifier la croyance qu'une lumière verte clignote. Le problème est de voir comment la sensation justifie la croyance. Bien sûr, si quelqu'un a la sensation de voir une lumière verte clignoter, il est probable, dans certaines circonstances, qu'une lumière verte soit bien en train de clignoter. *Nous* pouvons dire ceci car nous connaissons sa sensation, mais *il* ne le peut pas car nous supposons qu'il a raison sans pour autant dépendre de la croyance qu'il a cette sensation. Supposons qu'il croie qu'il n'a pas eu cette sensation. La sensation justifierait-elle toujours sa croyance en l'existence objective d'une lumière verte qui clignote ?

La relation entre une sensation et une croyance ne peut être logique car les sensations ne sont pas des croyances ou un autre type d'attitude propositionnelle. Quelle est donc cette relation ? La réponse est, je pense, évidente : la relation est causale. Les sensations causent des croyances et en *ce* sens sont les bases ou le fondement de ces croyances. Mais l'explication causale d'une croyance ne montre pas comment ou pourquoi la croyance est justifiée.

La difficulté à transmuer une cause en raison assaille à nouveau l'anticohérentiste s'il essaie de répondre à notre seconde question : qu'est-ce qui justifie notre croyance que nos sens ne nous trompent pas systématiquement ? Car même si les sensations justifient la croyance en la sensation, nous ne voyons cependant pas comment elles justifient la croyance en des événements ou des objets externes.

D'après Quine, la science nous dit que « notre seule source d'information concernant le monde extérieur provient de l'impact des rayons de lumière et des molécules sur nos surfaces sensorielles »[e]. Je m'interroge sur la manière de lire

---

e. W.V. Quine, « The Nature of Natural Knowledge », p. 68. Chez Quine, de nombreux autres passages suggèrent son désir d'assimiler les causes senso-

les mots « source » et « information ». Il est certainement vrai que des événements et des objets du monde extérieur causent nos croyances en certaines choses à propos du monde extérieur, et la majeure partie de la causalité, si ce n'est toute, passe par les organes des sens. Cependant, la notion d'information ne s'applique en un sens non métaphorique qu'aux croyances engendrées. « Source » doit donc se comprendre simplement comme « cause » et « information » comme « croyance vraie » ou « connaissance ». Nous n'avons pas encore en vue la justification des croyances causées par nos sens.

L'approche du problème de la justification que nous avons esquissée est certainement fausse. Nous avons essayé de le

---

rielles à des preuves. Dans *Le mot et la chose*, trad. fr. J. Dopp et P. Gochet, Paris, Flammarion, 1977, p. 52, il écrit que « nos irritations de surface (…) épuisent tous nos renseignements concernant le monde extérieur ». Dans *Ontological Relativity and Other Essays*, New York, Columbia UP, 1969 (*Relativité de l'ontologie et autres essais*, trad. fr. J. Largeault, Paris, Flammarion, 2008) p. 89, on trouve : « La stimulation de ses récepteurs sensoriels est toute la preuve sur quoi quiconque peut, en fin de compte, s'appuyer pour élaborer sa représentation du monde ». Et, à la même page : « Deux principes fondamentaux de l'empirisme restaient hors de contestation (…). L'un est que toute preuve qu'il *peut* y avoir pour la science *est* d'ordre sensoriel. L'autre (…) est que toute injection de signification dans les mots doit en fin de compte reposer sur des preuves sensorielles ». Dans *The Roots of Reference*, La Salle (Ill.), Open Court Publishing Company, 1974, p. 37-38, Quine dit que « les observations » sont fondamentales « grâce au support de la théorie joint à l'apprentissage du langage », et il poursuit, « Que sont les observations ? Elles sont visuelles, auditives, tactiles, olfactives. Elles sont évidemment sensibles et donc subjectives (…). Devrait-on dire alors que l'observation n'est pas la sensation (…)? Non (…) ». Quine poursuit en abandonnant ses remarques sur l'observation en faveur de remarques sur les énoncés d'observation. Mais les énoncés d'observation ne peuvent bien sûr pas, contrairement aux observations, jouer le rôle de preuve à moins qu'on n'ait des raisons de croire qu'ils sont vrais.

concevoir ainsi : une personne possède toutes ses croyances au sujet du monde – c'est-à-dire toutes ses croyances. Comment peut-elle dire si elles sont vraies ou potentiellement vraies ? Nous avons supposé qu'elle ne le pouvait qu'en liant ses croyances au monde, en confrontant certaines de ces croyances, une à une, avec ce que ses sens lui délivrent, ou peut-être en soumettant l'ensemble de ses croyances au tribunal de l'expérience. De telles confrontations n'ont pas de sens car nous ne pouvons bien sûr pas sortir de notre peau pour découvrir ce qui cause les événements internes dont nous sommes conscients. L'introduction d'étapes ou d'entités intermédiaires dans la chaîne causale, comme les sensations ou les observations, ne sert qu'à rendre le problème épistémologique plus évident. Car si les intermédiaires sont de simples causes, ils ne justifient pas les croyances qu'ils causent ; tandis que s'ils fournissent une information, il se peut qu'ils mentent. La morale va de soi : puisque les intermédiaires ne peuvent nous promettre la vérité, nous ne devons admettre aucun intermédiaire entre nos croyances et leurs objets dans le monde. Il existe bien sûr des intermédiaires causaux. Mais nous devons nous préserver des intermédiaires épistémiques.

Certaines conceptions communes du langage encouragent une mauvaise épistémologie. Ce n'est bien sûr pas un hasard, puisque les théories de la signification sont liées à l'épistémologie lorsqu'elles tentent d'élucider la façon dont on détermine la vérité d'un énoncé. Si connaître la signification d'un énoncé (savoir en donner une interprétation correcte) implique de connaître, ou consiste à connaître, la façon dont on pourrait le reconnaître comme vrai, alors, la théorie de la signification soulève la question même avec laquelle nous nous sommes débattus ; car pour donner la signification d'un énoncé il faudra alors spécifier ce qui justifie son assertion. Le cohérentiste soutiendra ici qu'il ne sert à rien de chercher une source de justification en dehors d'autres énoncés tenus pour vrais, tandis que le fonctionnaliste cherchera à ancrer au moins quelques mots ou quelques énoncés à des attaches non-verbales. Je pense que Quine et Michael Dummett soutiennent tous deux cette conception.

Dummett et Quine, à coup sûr, ne s'accordent pas. Ils ne s'entendent en particulier pas à propos du holisme, de l'idée que la vérité de nos énoncés doit être testée en bloc plutôt qu'un à un. De plus, ils sont aussi et par conséquent en désaccord sur la question de savoir si la différence entre les énoncés analytiques et les énoncés synthétiques est utile, et sur celle de savoir si une théorie satisfaisante de la signification peut autoriser la sorte d'indétermination que soutient Quine. (Sur tous ces points, je suis le fidèle disciple de Quine.)

Mais ce qui m'intéresse ici est que Quine et Dummett s'accordent sur un principe fondamental selon lequel tout ce qui a trait à la signification doit trouver sa source dans l'expérience, le donné, ou les structures de stimulation sensorielle, quelque chose d'intermédiaire entre la croyance et les objets habituels de nos croyances. Une fois qu'on a fait ce pas, on ouvre la porte au scepticisme, car nous devons alors admettre qu'il se peut qu'un grand nombre – et peut être la plupart – des énoncés que nous prenons pour vrais soient en fait faux. C'est ironique. En essayant de rendre la signification accessible, on a rendu la vérité inaccessible. Quand la signification devient épistémologique de cette façon, vérité et signification sont nécessairement séparées. On peut bien sûr arranger un mariage forcé en redéfinissant la vérité comme ce qui justifie que nous fassions des affirmations. Mais, de cette façon, on ne marie pas les deux partenaires de départ.

Prenons la proposition de Quine selon laquelle tout ce qui a trait à la signification (à la valeur informative) d'un énoncé d'observation est déterminé par le modèle de la stimulation sensorielle qui causerait chez le locuteur l'assentiment ou le refus de l'énoncé. C'est une façon formidablement ingénieuse de capturer la dimension séduisante des théories vérification-nistes sans faire appel aux significations, aux *sense data* ou aux sensations. Ceci rend pour la première fois plausible l'idée qu'on pourrait, et devrait, élaborer ce que j'appelle la théorie de la signification sans ce que Quine appelle significations. Mais la proposition de Quine, comme les autres formes de vérificationnisme, rend possible le scepticisme. Car les stimu-lations sensorielles d'une personne pourraient clairement être comme elles sont, et le monde extérieur serait pourtant différent. (Souvenez-vous du cerveau dans la cuve.)

La manière dont Quine s'en sort sans les significations est subtile et compliquée. Il lie directement la signification de certaines énoncés à des structures de stimulation (qui consti-tuent aussi, selon Quine, une preuve en faveur de l'assentiment à l'énoncé), mais la signification des autres énoncés est déter-minée par la façon dont ils sont conditionnés par l'énoncé original ou l'énoncé d'observation. Quine a défendu cette position en montrant que s'il existe un moyen satisfaisant d'interpréter l'énoncé d'un locuteur, il en existe beaucoup d'autres. Cette thèse de l'indétermination de la traduction, ainsi que la nomme Quine, ne devrait pas être vue comme menaçante ou mystérieuse. Elle n'est pas plus mystérieuse que le fait que la température peut être mesurée en degrés centi-grades ou en degrés Fahrenheit (ou que n'importe quelle trans-formation linéaire des nombres). Et elle n'est pas menaçante, car la procédure même permettant de démontrer le degré d'indétermination démontre en même temps que nous avons seulement besoin de ce qui est déterminé.

D'après moi, on a sauvé le sérieux de la philosophie du langage en effaçant les limites entre l'analytique et le synthétique, en montrant comment continuer à en faire sans ce qui ne peut exister : des significations déterminées. Je suggère à présent d'abandonner la distinction entre les énoncés d'observation et le reste. Car la distinction entre les énoncés de croyance dont la vérité est légitimée par les sensations et ceux dont la vérité est seulement légitimée en référence à d'autres énoncés pris pour vrais est, pour le cohérentiste, une abomination du même ordre que la distinction entre les croyances justifiées par des sensations et celles qui sont justifiées en faisant appel à d'autres croyances. Je suggère, par conséquent, que nous abandonnions l'idée que la signification ou la connaissance sont fondées sur quelque chose valant comme source ultime. La signification et la connaissance dépendent sans aucun doute de l'expérience et l'expérience dépend ultimement de la sensation. Mais c'est une « dépendance » causale qui n'est pas celle d'une preuve ou d'une justification.

J'ai maintenant posé mon problème du mieux possible. La quête d'un fondement empirique de la signification ou de la connaissance conduit au scepticisme tandis qu'une théorie cohérentiste semble incapable de fournir la moindre raison pour un croyant de croire que ses croyances sont vraies si elles sont cohérentes. Nous sommes pris entre une fausse réponse au sceptique et l'absence de réponse.

Le dilemme n'en est pas vraiment un. Il faut, pour répondre au sceptique, montrer que quelqu'un ayant un ensemble (plus ou moins) cohérent de croyances a une raison de croire que ses croyances ne sont généralement pas erronées. La réponse à notre problème consiste donc à trouver une *raison, qui ne soit pas une preuve*, de supposer que la plupart de nos croyances sont vraies.

Mon argumentation se divise en deux parties. Premièrement, je considère qu'une compréhension correcte du discours, des croyances, des désirs, des intentions et des autres attitudes propositionnelles d'une personne mène à la conclusion selon laquelle la plupart des croyances d'une personne doivent être vraies. Il est donc légitime de supposer que n'importe laquelle d'entre elles est vraie si elle est cohérente avec la majeure partie du reste. Deuxièmement, je continue à soutenir que quiconque ayant des pensées, et donc en particulier quiconque se demandant s'il a raison de supposer qu'il a généralement raison concernant la nature de son environnement, doit savoir ce qu'est une croyance et comment les croyances sont en général repérées et interprétées. Ces faits étant des faits parfaitement généraux, que nous ne pouvons manquer d'employer lorsque nous communiquons avec les autres, on peut dire en un sens assez fort que nous savons qu'il existe une présomption en faveur de la vérité générale des croyances de quiconque, y compris les nôtres. Il est donc vain de demander des garanties *supplémentaires* ne pouvant que s'ajouter à son stock de croyances. Seule est requise la reconnaissance que sa croyance est par nature véridique.

On peut considérer la croyance comme véridique en examinant ce qui détermine l'existence et les contenus d'une croyance. La croyance est, comme toutes les prétendues attitudes propositionnelles, survenante par rapport à des faits de diverses sortes, comportementaux, neurophysiologiques, biologiques et physiques. Je ne le souligne pas afin d'encourager la réduction définitionnelle ou nomologique des phénomènes psychologiques à quelque chose de plus fondamental, et certainement pas pour suggérer des priorités épistémologiques.

Il s'agit plutôt de comprendre. Nous acquérons une certaine sorte de compréhension sur la nature des attitudes propositionnelles lorsque nous les mettons systématiquement en relation les unes avec les autres et avec les phénomènes se situant à d'autres niveaux. Puisque les attitudes propositionnelles sont profondément entrelacées nous ne pouvons apprendre la nature de l'une qu'en réussissant d'abord à en comprendre une autre. Comme des interprètes, nous cherchons notre chemin au sein de l'ensemble du système, nous dépendons beaucoup de la structure des interrelations.

Considérons, par exemple, l'interdépendance entre croyance et signification. La signification d'un énoncé dépend en partie des circonstances extérieures qui lui font gagner un certain degré de crédibilité, et elle dépend en partie des relations grammaticales ou logiques que l'énoncé entretient avec d'autres énoncés considérés comme vrais selon des degrés variés de crédibilité. Puisque ces relations sont elles-mêmes traduites directement sous forme de croyances, il est facile de voir en quoi la signification dépend de la croyance. Cependant, la croyance dépend également de la signification, car on ne peut accéder à la bonne structure et à la bonne individuation des croyances qu'à travers les énoncés que les locuteurs et leurs interprètes emploient pour exprimer et décrire les croyances. Si donc nous voulons éclairer la nature de la signification et de la croyance, nous devons partir de quelque chose ne présupposant ni l'une ni l'autre. La suggestion de Quine, que je vais pour l'essentiel suivre, est de considérer qu'est fondamental l'*assentiment suscité* : la relation causale entre l'assentiment donné à un énoncé et la cause d'un tel assentiment. C'est un bon point de départ pour amorcer le projet d'identification des croyances et des significations, puisque l'assentiment d'un locuteur vis-à-vis d'un énoncé dépend à la fois de ce qu'il veut signifier par cet énoncé et de ce qu'il croit au sujet du monde. Pourtant, il est possible de savoir qu'un locuteur donne son assentiment à un énoncé sans savoir ni ce que l'énoncé, tel qu'il le dit, signifie, ni la croyance qu'il y exprime. Il est tout aussi évident qu'une fois qu'on a interprété un énoncé auquel une personne a donné son assentiment, on a attribué une croyance. Si les bonnes théories de l'interprétation ne sont pas uniques (ne mènent pas à une seule interprétation correcte), il en va de même pour l'attribution de croyances liées, bien sûr, à une connivence avec des énoncés spécifiques. Un locuteur souhaitant que ses mots soient compris ne peut pas décevoir systématiquement ses futurs interprètes à propos des énoncés auxquels il donne son assentiment – c'est-à-dire ceux qu'il considère comme vrais. La signification et aussi, en vertu de son lien à la signification, la croyance sont en principe ouvertes à la détermination publique. Je profiterai de ce fait dans ce qui suit et adopterai la position d'un interprète radical lorsque je m'interrogerai sur la nature de la croyance. Ce qu'un interprète pleinement informé pourrait apprendre de ce qu'un locuteur signifie est tout ce qu'il y a à apprendre ; il en est de même pour ce que croit le locuteur [f].

Le problème de l'interprète est que ce qu'il est supposé savoir – les causes des assentiments d'un locuteur à des énoncés – est, comme nous l'avons vu, le produit de deux choses qu'il n'est pas supposé savoir, la signification et la croyance. S'il connaissait les significations, il connaîtrait les

f. Je pense à présent qu'il est essentiel, si l'on fait une interprétation radicale, d'inclure les désirs du locuteur dès le départ, de sorte que les variations d'action et d'intention, le désir et la croyance, soient en lien avec la signification. Mais l'introduction de ce facteur supplémentaire n'est pas nécessaire dans le présent essai.

croyances et s'il connaissait les croyances exprimées par les énoncés assentis, il connaîtrait les significations. Mais comment peut-il apprendre les deux d'un coup si l'une dépend de l'autre ?

On doit à Quine les grandes lignes de la solution ainsi que le problème lui-même. J'apporterai cependant quelques modifications à la solution de Quine, comme j'en ai introduites dans la position du problème. Ces changements sont directement pertinents pour le problème du scepticisme épistémologique.

L'interprétation radicale (qui ressemble beaucoup, mais pas complètement à la traduction radicale de Quine) vise à produire une caractérisation de la vérité du langage du locuteur dans un style tarskien, ainsi qu'une théorie de ses croyances. (La seconde théorie découle de l'adjonction à la première de la connaissance présupposée des énoncés considérés comme vrais.) C'est un faible ajout au programme quinien de traduction, puisque la traduction du langage du locuteur dans mon propre langage, ainsi qu'une théorie de la vérité pour mon propre langage, s'ajoutent à une théorie de la vérité pour le locuteur ; mais le glissement d'une notion syntaxique de traduction à la notion sémantique de vérité place au premier plan les restrictions formelles d'une théorie de la vérité et accentue un aspect de la relation de proximité qui existe entre vérité et signification.

Le principe de charité joue un rôle crucial dans la méthode de Quine et un rôle encore plus crucial dans la version que j'en offre. Dans chaque cas, ce principe oriente la traduction ou l'interprétation de l'interprète, de sorte qu'il lit certains de ses propres standards de vérité à travers le schème des énoncés tenus pour vrais par le locuteur. Le but du principe est de rendre le locuteur intelligible car, si on s'éloigne trop de la cohérence et de la validité, on ne trouve plus de fondement commun à partir duquel on jugerait de la conformité ou de la différence. D'un point de vue formel, le principe de charité aide à régler le problème de l'interaction entre signification et croyance en limitant à la fois le degré de liberté des croyances autorisées et en déterminant la façon dont il convient d'interpréter les mots.

Quine a insisté sur le fait que nous n'avons pas d'autre choix que celui de lire notre propre logique à travers les pensées d'un locuteur. Quine dit ceci de la logique des énoncés et je voudrais l'appliquer aussi à la théorie de la logique du premier ordre. Ceci conduit directement à l'identification des constantes logiques et à l'assignation d'une forme logique à chaque énoncé.

Une sorte de charité opère dans l'interprétation de ces énoncés dont la cause de l'assentiment va et vient au gré du temps et du lieu : lorsque l'interprète trouve un énoncé du locuteur auquel ce locuteur donne régulièrement son assentiment dans certaines conditions reconnues par l'interprète, l'interprète considère ces conditions comme les conditions de vérité de l'énoncé du locuteur. Comme nous allons bientôt le voir, ceci n'est que grossièrement juste.

Les énoncés et les prédicats qui s'adressent moins directement à des événements facilement repérables peuvent, d'après les canons de Quine, être interprétés à volonté, puisqu'ils n'ont pour seule contrainte que leur interrelation avec des énoncés directement conditionnés par le monde. J'aimerais ici étendre le principe de charité pour favoriser des interprétations préservant autant que faire se peut la vérité. Je pense que cela conduit à interpréter comme vrai, quand on le peut, ce que le locuteur admet comme vrai en vue d'une compréhension mutuelle et ainsi d'une meilleure interprétation.

Sur ce point, j'ai moins de marges de manœuvre que Quine, car je ne vois pas comment dessiner dès le départ la frontière entre les énoncés d'observation et les énoncés théoriques. Il existe plusieurs raisons à cela, mais la plus pertinente à cet égard est que cette distinction repose ultimement sur une sorte de considération épistémologique à laquelle j'ai renoncé : les énoncés d'observation sont directement fondés sur quelque chose comme la sensation – des structures de stimulation sensorielle – et j'ai montré que cette idée conduit au scepticisme. Sans rapport direct à la sensation ou à la stimulation, la distinction entre les énoncés d'observation et les autres ne peut se fonder sur des bases épistémologiques significatives. La distinction persiste cependant entre des énoncés dont la cause de l'assentiment varie au gré des circonstances observables et ceux sur lesquels le locuteur s'appuie malgré ces changements, et elle offre la possibilité d'interpréter les mots et les énoncés au-delà du logique.

Il ne s'agit pas ici d'entrer dans les détails. Ce qui doit être clair est que si le compte-rendu que j'ai fourni de la façon dont la croyance et la signification sont liées et comprises par un interprète est vrai, alors, la plupart des énoncés qu'un locuteur tient pour vrais – en particulier ceux qu'il tient obstinément pour vrais, les énoncés les plus centraux du système de croyances – *sont* vrais, au moins selon l'interprète. Car la seule, et donc l'inévitable, méthode disponible à l'interprète accorde immédiatement les croyances du locuteur avec les normes de logique de l'interprète, et crédite ainsi le locuteur des vérités simples de la logique. Inutile de le dire, il existe des degrés du logique et d'autres formes de cohérence, et il ne faut pas s'attendre à une cohérence parfaite. Il faut seulement insister sur la nécessité méthodologique de trouver suffisamment de cohérence.

De manière analogue, il est impossible pour un interprète de comprendre un locuteur et de découvrir en même temps que ce locuteur a en grande partie tort au sujet du monde. Car l'interprète interprète des énoncés tenus pour vrais (ce qui ne doit pas être distingué de l'attribution de croyances) relativement aux événements et aux objets du monde extérieur qui causent le fait que l'énoncé soit tenu pour vrai.

Ce que je considère comme un aspect important de cette approche a tendance à se faire oublier, car cette approche contredit notre façon naturelle de penser la communication, qui est issue de situations dans lesquelles la compréhension est déjà assurée. Une fois la compréhension assurée, nous sommes souvent capables d'apprendre les croyances d'une personne assez indépendamment des causes de sa croyance. Ceci pourrait nous mener à la conclusion cruciale et même fatale selon laquelle nous pouvons en général déterminer ce que veut signifier quelqu'un indépendamment de ce qu'il croit et indépendamment de ce qui cause sa croyance. Mais, si j'ai raison, nous ne pouvons en général pas commencer par identifier des croyances et des significations et demander ensuite ce qui les a causées. La causalité joue un rôle indispensable dans la détermination du contenu de ce que nous disons ou croyons. Nous pouvons être conduits à reconnaître ce fait en prenant, comme nous l'avons fait, le point de vue de l'interprète.

Le fait qu'il existe un fort degré de vérité et de cohérence dans la pensée et le discours d'un agent est un artefact de l'interprétation correcte que fait l'interprète des attitudes et du discours d'une personne. Mais il s'agit de vérité et de cohérence relatives aux normes de l'interprète. Pourquoi serait-il impossible que le locuteur et l'interprète se comprennent mutuellement sur la base de croyances partagées mais erronées? Ceci peut avoir lieu et a même souvent lieu. Mais ceci ne peut être la règle. Car imaginons un instant un interprète ayant un point de vue omniscient sur le monde et ce qui cause et causerait l'assentiment d'un locuteur à un énoncé de son répertoire (potentiellement illimité). L'interprète omniscient, en employant les mêmes méthodes que l'interprète faillible, trouve que le locuteur faillible est généralement cohérent et a généralement raison. Il juge bien sûr d'après ses propres normes, mais puisqu'elles sont objectivement correctes, le locuteur faillible est considéré comme ayant en grande partie raison et comme étant cohérent d'après des normes objectives. On peut aussi, si l'on veut, faire en sorte que l'attention de l'interprète omniscient se tourne vers l'interprète faillible du locuteur faillible. Il apparaît alors que l'interprète faillible peut se tromper sur certaines choses, mais qu'il ne se trompe généralement pas; il ne peut donc partager l'erreur universelle avec l'agent qu'il interprète. Une fois que l'on est d'accord avec la méthode générale d'interprétation que j'ai esquissée, il devient impossible de soutenir avec justesse que quelqu'un pourrait avoir tort de manière générale sur l'état des choses.

Il existe, comme je l'ai remarqué ci-dessus, une différence clé entre la méthode d'interprétation radicale que je recommande maintenant et la méthode quinienne de traduction radicale. La différence repose sur la nature du choix des causes gouvernant l'interprétation. D'après Quine, l'interprétation dépend des parcours de stimulations sensorielles, tandis qu'elle dépend, d'après moi, des événements extérieurs et des objets dont parle l'énoncé, selon l'interprétation. La notion quinienne de signification est ainsi restreinte à des critères sensoriels, pouvant selon lui être également traités comme des preuves. Ceci conduit Quine à attribuer un sens épistémique à la distinction entre les énoncés d'observation et les autres, car les énoncés d'observation sont censés avoir, étant directement conditionnés par les sens, une sorte de justification extra-linguistique. Voici la thèse que je critique dans la première partie de mon essai en soulignant que les stimulus sensoriels font en fait partie de la chaîne causale qui mène à la croyance, mais qu'ils ne peuvent être considérés sans la moindre confusion comme des preuves ou comme une source de justification des croyances engendrées.

D'après moi, le fait que nous devons, dans les cas les plus communs et les plus basiques, considérer les objets d'une croyance comme les causes de cette croyance peut constituer un obstacle au scepticisme global concernant les sens. Et nous devons, en tant qu'interprètes, considérer ces objets comme étant ce qu'ils sont vraiment. La communication commence là où les causes convergent : votre énoncé signifie la même chose que le mien si la croyance en sa vérité est systématiquement causée par les mêmes événements et les mêmes objets [g].

Les obstacles à cette vision sont évidents, mais je pense qu'on peut les surmonter. La méthode ne s'applique au mieux directement qu'à certains énoncés occasionnels – dont l'assentiment est systématiquement causé par des changements habituels dans le monde. Les autres énoncés sont interprétés en fonction des énoncés occasionnels (*occasion sentences*) et de la présence en eux de mots apparaissant aussi dans les énoncés

---

g. La théorie causale de la signification a évidemment peu de choses en commun avec la théorie causale de la référence de Kripke et Putnam. Ces théories considèrent des relations causales entre des noms et des objets que les locuteurs peuvent très bien ignorer. La probabilité de l'erreur systématique est ainsi augmentée. Ma théorie causale fait l'inverse en liant la cause d'une croyance à son objet.

occasionnels. Parmi les énoncés occasionnels, certains varient en fonction du crédit qu'ils suscitent non seulement au regard de changements environnementaux, mais aussi au regard des variations du crédit accordé à des énoncés qui leur sont liés. On peut développer des critères sur cette base pour distinguer des degrés d'observabilité à partir de fondements internes, sans faire appel à un concept de fondement de la croyance situé hors du cercle des croyances.

Le problème de l'erreur, en lien avec ces problèmes, est plus aisé à saisir. Car, même dans le cas le plus simple, la même cause (le trottinement d'un lapin) peut clairement engendrer des croyances différentes chez le locuteur et l'observateur et ainsi encourager l'assentiment à des énoncés ne pouvant subir la même interprétation. C'est certainement ce fait qui a poussé Quine à passer des lapins aux parcours de stimulation comme clé interprétative. D'un simple point de vue statistique, je ne suis pas sûr de savoir dans quelles proportions l'une de ces approches est meilleure que l'autre. La fréquence relative à laquelle les mêmes stimulus déclencheront l'assentiment à « Gavagai » et à « Lapin » est-elle plus grande que la fréquence relative à laquelle un lapin déclenche les deux mêmes réponses chez le locuteur et chez l'interprète ? Cette question difficile ne peut être testée de manière satisfaisante. Mais regardons ce que nous disent les résultats imaginaires de la méthode de Quine. Je dois alors dire ce que j'ai à dire dans tous les cas, on ne peut rencontrer le problème de l'erreur énoncé par énoncé, même au niveau le plus simple. Le mieux que nous puissions faire est de faire face à l'erreur de manière globale, c'est-à-dire que nous interprétions de sorte à rendre un agent le plus intelligible possible d'après ses actions, ses énonciations, et sa place dans le monde. Nous penserons qu'il a tort à propos de certaines choses ; c'est le prix nécessaire à payer pour dire qu'il a par ailleurs raison. En gros, penser qu'il a raison revient à identifier les causes de ses croyances avec leurs objets, en accordant un poids particulier aux cas les plus simples et en admettant l'erreur là où elle peut être la mieux expliquée.

Supposons que j'aie raison de dire qu'un interprète doit interpréter de façon à faire en sorte que le locuteur ou l'agent ait en grande partie raison à propos du monde. En quoi cela aide-t-il la personne même qui se demande quelles sont ses raisons de penser que ses croyances sont majoritairement vraies ? Comment peut-il apprendre quoi que ce soit sur les relations causales entre le monde réel et ses croyances qui poussent l'interprète à considérer qu'il est sur la bonne voie ?

La réponse est contenue dans la question. Afin de douter ou de s'interroger sur la provenance de ses croyances, un agent doit savoir ce qu'est une croyance. Ceci s'accompagne du concept de vérité objective, car la notion de croyance est la notion d'un état pouvant ou non s'accorder avec la réalité. Mais les croyances sont aussi, directement ou indirectement, identifiées par leurs causes. Un interprète faillible saisit suffisamment ce qu'un interprète omniscient sait s'il comprend le locuteur, et seule la vérité causale complexe fait de nous les croyants que nous sommes et fixe le contenu de nos croyances. L'agent doit seulement réfléchir à ce qu'est une croyance pour juger que la plupart de ses croyances fondamentales sont vraies et que, parmi ses croyances, celles qui sont pour lui les plus assurées et qui sont cohérentes avec le corps principal de ses croyances sont les plus susceptibles d'être vraies. La question « Comment sais-je que mes croyances sont généralement vraies ? » se répond à elle-même, simplement parce que les croyances sont généralement vraies par nature. Si on la reformule ou qu'on l'enrichit, la question devient : « Comment puis-je dire si mes croyances, qui par nature sont généralement vraies, sont généralement vraies ? ».

Toutes les croyances sont en ce sens justifiées : elles sont soutenues par un certain nombre d'autres croyances (sinon elles ne seraient pas les croyances qu'elles sont) et elles s'accompagnent d'une présomption en faveur de leur vérité. La présomption s'accentue, augmentant l'aspect signifiant du corps de croyance avec lequel une croyance est cohérente ; et, comme il n'existe pas de croyance isolée, il n'existe aucune croyance sans présomption en sa faveur. Les interprètes et les interprétés diffèrent sur ce point. Du point de vue de l'interprète, la méthodologie renforce la présomption générale de vérité concernant le corps de croyance pris comme un tout, mais l'interprète n'a pas besoin de supposer que chaque croyance particulière de quelqu'un est vraie. La présomption générale appliquée aux autres ne leur donne pas, comme je l'ai souligné, globalement raison mais fournit le support à l'encontre duquel on peut les accuser d'être dans l'erreur. Mais, du point de vue avantageux de chacun, il doit exister une présomption nivelée en faveur de chacune de ses propres croyances.

Nous ne pouvons hélas pas esquisser la conclusion plaisante et fantasmatique selon laquelle toutes les croyances vraies seraient une connaissance. Car, bien que toutes les croyances d'un croyant soient dans une certaine mesure en son sens justifiées, certaines peuvent ne pas l'être suffisamment ou l'être d'une manière incorrecte pour constituer un savoir. La présomption générale en faveur de la vérité de la croyance nous permet d'échapper à une forme classique de scepticisme, en montrant pourquoi il est impossible que toutes nos croyances soient en même temps fausses. Ceci laisse quasiment intacte la tâche de spécification des conditions de la connaissance. Je ne me suis pas intéressé aux canons du soutien de la preuve (s'il en existe), mais j'ai montré que tout ce qui compte comme preuve ou justification d'une croyance doit provenir de la totalité même des croyances à laquelle elle appartient.

HILARY PUTNAM

SIGNIFICATION ET RÉFÉRENCE

Présentation, par Valérie Aucouturier

Cet article de Putnam (1926-), qui constitue la première version du texte bien connu de 1975, « The Meaning of Meaning », est resté célèbre pour la fameuse expérience de pensée qu'on y trouve, communément appelée celle de la « Terre Jumelle ». Putnam se démarquait surtout de la conception toujours dominante de la signification dans la philosophie analytique, qui veut localiser les significations « dans la tête », en considérant que la sémantique doit s'expliquer en dernière instance par une théorie de l'esprit. C'est ainsi en défendant plutôt un « externalisme sémantique » radical que Putnam allait marquer durablement le champ de la philosophie analytique, en ouvrant la voie à des idées faisant de la signification une réalité plus sociale que cognitive, comme le défend par exemple actuellement Tyler Burge, qui reprend et adapte, parmi tant d'autres, « l'argument de Terre Jumelle ».

Putnam combat ici une certaine conception qu'il nomme « préscientifique » de la signification, selon laquelle le terme de « signification » signifierait tantôt l'extension d'un concept (c'est-à-dire l'ensemble des individus qui tombent sous ce concept), tantôt l'intension (c'est-à-dire le sens) d'un concept dans une phrase donnée (sachant que l'intension déterminerait alors l'extension du concept en question). Dans la mesure où cette conception repose sur une théorie vériconditionnelle de la signification, certains problèmes liés à « l'ambiguïté entre extension et intention » émergent. En effet, d'après la théorie vériconditionnelle de la signification, il sera vrai de décrire un certain objet par le mot « lapin » si cet objet appartient bien à l'ensemble des objets qui sont des lapins dans le monde. L'idée étant de fixer la signification d'un mot d'après l'ensemble des individus qui tombent sous le concept en question. Or, il existe des cas limites (un lapin en chocolat est-il un « lapin » ?), des cas pour lesquels l'appartenance de l'objet à une extension déterminée n'est pas claire. En introduisant la notion d'intention, il semble qu'on puisse en partie se délester de cette ambiguïté. En effet, l'intension serait le concept désigné par un sujet dans un contexte particulier d'énonciation du mot (dans certains cas, « lapin » désignerait alors « lapin en chocolat », « lapin chasseur », etc.) et dépendrait de ce que le locuteur a l'intention de désigner par ce terme (de son « état psychique »). De ce fait, la signification ne se limiterait pas au concept d'extension. Deux expressions comme « créature ayant un rein » et « créature ayant un cœur » pourraient être dites avoir la même extension (en supposant que toute créature ayant un rein a un cœur et inversement) mais une intension différente.

L'objet de Putnam est ici de réfuter, d'une part, l'idée selon laquelle la signification d'un concept serait fixée par l'état psychique du locuteur, d'autre part, l'équation selon laquelle l'intension fixerait l'extension d'un concept dans un contexte donné. Il propose de remplacer la théorie kripkéenne des mondes possibles et de la contingence ou de la nécessité de la vérité de certaines phrases par ce qu'il appelle « une théorie indexicale » de la signification.

D'après Kripke, nous devons distinguer entre la référence sémantique de la signification – c'est-à-dire la signification d'une phrase ou d'un terme à l'occasion d'un certain usage de cette phrase ou de ce terme (dans un monde possible) – et la référence du locuteur – c'est-à-dire son intention de signifier. Une de ses thèses centrales (exposée dans « Naming and Necessity ») consiste à affirmer que certaines affirmations sont nécessaires dans tous les mondes possibles et que cette close de nécessité ne se limite pas aux vérités logiques ou mathématiques. Il nomme « désignateurs rigides » les éléments linguistiques qui désigneraient le même objet dans tous les mondes possibles. Or, d'après lui, la signification de ces « désignateurs rigides » n'est fixée que par la référence. Il considère, d'autre part, que les termes d'« espèces naturelles » sont de tels désignateurs. Autrement dit, leur signification et leurs conditions de vérité ne peuvent varier selon les mondes possibles : H. Putnam dans un autre monde possible pourrait s'appeler différemment, ne pas être philosophe, il serait toujours l'individu H. Putnam. Et il y va de même pour l'eau.

Or, d'après Putnam, si la signification dépend du contexte, ce n'est pas au sens où l'entend Kripke, même s'ils s'accordent sur les points suivants : Ce n'est pas parce qu'on peut imaginer un monde possible dans lequel « eau » désignerait XYZ et pas $H2O$ que la signification de « eau » est contingente. Ce n'est pas parce que Oscar1 et Oscar2 ne pensent pas à la même chose lorsqu'ils prononcent le mot « eau » que la signification de « eau » pourrait être contingente. Mais, d'après Putnam, ce n'est pas, comme l'affirme Kripke, parce que les termes d'espèce naturelle (comme « eau ») ne peuvent pas désigner une chose différente dans un autre monde possible (M1) où ils seraient prononcés par un habitant de M1 – c'est-à-dire, ce n'est pas parce qu'ils sont des « désignateurs rigides » – que leur signification n'est pas contingente.

D'après Putnam, si leur signification n'est pas contingente, ce n'est pas en vertu d'une théorie vériconditionnelle de la vérité (et de la nécessité), mais parce que la signification d'un terme est déterminée par l'ensemble de la communauté linguistique au sein de laquelle ce terme est employé. C'est, d'après Putnam, ce en vertu de quoi la signification du mot « eau » n'est pas contingente, et ne pourrait désigner XYZ dans un autre monde possible ; à moins de considérer que le mot « eau » dans cet autre monde est un terme différent de celui que nous employons, tout comme un mot en français pourrait désigner tout à fait autre chose dans une autre langue. Si j'ai pris XYZ pour de l'eau, j'ai simplement fait une erreur. Mon usage des mots « eau » ou « orme » ne constitue pas à une détermination individuelle de leur extension car la signification d'un mot n'est jamais relative à la compréhension que peut en avoir un individu, les significations ne sont pas « dans la tête ». Ce n'est pas parce qu'un locuteur individuel n'a pas acquis pleinement la signification d'un terme en extension que ce terme acquiert dans sa bouche une signification différente. Car la signification est fixée par la communauté linguistique, en vertu de ce que Putnam désigne comme une « rigidité indexicale ». Celle-ci n'étant plus motivée, comme chez Kripke, par une nécessité métaphysique, mais par une détermination sociale et empirique de la référence.

SIGNIFICATION ET RÉFÉRENCE*

Aussi trouble soit-elle, la thèse traditionnelle qui veut que la notion de «signification» renferme l'ambiguïté entre extension et intension a certaines conséquences typiques. La thèse selon laquelle la signification d'une expression est un concept présuppose que les significations sont des entités mentales. Cependant, Frege s'est rebellé contre ce «psychologisme», ayant le sentiment que les significations sont des propriétés *publiques* – que plus d'une personne peut «saisir» la *même* signification, tout comme le peut une même personne à des instants différents. Il identifia les concepts (et donc les «intensions» ou les significations) avec des entités abstraites plutôt que des entités mentales. Cependant, la «saisie» de ces entités abstraites n'en était pas moins un acte psychologique individuel. Aucun de ces philosophes ne doutait du fait que comprendre un mot (connaître son intension) consistait simplement à être dans un certain état psychologique (un peu comme savoir factoriser les nombres dans sa tête consiste simplement à être dans un état psychologique très complexe).

Deuxièmement, l'exemple rebattu des deux expressions «créature ayant un rein» et «créature ayant un cœur» montre qu'il est possible que deux expressions aient la même extension et que leur intension diffère. Mais l'impossibilité du contraire était considérée comme évidente : deux termes ne peuvent avoir une extension différente et la même intension.

* H. Putnam, «Meaning and Reference», *The Journal of Philosophy*, 70/19 (November 1973), p. 699-711, trad. fr. V. Aucouturier.

Curieusement, aucun argument pour soutenir cette impossibilité n'a jamais été donné. Ceci est probablement le reflet de la tradition des philosophes médiévaux et anciens, qui supposaient que le concept correspondant à une expression n'était qu'une conjonction de prédicats, et donc que ce concept devait *toujours* offrir une condition nécessaire et suffisante pour tomber sous l'extension de cette expression. Pour des philosophes admettant la théorie vérificationniste de la signification, comme Carnap, le concept correspondant à une expression fournissait (dans le cas idéal où l'expression possédait une « signification pleine ») un *critère* d'appartenance à l'extension (pas simplement au sens d'une « condition nécessaire et suffisante », mais au sens fort d'un *moyen* de *reconnaître* si une chose donnée tombe ou non sous cette extension). Ainsi, la théorie de la signification a fini par reposer sur deux hypothèses incontestées :

(1) Que connaître la signification d'un terme consiste simplement à être dans un certain état psychologique (au sens où les souvenirs et les croyances sont des « états psychologiques » ; bien sûr, personne ne pensait que connaître la signification d'un mot était un état de conscience continu).

(2) Que la signification d'un mot détermine son extension (au sens où la similitude de l'intension implique la similitude de l'extension).

J'essaierai de montrer qu'*aucune* notion, et moins encore la notion de signification, ne satisfait conjointement ces deux hypothèses. Le concept traditionnel de signification repose sur une théorie fausse.

Les significations sont-elles dans la tête?

Pour les besoins des exemples de science-fiction qui vont suivre, supposons qu'il existe quelque part une planète que nous appellerons Terre Jumelle. Terre Jumelle ressemble beaucoup à la Terre; en fait, les habitants de Terre Jumelle parlent même le *français*. Hormis les différences que nous allons spécifier dans nos exemples de science-fiction, le lecteur peut en fait supposer que Terre Jumelle est *exactement* comme la Terre. Même si mes histoires n'en dépendent pas, il peut même supposer, s'il veut, qu'il possède un sosie (*Doppelganger*) – une copie identique – sur Terre Jumelle.

Bien que certaines personnes de Terre Jumelle parlent français (disons ceux qui se font appeler « les Québécois », « les Suisses » et « les Français », etc.), il n'est pas surprenant qu'il y ait quelques petites différences entre les dialectes français parlés sur Terre Jumelle et le français standard.

Une des particularité de Terre Jumelle est que le liquide que l'on appelle « eau » n'est pas H_2O mais un autre liquide dont la formule chimique est très longue et très compliquée. Abrégeons simplement cette formule chimique en XYZ. Supposons que XYZ soit indiscernable de l'eau à une pression et à une température normale. Supposons également que les océans, les lacs et les mers de Terre Jumelle ne contiennent pas de l'eau mais contiennent XYZ, qu'il n'y pleuve pas de l'eau mais XYZ, etc.

Si jamais un vaisseau spatial venu de la Terre visitait Terre Jumelle, on supposerait d'abord que « eau » a la même signification sur Terre et sur Terre Jumelle. Cette supposition serait corrigée lorsqu'on découvrirait que « eau » sur Terre Jumelle est XYZ et le vaisseau spatial terrien ferait le rapport suivant :

Sur Terre Jumelle le mot « eau » signifie XYZ.

Symétriquement, si jamais un vaisseau spatial venu de Terre Jumelle visitait la terre, on supposerait d'abord que la signification du mot « eau » est la même sur Terre Jumelle et sur la Terre. Cette supposition serait corrigée lorsqu'on découvrirait que « eau » sur Terre est $H2O$, et le vaisseau spatial de Terre Jumelle rapporterait :

Sur Terre, le mot « eau » signifie $H2O$.

Remarquons qu'il n'y a aucun problème concernant l'extension de l'expression « eau », le mot a simplement (comme on dit) deux sens différents. Au sens où nous l'employons sur Terre Jumelle, au sens de eauTJ, ce que *nous* appelons « eau » n'est tout simplement pas de l'eau, tandis qu'au sens où on l'utilise sur Terre, au sens de eauT, ce que les habitant de Terre Jumelle appellent « eau » n'est tout simplement pas de l'eau. L'extension de « eau », au sens de eauT, est l'ensemble de tous les éléments composés de molécules $H2O$, ou quelque chose comme cela. L'extension de « eau », au sens de eauTJ, est l'ensemble de tous les éléments composés de molécules XYZ, ou quelque chose comme cela.

Remontons à présent le temps jusqu'aux environs de 1750. Le terrien francophone type ne savait pas que l'eau était composée d'hydrogène et d'oxygène, et l'habitant francophone type de Terre Jumelle ne savait pas que l'« eau » était composée de XYZ. Soit Oscar1 un tel terrien francophone type, et soit Oscar2 son double sur Terre Jumelle. Vous pourriez supposer qu'il n'existe aucune croyance qu'Oscar1 aurait eue au sujet de l'eau et qu'Oscar2 n'aurait pas eue au sujet de l'« eau ». Vous pouvez même supposer à votre guise qu'Oscar1 et Oscar2 avaient exactement les mêmes apparences, les mêmes sentiments, les mêmes pensées, les mêmes monologues intérieurs, etc. Pourtant l'extension de l'expression « eau » était tout autant H2O sur Terre en 1750 qu'en 1950, et l'extension de l'expression « eau » était tout autant XYZ sur Terre Jumelle en 1750 qu'en 1950. Oscar1 et Oscar2 comprenaient le terme « eau » différemment *bien qu'étant dans le même état psychologique* et même si, compte tenu de l'état de la science à l'époque, cela aurait pris environ cinquante ans à leurs communautés scientifiques pour découvrir qu'elles le comprenaient différemment. Donc, l'extension de l'expression « eau » (et, en fait, sa « signification » d'après l'usage intuitif préanalytique de cette expression) *n'est pas* une fonction de l'état psychologique du locuteur en soi.

Mais, pourrait-on objecter, pourquoi devrions-nous admettre que le mot « eau » possédait la même extension en 1750 et en 1950 (sur les deux Terres)? Supposons que je désigne un verre d'eau et dise « ce liquide s'appelle eau ». Voici les présuppositions empiriques de ma « définition ostensive » de l'eau : le corps liquide que je désigne entretient une certaine relation de similitude (par exemple, *x est le même liquide que y*, ou *x est identique*L *à y*) avec la plupart des choses que moi-même et d'autres locuteurs de ma communauté linguistique avons, à d'autres occasions, appelé « eau ». Si cette présupposition est fausse car, sans le savoir, je désigne un verre de gin et pas un verre d'eau, je ne m'attends alors pas à ce que ma définition ostensive soit acceptée. Ainsi, la définition ostensive apporte ce qu'on pourrait appeler une condition nécessaire et suffisante « révisable » : la condition nécessaire et suffisante pour être de l'eau, c'est être en relation d'*identité*L avec ce qui est dans le verre. Mais ce n'en est la condition nécessaire et suffisante que si la présupposition empirique est satisfaite ; si elle ne l'est pas, alors une série de conditions, pour ainsi dire, « d'échec » est activée.

Le point-clé, c'est que la relation d'*identité*L est une relation *théorique* : déterminer si quelque chose est ou n'est pas le même liquide que *ceci* peut demander une quantité indéterminée de recherches scientifiques. Ainsi, le fait qu'un francophone de 1750 ait pu qualifier XYZ d'« eau », tandis que lui ou ses successeurs n'auraient pas appelé XYZ de l'eau en 1800 ou en 1850 ne veut pas dire que la « signification » de « eau » a changé pour le locuteur moyen dans l'intervalle. En 1750, en 1850 ou en 1950, quelqu'un pourrait avoir désigné le Lac Michigan comme un exemple d'« eau ». Ce qui a changé, c'est qu'en 1750 nous aurions pensé à tort que XYZ était en relation d'*identité*L avec le liquide qui se trouve dans le Lac Michigan, tandis qu'en 1850, nous aurions su que ce n'était pas le cas.

Modifions à présent notre récit de science-fiction. Supposons que les poêles et les casseroles en molybdène soient indiscernables des poêles et casseroles en aluminium, sauf par un expert. (Ceci pourrait être vrai de tout ce que je connais et, *a fortiori*, de tout ce que je connais du fait que je « connais la signification » des mots *aluminium et molybdène*.) Supposons maintenant que le molybdène soit aussi commun sur Terre Jumelle que ne l'est l'aluminium sur Terre, et que l'aluminium soit aussi rare sur Terre Jumelle que ne l'est le molybdène sur Terre. Admettons, en particulier, que les poêles et casseroles en « aluminium » sont faites en molybdène sur Terre Jumelle et enfin, que les mots « aluminium » et « molybdène » sont *inversés* sur Terre Jumelle : « aluminium » est le nom du *molybdène*, et « molybdène » est le nom de l'*aluminium*. Si un vaisseau spatial venu de la Terre visitait Terre Jumelle, les visiteurs terriens ne douteraient probablement pas du fait que les poêles et casseroles de Terre Jumelle sont en aluminium, en particulier parce que les habitants de Terre Jumelle *diraient* qu'elles le sont. Mais il existe une différence importante entre ces deux cas. Un métallurgiste terrien pourrait très facilement dire que l'«aluminium» est du molybdène, et un métallurgiste de Terre Jumelle pourrait tout aussi facilement dire que l'aluminium est du «molybdène». (Les guillemets de cette phrase font référence aux usages sur Terre Jumelle.) Tandis qu'en 1750, personne de Terre ou de Terre Jumelle n'aurait pu faire la distinction entre l'eau et l'«eau». La confusion de l'aluminium avec l'«aluminium» n'implique qu'une partie de la communauté linguistique concernée.

Cet exemple montre la même chose que l'exemple précédent. Si Oscar1 et Oscar2 sont respectivement francophone terrien moyen et francophone de Terre Jumelle moyen et ne sont ni chimiste ni métallurgiste, alors il se peut que leurs états psychiques ne diffèrent absolument pas lorsqu'ils emploient le mot «aluminium»; nous devons néanmoins remarquer que «aluminium» a pour extension *aluminium* dans l'idiolecte d'Oscar1 et l'extension *molybdène* dans l'idiolecte d'Oscar2. (Bien qu'il faille dire que Oscar1 et Oscar2 n'entendent pas la même chose par "aluminium" et qu'"aluminium" possède une signification différente sur Terre et sur Terre Jumelle, etc.) Nous constatons à nouveau que l'état psychologique du locuteur *ne* détermine *pas* l'extension du mot (*ou* sa «signification», pour parler de manière pré-analytique).

Avant de discuter cet exemple plus avant, permettez-moi d'introduire un exemple *non*-fictif. Supposons que vous soyez comme moi incapables de distinguer l'orme de l'hêtre. Nous continuons à dire que l'extension de «orme» dans mon idiolecte est la même que l'extension de «orme» dans celui de quiconque, à savoir, l'ensemble de tous les ormes, et que l'ensemble de tous les hêtres est l'extension de « hêtre » dans nos *deux* idiolectes. Ainsi (comme nous pouvons le supposer), l'extension de « orme » dans mon idiolecte est différente de l'extension de « hêtre » dans votre idiolecte. Peut-on croire que cette différence d'extension est issue d'une différence de nos *concepts*? Mon *concept* d'orme est exactement le même que mon concept de hêtre (je rougis de l'avouer). Si quelqu'un tentait héroïquement de soutenir que la différence entre l'extension de « orme » et l'extension de « hêtre » dans *mon* idiolecte s'explique par une différence de mes états mentaux, nous pourrions alors toujours réfuter son propos en construisant un exemple de « Terre Jumelle » – imaginons que les mots « orme » et « hêtre » soient inversés sur Terre Jumelle (à la manière dont « aluminium » et « molybdène » l'étaient dans l'exemple précédent). De plus, supposons que j'aie un *sosie* (*Doppelganger*) sur Terre Jumelle qui est « identique » à moi à la molécule près. Si vous êtes dualiste, supposez également que mon sosie a les mêmes pensées verbalisées que moi, les mêmes *sense data*, les mêmes dispositions, etc. Il est absurde de penser qu'il puisse y avoir la moindre différence entre *son* état mental et le mien; et pourtant, il « veut dire » *hêtre* lorsqu'il dit « orme », et je « veux dire » *orme* quand je dis « orme ». On a beau retourner le problème dans tous les sens, les « significations » ne sont tout simplement pas dans la *tête* !

Une hypothèse sociolinguistique

Les deux derniers exemples dépendent d'un fait linguistique qui n'a étonnamment pas été relevé : il existe une *division du travail linguistique*. Nous pourrions difficile-

ment employer des mots tels que « orme » et « aluminium »
si personne n'avait le moyen de reconnaître les ormes ou
l'aluminium, mais toutes les personnes pour lesquelles cette
distinction est importante ne sont pas forcément capables de
faire la distinction. Changeons un peu l'exemple, considérons
l'*or*. L'or est important pour diverses raisons : c'est un métal
précieux, c'est une monnaie, il possède une valeur symbolique
(pour la plupart des gens, il est important que l'alliance en
« or » qu'ils portent soit *vraiment* en or et n'ait pas simplement
l'air d'en être), etc. Imaginons que notre communauté soit une
« usine ». Dans cette usine, le « travail » de certains consiste à
porter des alliances en or, le « travail » d'autres à vendre des
alliances en or et, enfin, le travail des derniers est de *dire si une
chose est vraiment en or ou pas*. Il n'est pas du tout nécessaire,
ni efficace, que quelqu'un portant une bague en or (ou un
bouton de manchette en or) ou discutant des « normes de l'or »,
etc., s'engage à acheter et vendre de l'or. Pas plus qu'il n'est
nécessaire ou efficace que quiconque achetant ou vendant de
l'or soit capable de dire si une chose est vraiment en or ou pas
dans une société où cette forme de malhonnêteté (vendre de
l'or faux) est inhabituelle et où l'on peut facilement consulter
un expert en cas de doute. Et il n'est *certainement* ni nécessaire
ni efficace que quiconque ayant l'occasion d'acheter de l'or ou
d'en porter puisse dire avec une quelconque fiabilité si une
chose est bien en or ou pas.

Les faits précédents sont simplement des exemples d'une
banale division du travail (au sens large). Mais ils engendrent
une division du travail linguistique : celui pour qui l'or est
important, pour quelque raison que ce soit, doit *acquérir* le
mot « or » ; mais il n'est pas obligé d'acquérir la *méthode de
reconnaissance* permettant de distinguer ce qui est en or de ce
qui ne l'est pas. Il peut compter pour cela sur une sous-classe

spéciale de locuteurs. La communauté linguistique *en tant que corps collectif* possède toutes les caractéristiques que l'on associe généralement à un terme général – la condition nécessaire et suffisante pour faire partie d'une extension, les moyens pour reconnaître si une chose appartient à une extension, etc. –, mais ce corps collectif sépare le « travail » de connaissance de ces diverses parties de la « signification » de « or » et celui de leur emploie.

La division du travail linguistique présuppose et repose, bien sûr, sur une division du travail *non*-linguistique. Si seules les personnes capables de dire si un métal est bien de l'or peuvent raisonnablement intégrer le mot « or » à leur vocabulaire, alors le mot « or » aura le même statut que le mot « eau » en 1750 vis-à-vis de cette sous-classe de locuteurs, et le reste des locuteurs ne l'acquerra simplement pas. Et certains mots ne témoignent d'aucune sorte de division du travail, par exemple « chaise ». Mais, avec l'augmentation de la division du travail dans la société et l'essor de la science, de plus en plus de mots commencent à témoigner de cette forme de division du travail. « Eau », par exemple, ne témoignait pas de cette séparation avant l'émergence de la chimie. Il est bien sûr aujourd'hui nécessaire que tout locuteur soit capable de reconnaître de l'eau (de manière fiable dans des conditions normales), et la plupart des locuteurs adultes connaissent probablement la condition nécessaire et suffisante « l'eau est $H2O$ », mais seuls quelques locuteurs adultes seraient capables de distinguer l'eau de liquides ressemblant à de l'eau de manière superficielle. En cas de doute, les autres locuteurs compteront sur le jugement de ces locuteurs « experts ». Ainsi, grâce à eux, le moyen de reconnaissance de ces locuteurs « experts » appartient aussi au corps linguistique collectif, bien qu'il n'appartienne pas à chaque membre individuel de ce corps. Et ainsi, le moindre fait issu de la *recherche* sur l'eau peut prendre part à la signification *sociale* du mot, bien qu'il soit inconnu de la plupart des locuteurs acquérant le mot.

Il me semble que ce phénomène de division du travail linguistique est un sujet de recherche très important en sociolinguistique. En rapport avec celui-ci, j'aimerais proposer l'hypothèse suivante :

HYPOTHÈSE DE L'UNIVERSALITÉ DE LA DIVISION DU TRAVAIL LINGUISTIQUE : Toute communauté linguistique opère cette sorte de division linguistique qu'on vient de décrire, autrement dit, elle possède au moins quelques expressions dont les « critères » associés ne sont connus que d'un sous-ensemble de locuteurs acquérant l'expression et dont l'usage par les autres locuteurs dépend d'une coopération structurée entre eux et les locuteurs de la sous-classe pertinente.

On peut facilement voir comment ce phénomène rend compte, pour certains des exemples ci-dessus, de l'échec des hypothèses (1 et 2). Lorsqu'une expression est sujette à la division du travail linguistique, le locuteur « moyen » qui l'acquiert, n'acquiert rien qui fixe son extension. Ce n'est, notamment, *certainement* pas son état psychologique individuel qui fixe son extension. Seul l'état sociolinguistique du corps linguistique collectif, auquel le locuteur appartient, fixe l'extension.

On peut résumer cette discussion en montrant qu'il existe deux sortes d'outils dans le monde : ceux pouvant être utilisés par une personne, comme un marteau ou un tournevis, et ceux, comme le bateau à vapeur, qui nécessitent pour leur usage l'activité coopérative d'un certain nombre de personnes. On a trop souvent pensé les mots sur le modèle de la première sorte d'outil.

Indexicalité et rigidité

Notre premier exemple de science-fiction – l'« eau » sur Terre et sur Terre Jumelle en 1750 – n'implique pas la division du travail linguistique, ou du moins, ne l'implique pas de la même façon que le font les exemples de l'« aluminium » et de l'« orme ». Il n'existait aucun « expert » en eau sur Terre en 1750 (du moins dans notre histoire), ni aucun expert en « eau » sur Terre Jumelle. L'exemple implique *de fait* certaines choses qui ont une importance fondamentale pour la théorie de la référence et aussi pour la théorie de la nécessité de la vérité que nous allons à présent discuter.

$M1$ et $M2$ sont deux mondes possibles dans lesquels j'existe et dans lesquels ce verre, auquel je donne une signification en le montrant et en disant « ceci est de l'eau », existe. Supposons que dans $M1$ le verre soit plein de H_2O et, que dans $M2$, le verre soit plein de XYZ. Supposons également que $M1$ soit le monde *réel*, et que XYZ soit la chose que l'on appelle typiquement « eau » dans le monde $M2$ (de telle sorte que la relation entre un francophone dans $M1$ et un francophone dans $M2$ est exactement la même que celle entre un francophone sur Terre et un francophone sur Terre Jumelle).

Deux conceptions de la signification de « eau » sont donc possibles :

(1) On peut soutenir que « eau » est *relatif au monde* mais a une signification *constante* (c'est-à-dire que le mot a une signification relative constante). D'après cette théorie, « eau » a la même signification dans $M1$ et dans $M2$, seulement, l'eau est H_2O dans $M1$ et XYZ dans $M2$.

(2) On peut soutenir que l'eau est H_2O dans tous les mondes (la chose appelé « eau » dans $M2$ n'est pas de l'eau), mais « eau » n'a pas la même signification dans $M1$ et dans $M2$.

Si ce qu'on a dit précédemment au sujet de Terre Jumelle est correct, alors (2) est clairement la bonne théorie. Lorsque je dis : « *Ceci* (ce liquide) est de l'eau », le « ceci » est, pour ainsi dire, un « ceci » *de re* – autrement dit, la force de mon explication est que l'« eau » est tout ce qui entretient une certaine relation d'équivalence (la relation que nous avons appelée *d'identité*L ci-dessus) avec l'échantillon de liquide auquel on fait référence par « ceci » *dans le monde réel*.

La différence entre les deux théories peut-être symbolisée de la façon suivante par une différence de « portée ». D'après la théorie (1) voici ce qui est vrai :

> (1') (Pour tout monde M) (Pour tout x dans M) (x est de l'eau $\equiv x$ est en relation *d'identité*L avec l'entité à laquelle on fait référence par « ceci » dans M)

Tandis que d'après la théorie (2) :

> (2') (Pour tout monde M) (Pour tout x dans M) (x est de l'eau $\equiv x$ est en relation *d'identité*L avec l'entité à laquelle on fait référence par « ceci » dans $M1$)

J'appelle ceci une différence de « portée », car dans (1') « l'entité à laquelle on fait référence par "ceci" » entre dans la portée de « Pour tout monde M » – ce que l'expression « dans M » rend explicite – tandis que dans (2'), « l'entité à laquelle on fait référence par "ceci" » signifie « l'entité à laquelle on fait référence par "ceci" *dans le monde réel* », sa référence est donc *indépendante* de la variable « M ».

Kripke parle de désignateur « rigide » (dans une phrase donnée) si (dans cette phrase) celui-ci fait référence au même individu dans tous les mondes possibles dans lesquels le désignateur désigne. Si l'on étend cette notion de rigidité aux noms de substances, alors nous pouvons exprimer la théorie de Kripke et la mienne en disant que l'expression « eau » est *rigide*.

La rigidité de l'expression « eau » provient du fait que lorsque je donne la « définition ostensive » : « *Ceci* (ce liquide) est de l'eau », j'entends (2') et pas (1').

Nous pouvons dire aussi, en suivant Kripke, que lorsque je donne la définition ostensive « *ceci* (ce liquide) est de l'eau », le pronom démonstratif « ceci » est *rigide*.

Kripke fut le premier à observer que cette théorie de la signification (ou de l'« usage », ou peu importe) du mot « eau » (et d'autres expressions d'espèces naturelles) a des conséquences surprenantes sur la théorie de la vérité nécessaire.

Pour expliquer ceci, permettez-moi d'introduire la notion de *relation trans-mondaine* (*cross-world relation*). Une relation R à deux termes serait appelée *trans-mondaine* si on la comprend de telle sorte que son extension est un ensemble de paires ordonnées d'individus *qui n'appartiennent pas tous au même monde possible*. Par exemple, il est facile de comprendre la relation *être de la même taille que* comme une relation *trans-mondaine* : il suffit de la comprendre de telle sorte que, par exemple, si x est un individu du monde $M1$ qui mesure 1,50 mètres (dans $M1$) et y est un individu de $M2$ qui mesure 1,50 mètres (dans $M2$), alors la paire ordonnée x, y appartient à l'extension de *être de la même taille que*. (Puisqu'un individu peut être de différentes tailles dans différents mondes possibles dans lesquels un même individu existe, ce n'est pas, à strictement parler, la paire ordonnée x, y qui est un élément de l'extension *être de la même taille que*, mais plutôt la paire ordonnée x-dans-le-monde-$W1$, y-dans-le-monde-$W2$.)

De façon semblable, nous pouvons comprendre la relation *d'identité*L (même liquide que) comme une relation trans-mondaine en la comprenant de sorte qu'un liquide dans le monde $W1$ ayant les mêmes propriétés physiques importantes (dans $W1$) que celles qu'un liquide dans $W2$ possède (dans $W2$) est en relation *d'identité*L avec ce dernier liquide.

Ainsi, on peut résumer la théorie présentée en disant qu'une entité x, dans un monde possible arbitraire, est de l'*eau* si et seulement si elle est en relation *d'identité*L (comprise comme une relation trans-mondaine) avec ce que *nous* appelons « eau » dans le monde réel.

Supposons maintenant que je n'aie pas encore découvert les propriétés physiques importantes de l'eau (dans le monde réel) – c'est-à-dire que je ne sache pas encore que l'eau est $H2O$. Je peux disposer de moyens de *reconnaître* l'eau avec succès (il est bien sûr possible que je fasse un certain nombre de fautes que je ne pourrai distinguer qu'à une étape ultérieure du développement scientifique), sans pour autant connaître la microstructure de l'eau. Si j'admets qu'un liquide ayant les propriétés superficielles de l'« eau » mais une microstructure différente *n'est pas vraiment de l'eau*, alors les moyens que j'ai de reconnaître l'eau ne peuvent être considérés comme une spécification analytique de *ce que c'est qu'être* de l'eau. La définition opérationnelle est plutôt, comme la définition ostensive, une manière de mettre en avant une norme – désigner la chose *dans le monde réel* de sorte que, être de l'eau pour x dans *n'importe quel* monde, c'est, pour x, être en relation *d'identité*L avec les membres *normaux* de la classe des entités *locales* satisfaisant la définition opérationnelle. « Eau » sur Terre Jumelle n'est pas de l'eau, même si ceci satisfait la définition opérationnelle, car elle n'entretient pas la relation *d'identité*L avec les choses *locales* qui satisfont la définition opérationnelle ; et une chose locale qui satisfait la définition opérationnelle mais possède une microstructure différente du reste des choses locales qui satisfont la définition opérationnelle n'est pas non plus de l'eau, car elle n'est pas en relation *d'identité*L avec les occurrences *normales* de l'« eau » locale.

Supposons maintenant que je découvre la microstructure de l'eau – que l'eau est H_2O. À ce moment-là, je serai capable de dire que la chose sur Terre Jumelle que j'ai plus tôt *considérée à tort* comme de l'eau n'est pas vraiment de l'eau. De la même façon, si l'on décrit, non pas une autre planète dans l'univers réel, mais un autre univers possible dans lequel il existe quelque chose ayant pour formule chimique XYZ qui réussirait le « test opérationnel » de l'*eau*, nous devrions dire que cette chose n'est pas de l'eau, mais simplement XYZ. Nous n'aurions pas décrit un monde possible dans lequel « l'eau est XYZ », mais simplement un monde possible dans lequel il existe des lacs de XYZ, dans lequel les gens boivent XYZ (non pas de l'eau), ou que sais-je encore. En fait, une fois qu'on a découvert la nature de l'eau, on ne peut rendre compte d'un monde possible dans lequel l'eau n'aurait pas cette nature. Une fois que l'on a découvert le fait que l'eau est H_2O (dans le monde réel), *rien ne peut valoir comme monde possible où l'eau ne serait pas H_2O*.

D'autre part, nous pouvons parfaitement imaginer avoir des expériences nous convainquant que l'eau *n'est pas* H_2O (et rendant rationnel de le croire). Il est concevable, en ce sens, que l'eau ne soit pas H_2O. Ceci est concevable mais n'est pas possible ! Qu'on puisse le concevoir n'est pas une preuve de possibilité.

Kripke fait référence à des affirmations rationnellement irrévocables (en admettant qu'il y en a) en tant que *nécessités épistémiques*. Il fait référence aux affirmations vraies dans tous les mondes possibles en disant simplement qu'elles sont

nécessaires (ou parfois « métaphysiquement nécessaires »).
Ce que nous venons de dire peut être reformulé ainsi, dans
cette terminologie : une affirmation peut être (métaphysiquement) nécessaire et épistémologiquement contingente.
L'intuition humaine n'a pas d'accès privilégié à la nécessité
métaphysique.

Dans cet article, notre intérêt porte cependant sur la théorie
de la signification et pas sur la théorie de la vérité nécessaire.
Des mots comme « maintenant », « ceci », « ici » ont longtemps
été reconnus comme étant indexicaux ou *token*-réflexifs –
c'est-à-dire dont l'extension varie selon les contextes ou selon
les occurrences (*tokens*). Personne n'a jamais suggéré d'appliquer à ces mots la théorie traditionnelle selon laquelle « l'intension détermine l'extension ». Pour reprendre l'exemple de
Terre Jumelle : Si j'ai un sosie (*Doppelganger*) sur Terre
Jumelle, alors, lorsque je pense « J'ai mal à la tête », *il* pense
« J'ai mal à la tête ». Mais l'extension du *token* particulier
« Je » dans cette pensée verbalisée est lui-même (ou sa classe
unitaire, pour être précis), tandis que l'extension du *token*
« Je » dans ma pensée verbalisée est *moi* (ou ma classe unitaire,
pour être précis). Ainsi, le même mot, « Je », possède deux
extensions différentes dans deux idiolectes différents, mais le
concept que j'ai de moi-même n'est pourtant en rien différent
du concept que mon sosie a de lui-même.

Or donc, nous avons soutenu que l'indexicalité s'étend
au-delà des mots et morphèmes indexicaux *manifestes* (par
exemple les temps des verbes). On peut résumer notre conception en disant que des mots comme « eau » possèdent un
composant indexical ignoré : l'« eau » est quelque chose qui
entretient une certaine relation de similitude avec l'eau *dans
les environs*. L'eau à un autre moment, à un autre endroit ou

même dans un autre monde possible, doit être en relation *d'identité*L avec *notre* «eau» *pour être de l'eau*. Ainsi la théorie selon laquelle (1) les mots ont des «intensions», qui seraient comme des concepts que les locuteurs associent aux mots, et selon laquelle (2) l'intension détermine l'extension, ne peut être vraie de mots manifestement indexicaux comme «Je».

La théorie selon laquelle les mots d'espèces naturelles comme «eau» sont indexicaux ne permet cependant pas de dire si «eau» dans le dialecte français de Terre Jumelle a le même *sens* que «eau» dans le dialecte de la Terre et une extension différente – ce que nous disons à propos de différents «Je» dans différents idiolectes –, nous conduisant ainsi à abandonner la thèse selon laquelle «la signification (l'intension) détermine l'extension»; elle ne permet pas non plus de dire, comme nous avons choisi de le faire, que la différence d'extension est *ipso facto* une différence de signification pour les mots d'espèces naturelles, nous conduisant ainsi à abandonner la thèse selon laquelle les significations sont des concepts, ou, plutôt, des entités mentales de *n'importe quelle* sorte.

Il est cependant évident que la thèse de Kripke selon laquelle les mots d'espèces naturelles sont des désignateurs rigides et notre thèse selon laquelle ils sont indexicaux ne sont que deux manières de dire la même chose.

Nous avons désormais vu, que l'extension d'une expression n'est pas fixée par un concept que le locuteur individuel aurait dans sa tête, et cela est vrai non seulement parce que l'extension est, en général, *socialement* déterminée – il existe une division du travail linguistiques autant que des tâches «réelles» – et parce que l'extension est, en partie, déterminée *de manière indexicale*. L'extension de nos mots dépend de la nature réelle des choses particulières servant de paradigmes, et cette nature réelle n'est en général pas pleinement connue du locuteur. Les théories sémantiques traditionnelles omettent deux contributions à la détermination de la référence – celle de la société et celle du monde réel. Une meilleure théorie sémantique doit prendre en compte les deux.

BIBLIOGRAPHIE

AMBROISE B. et LAUGIER S., « Introduction », dans J.L. Austin, *Le langage de la perception*, Paris, Vrin, 2007.

AUROUX S., *La raison, le langage, les normes*, Paris, PUF, 1998.

– *La philosophie du langage*, Paris, PUF, 2004.

AUSTIN J.L., *Sense and Sensibilia*, Oxford, Oxford UP, 1962 ; trad. fr. P. Gochet revue par B. Ambroise, *Le langage de la perception*, Paris, Vrin, 2007.

– *Philosophical Papers*, J.O. Urmson et Geoffrey J. Warnock, London, Oxford UP, 1979 ; trad. fr. partielle L. Aubert et A.-L. Hacker, *Écrits philosophiques*, Paris, Seuil, 1994.

AYER A.J., *Language, Truth and Logic*, New York, Dover Publications, 1952 ; trad. fr. J. Ohana, *Langage, vérité et logique*, Flammarion, Paris, 1956.

BAKER G. et HACKER P., *Language, Sense and Nonsense*, Oxford, Basil Blackwell, 1984.

BOUVERESSE J., *La parole malheureuse*, Paris, Éditions de Minuit, 1971.

– *Wittgenstein, La rime et la raison*, Paris, Éditions de Minuit, 1973.

– *Herméneutique et linguistique*, suivi de *Wittgenstein et la philosophie du langage*, Combas, L'éclat, 1991.

– *La demande philosophique*, Combas, L'éclat, 1996.

– *Dire et ne rien dire*, Nîmes, J. Chambon, 1997.

CARNAP R., *Meaning and Necessity : A Study in Semantics and Modal Logic*, Chicago, University of Chicago Press, 1947 ; trad. fr. Ph. de Rouilhan et F. Rivenc, *Signification et nécessité*, Paris, Gallimard, 1997.

– *Introduction to Semantics*, Cambridge (Mass.), Cambridge UP, 1959.

– « Le dépassement de la métaphysique par l'analyse logique du langage », trad. fr. dans *Manifeste du Cercle de Vienne*, A. Soulez (éd.), Paris, PUF, 1985 ; 2ᵉ éd. Paris, Vrin, 2010.

CAVELL S., *The Claim of Reason*, Oxford UP, New York, 1979 ; trad. fr. S. Laugier et N. Balso, *Les Voix de la Raison*, Paris, Seuil, 1996.

– *Must We Mean What We Say ?*, Cambridge, Cambridge UP, 1969, 1976 ; trad. fr. C. Fournier et S. Laugier, *Dire et vouloir dire*, Paris, Le Cerf, 2009.

CHAPPELL V.C., *Ordinary Language*, Englewood Cliffs, Prentice Hall, 1964.

CHOMSKY N., *Aspects of the Theory of Syntax*, Cambridge (Mass.), The MIT Press, 1965 ; trad. fr. J.-C. Milner, *Aspect de la théorie syntaxique*, Paris, Seuil, 1971.

– *Cartesian Linguistics*, New York, Harper and Row, 1965.

– *Language and Problems of Knowledge*, Cambridge (Mass.), The MIT Press, 1988.

DAVIDSON D., *Inquiries into truth and interpretation*, Oxford, Clarendon Press, 1984 ; trad. fr. P. Engel, *Enquêtes sur la vérité et l'interprétation*, Nîmes, J. Chambon, 1993, 2001.

– *The essential Davidson*, Oxford, Oxford UP, 2006.

— et HINTIKKA J., *Words and Objections*, Dordrecht, Kluwer Academic Publishers, 1975.

DELPLA I., *Quine, Davidson, le principe de charité*, Paris, PUF, 2001.

DIAMOND C., *The Realistic Spirit*, Cambridge (Mass.), The MIT Press, 1991 ; trad. fr. E. Halais et J.-Y. Mondon, *L'esprit réaliste*, Paris, PUF, 2004.

DUMMETT M., *Frege, philosophy of language*, London, Duckworth, 1973.

– *Truth and other enigmas*, London, Duckworth, 1978.

– *The Logical Basis of Metaphysics*, London, Duckworth, 1991.

– *The Seas of Language*, Oxford, Clarendon Press, 1993.

ENGEL P., *Davidson et la philosophie du langage*, Paris, PUF, 1994.

EVANS G., « The Causal Theory of Names », *Proceedings of the Aristotelian Society*, Supplementary Volume XLVII, 1973.

– *The Varieties of Reference*, J. McDowell (ed.), Oxford, Oxford UP, 1982.

FLEW A.G.N. (ed.), *Logic and language*, First and second series, Oxford, Blackwell, 1963 et 1966.

FODOR J., *The Language of Thought*, Cambridge (Mass.), Harvard UP, 1975.

FREGE G., *Écrits logiques et philosophiques*, trad. fr. Cl. Imbert, Paris, Seuil, 1971.

– *Écrits posthumes*, trad. fr. Ph. de Rouilhan et Cl. Tiercelin (dir.), Nîmes, J. Chambon, 1999.

HACKING I., *Why Does Language Matter to Philosophy ?*, Cambridge, Cambridge UP, 1975.

HALE B. et WRIGHT C., *A Companion to the Philosophy of Language*, Oxford, Blackwell, 1999.

HUSSERL Ed., *Logische Untersuchungen*, dans *Husserliana : Edmund Husserl – Gesammelte Werke*, The Hague-Dordrecht, Nijhoff-Kluwer, 1900-1901 ; trad. fr. H. Elie, A. Kelkel et R. Scherer, *Les recherches logiques*, Paris, PUF, 1969-1974.

JACOB P. (éd.), *De Vienne à Cambridge*, Paris, Gallimard, 1980.

KATZ J.J., *The Metaphysics of Meaning*, Cambridge (Mass.), MIT Press, 1990.

KRIPKE S., « Naming and Necessity » (1972), dans D. Davidson et G. Harman (eds.), *Semantics of Natural Language*, Dordrecht-Boston, Reidel, 1980.

LAUGIER S., *L'anthropologie logique de Quine*, Paris, Vrin, 1992.

– *Du réel à l'ordinaire : la philosophie du langage aujourd'hui*, Paris, Vrin, 1999.

— (éd.), *Carnap et la construction logique du monde*, Paris, Vrin, 2001.

LOCKE J., *An Essay Concerning Human Understanding* (1689), Oxford, Oxford UP, 1979 ; trad. fr. J.-M. Vienne, *Essai philosophique concernant l'entendement humain*, 2 volumes ; Paris, Vrin, 2000 et 2006.

MCDOWELL J., *Mind and World*, Cambridge (Mass.), Harvard UP, 1994 ; trad. fr. Ch. Alsaleh, *L'esprit et le monde*, Paris, Vrin, 2007.

MARTINICH A. (ed.), *The Philosophy of Language*, Oxford, Oxford UP, 2001.

MILL J.S., *A system of logic* (1843), *Collected Works of John Stuart Mill*, vol. 7 et 8, Indianapolis, Liberty Fund, 2006.

MONTEFIORE A. et WILLIAMS B. (eds.), *British analytical philosophy*, Londres, Routledge and Kegan Paul, 1966.

PASSMORE J., *Recent Philosophers*, Duckworth, Londres, 1985.

PEIRCE Ch.S., *Collected Papers*, Cambridge (Mass.), Harvard UP, 1931-1935.

La philosophie analytique, Cahiers de Royaumont, Paris, Éditions de Minuit, 1962.

PLATON, *Cratyle* (-390/-385), trad. fr. C. Dalmier, Paris, GF-Flammarion, 1999.

PUTNAM H., *Mind, language and reality*, *Philosophical Papers*, vol. 2, Cambridge, Cambridge UP, 1975.

– *Meaning and the Moral Sciences*, London, Routledge and Keagan, 1979.

– *Reason, Truth and History*, Cambridge (Mass.), Cambridge UP, 1981 ; trad. fr. A. Gerschenfeld, *Raison, vérité et histoire*, Paris, Éditions de Minuit, 1984.

– *Words and Life*, édition et préface J. Conant, Cambridge (Mass.), Harvard UP, 1994.

– *The Threefold Cord*, New York, Columbia UP, 2000.

QUINE W.V., *From a Logical Point of View*, Cambridge, Harvard UP, 1953 ; trad. fr. S. Laugier (dir.), *Du point de vue logique*, Paris, Vrin, 2003.

– *Word and Object*, Cambridge (Mass.), The MIT Press, 1960 ; trad. fr. J. Dopp et P. Gochet, *Le mot et la chose*, Paris, Flammarion, 1977.

– *Ontological Relativity and Other essays*, New York, Columbia UP, 1969 ; trad. fr. J. Largeault, *Relativité de l'ontologie et autres essais*, Paris, Flammarion, 2008.

– *Philosophy of Logic*, Englewood, Prentice Hall, 1970 ; trad. fr. J. Largeault, *Philosophie de la logique*, Paris, Flammarion, 2008.

– *The Roots of Reference*, La Salle (Ill.), Open Court, 1974.

– *Theories and Things*, Cambridge (Mass.), Harvard UP, 1981

– *Pursuit of truth*, Cambridge (Mass.), Harvard UP, 1990 ; trad. fr. M. Clavelin, *La poursuite de la vérité*, Paris, Seuil, 1990.

RAMSEY F.P., « Facts and propositions » (1927), *Proceedings of the Aristotelian Society*, supplementary volume VII, p. 153-70 ; rééd. dans *Philosophical Papers*, D.H. Mellor (ed.), Cambridge, Cambridge UP, 1990.

– *Foundations of Mathematics*, London, Kegan Paul, 1931.

RECANATI F., *La transparence et l'énonciation*, Paris, Seuil, 1978.

RORTY R., *The Linguistic Turn*, Chicago, University of Chicago Press, 1967, 1992.

– *Philosophy and the Mirror of Nature*, Princeton (NJ), Princeton UP, 1979; trad. fr. T. Marchaisse, *L'homme spéculaire*, Paris, Seuil, 1990.

RUSSELL B., « On Denoting », *Mind*, vol. 14, 1905, p. 479-493; trad. fr. J.-M. Roy, « De la dénotation », dans B. Russell, *Écrits de logique philosophique*, Paris, PUF, 1989, p. 201-218.

– *Human Knowledge*, London, Allen and Unwin, 1948; trad. fr. N. Lavand, *La connaissance humaine*, Paris, Vrin, 2002.

RYLE G., *The Concept of Mind*, London, Hutchinson, 1949; trad. fr. S. Stern-Gillet, *La notion d'esprit*, Paris, Payot, 2ᵉ éd. 2005.

SCHLICK M., *Philosophical Papers*, vol. I et II, Reidel, Dordrecht, 1979.

SOAMES S., *Philosophical Analysis in the Twentieth Century*, vol. 1 et 2, Princeton, Princeton UP, 2003.

STRAWSON P.F., *The Bounds of Sense : An Essay on Kant's Critique of Pure Reason*, London, Methuen, 1966.

– *Logico-Linguistic Papers*, London, Methuen, 1971; trad. fr. J. Milner, *Études de logique et de linguistique*, Paris, Seuil, 1977.

TRAVIS Ch., *The Uses of Sense, Wittgenstein's Philosophy of Language*, Oxford, Oxford UP, 1989.

WAISMANN F., *The principles of linguistic philosophy*, R. Harré (ed.), Londres, MacMillan, 1965.

– *Logik, Sprache, Philosophie*, G. Baker et B. McGuinness (eds.), Stuttgart, Reclam, 1976.

– « Verifiability », *Proceedings of the Aristotelian Society*, Supplementary Volume 19, 1945; trad. fr. « La vérifiabilité », dans *Philosophie des sciences*, vol. II, S. Laugier et P. Wagner (éds.), Paris, Vrin, 2004.

WITTGENSTEIN L., *Tractatus Logico-Philosophicus*, Londres, Routledge, 1922; trad. fr. G.-G. Granger, *Tractatus Logico-philosophicus*, Paris, Gallimard, 1993.

Philosophische Untersuchungen / Philosophical Investigations, G.E.M. Anscombe (ed.), Oxford, Blackwell, 1953; trad. fr. E. Rigal (dir.), *Recherches philosophiques*, Paris, Gallimard, 2004.

– *The Blue and Brown Books*, R. Rhees (ed.), Oxford, Blackwell, 1958, 2ᵉ éd. 1969; trad. fr. M. Goldberg et J. Sackur, *Le cahier bleu et le cahier brun*, préface Cl. Imbert, Gallimard, 1996.

– *Über Gewissheit / On Certainty*, G.E.M. Anscombe et G.H. von Wright (eds.), New York, Harper, 1969; trad. fr. *De la certitude*, Paris, Gallimard, 1976.

INDEX DES NOMS

TABLE DES MATIÈRES

Première partie

SIGNIFICATION ET RÉFÉRENCE

DANS LA MÊME COLLECTION

Philosophie de la connaissance. Croyance, connaissance, justification
Textes réunis par J. DUTANT et P. ENGEL, 448 pages, 2005

Philosophie de la logique. Conséquence, preuve et vérité
Textes réunis par D. BONNAY et M. COZIC, 448 pages, 2009

Philosophie des sciences
Textes réunis par S. LAUGIER et P. WAGNER
– vol. I : *Théories, expériences et méthodes*, 370 pages, 2004
– vol. II : *Naturalismes et réalismes*, 424 pages, 2004

Philosophie du théâtre
Textes réunis par M. HAUMESSER, C. COMBES-LAFITTE et N. PUYUELO, 352 pages, 2008

Psychologie morale. Autonomie, rationalité pratique et responsabilité
Textes réunis par M. JOUAN, 384 pages, 2008

Achevé d'imprimer par Corlet, Imprimeur, S.A. - 14110 Condé-sur-Noireau
N° d'Imprimeur : 122865 - Dépôt légal : août 2009 - *Imprimé en France*